D1559348

# HENRY BRADSHAW SOCIETY

Founded in the Year of Our Lord 1890
for the editing of Rare Liturgical Texts

SUBSIDIA · VI

PUBLISHED FOR THE SOCIETY
BY
THE BOYDELL PRESS

# ENGLISH SAINTS IN THE MEDIEVAL LITURGIES OF SCANDINAVIAN CHURCHES

Edited by

John Toy

LONDON
2009

First published for the Henry Bradshaw Society 2009
by The Boydell Press
an imprint of Boydell & Brewer Ltd
PO Box 9, Woodbridge, Suffolk IP12 3DF, UK
and of Boydell & Brewer Inc.
668 Mt Hope Avenue, Rochester, NY 14620, USA
website: www.boydellandbrewer.com

ISBN 978 1 870252 46 1

ISSN 1352–1047

A CIP catalogue record for this book is available
from the British Library

This publication is printed on acid-free paper

Printed in Great Britain by
CPI Antony Rowe,Chippenham and Eastbourne

# Contents

# Plates

# Publication Secretary's Preface

One of the more remarkable twists in the story of Northern European literate culture must surely be the preservation of many thousands of manuscript fragments from Scandinavia, thanks to a sixteenth-century instinct for tidiness which meant that parchment from a great variety of types of book began to be re-used to wrap administrative accounts. Many of these fragments represent the pitiful remains of once-splendid liturgical manuscripts, the earliest of which are precious testimony to the books carted in the luggage of the Anglo-Saxon and German missionaries to Scandinavia. Taken together with the complete liturgical books which survive here and there from later centuries, this material offers a fascinating picture of the extent to which the churches in Scandinavia adopted and adapted the liturgies handed on to them. For those of us with an interest in the Anglo-Saxon saints, the fragments are also extremely precious evidence for the dissemination of their cults, and in some cases they preserve the *only* extant record of liturgical forms proper to those saints.

The present volume is the fruit of Canon John Toy's many years of extraordinarily dedicated and painstaking work in recording every recoverable reference to the English saints in these books and fragments, whether simply the occurrence of a name in liturgical calendars and litanies, or complex sets of prayers, antiphons and readings, quite often not attested in any of the surviving English liturgical books. The focus of his work has been determinedly upon liturgy and cult. This means that palaeographical considerations are not to the fore here, but that is properly the province of the continuing projects to catalogue all the Scandinavian fragments. The Society takes pleasure, then, in adding this volume to its Subsidia Series. The Publications Secretary would like to express her gratitude to Erik Niblaeus for his kind assistance in the final stages of editorial work.

Rosalind Love,
For the Publications Committee,
August 2008

# Preface

This work is designed as a record and a resource. It is a record of the occurrences of English saints in the liturgical manuscripts and fragments of manuscripts that have survived in Scandinavia. Almost all the manuscripts were gathered together at the Reformation as redundant but valuable material and used mainly to provide covers and bindings for provincial accounts from the sixteenth and seventeenth centuries. These are preserved largely in the National Archives in Finland, Copenhagen, Oslo and Stockholm as well as to a lesser extent in various libraries in Scandinavia and the rest of Europe.

This record is designed as a resource for scholars and others concerned with tracing the cults of Anglo-Saxon and other early medieval English saints. The number of such saints (seventy-four are recorded in this work) present in the liturgies of medieval Scandinavian cathedrals, religious houses and parish churches, and used there for part or the whole of the Middle Ages, has implications for the extent of Insular influence in the Christianisation of this part of Europe in the tenth to thirteenth centuries; as such, their record contributes to the history of medieval Christianity and its spread in the Middle Ages. It is hoped that the recorded texts, providing masses and offices of saints, some with musical notation, will be of interest to liturgical scholars. Details of the saints' cults are sometimes rare even in their homeland.

The first draft of this work was part of a thesis awarded a PhD of Leeds University in 1982 but since then much further work has been done in expanding and updating; many new manuscripts have come to light in the work of the respective archives in the Scandinavian capitals, particularly on the completion of the cataloguing work at Stockholm in 2004. The aim of the previous work was different and consequently the range of saints in this work is different, both in inclusion and exclusion.

If a dedication is appropriate, it is to the University of Lund, where in 1954 I was introduced to all things Scandinavian. I would also like to record my gratitude to His Majesty the King of Sweden for investing me, in 2002, with the Knighthood of the Royal Order of the North Star, first class, for services to his country. None of this present work could have been done without the friendship and help of many Scandinavian and other scholars, in particular, of an older generation, of Oloph Odenius, Lilli Gjerløw and Christopher Hohler and, more recently, especially of Gunilla Björkvall; also of Jan Brunius, Anna Wolodarski, Ilkka Taitto, Espen Karlsen, Erik Petersen, Rosalind Love and many others. My debt to editors of texts and authors of books is evident from the bibliography. To my wife, Mollie, so much also is due, having put up with several of the years of my retirement being taken up with this. To all of these I extend my most heartfelt thanks.

John Toy
Southwell
April 2007

# Editorial Procedure

A number of editorial decisions had to be made at the beginning. The term English in this case includes those saints from elsewhere who were venerated in particular in at least one place in England, such as Alban, Augustine, and Birinus. A small group of British or Welsh and Scottish saints, whose cults have left a trace among this material, have been included in an appendix. As for Irish saints, the names of a good many occur in the Scandinavian manuscripts, headed by Brigit, but these must form a study on their own. Thomas of Canterbury has also been omitted from this work; although undeniably an English saint, his commemoration spread so speedily throughout Europe that his cult must rank as an international one. Another omission is those saints born and in some cases trained in England but whose main work was abroad and whose cults have their centres elsewhere and are only occasionally found in England; these are Samson of Dol, Boniface, Tecla, Willehad, Willibrord, Willibald, the two Ewalds, Sigfrid, Eskil, David of Munktorp, and Henry of Finland; all these have at least one mention in the Scandinavian liturgical sources. However this leaves seventy-four saints whose cults are centred in England and also feature in Scandinavia; these are the subject of the present work.

The term Scandinavia denotes medieval Denmark, Norway and Sweden, which in the Middle Ages included Finland; the term Nordic, more usual in these countries, has not been used here since Iceland has not been included in this work, although English saints also are found there, mainly because of the influence of Nidaros.

Abbreviations have been used extensively. The main list of Abbreviations gives those used throughout the work; the Index of Liturgical Forms includes the abbreviations used for Antiphons, Responds, Versicles and so on; manuscript sigla are given in the Register of Manuscripts, at the end of which are listed pre-Reformation Scandinavian liturgical books in print.

The detailed record of the English saints in the medieval liturgies of Scandinavian churches is set out saint by saint in alphabetical order. Under each saint, entries are ordered under kalendars, martyrology, litanies, the mass (collects, secrets, postcommunions), the office and vitae sanctorum in that order, where relevant. At entries under the mass, the collation tables for the mass prayers are not intended to be comprehensive but only to show where a prayer used in a Scandinavian manuscript can be paralleled by one used elsewhere, and where no parallel has yet been found by the editor. Some of the liturgical forms not attested elsewhere come from manuscripts or fragments so damaged that it is difficult or impossible to read or conjecture the complete text. The parallel, when one has been found, is usually with a prayer for the same saint but not always; for example one Secret for Augustine of Canterbury appears as a Postcommunion for Augustine of Hippo.

The minimum of comment or assessment is given in connection with the record of each saint; any more must depend on wider comparisons with texts throughout medieval Britain and indeed Europe and this is beyond the capability of the present editor. It is hoped, however, that this present work will provide additional evidence of the English influence in the Christianisation of Scandinavia, and the continuing development of the Scandinavian church thereafter, in the shape of the wealth of liturgical texts brought over, to begin with by missionary bishops and priests and then by returning Vikings who had become Christian, and subsequently by other kinds of sustained contact.

In providing editions of the texts found in the Scandinavian manuscripts and fragments, the following conventions have been used:

A series of asterisks within square brackets [***] indicates an erasure or text that is now lost or illegible – such lacunae may be a few letters or words, or may extend to a line or more of text, and no attempt has been made to approximate the extent of the lacunae visually.

Where text has been transcribed from a single witness among the Scandinavian materials, readings from other witnesses outside the corpus, supplied in order to fill lacunae, have been enclosed in <angle brackets>.

Editorial additions, to fill lacunae where no corroborating witness is available, are enclosed within [square brackets].

Text within liturgical forms which is enclosed in (round brackets) represents variant readings among the surviving Scandinavian materials and among the comparanda referred to in the collation tables. A slash (/) between forms indicates single-word variants.

Apart from those in kalendar, litany, or martyrology entries, contractions and abbreviations within liturgical formulae have been silently expanded. The orthography and capitalisation is that of the witness which has been transcribed, except in the case of material supplied in angle brackets, which follows the normalisation of whatever printed edition has been used.

Rubric has been printed in normal type, and with incipits and liturgical formulae in italics.

# Abbreviations

Abbreviations in bold distinguish liturgical books, both from Scandinavia and elsewhere, drawn on as sources or in the collation tables. For the abbreviated sigla assigned to the Scandinavian manuscripts and fragments, see the Register of Manuscripts, page 3 below, at the end of which is a list of pre-Reformation Scandinavian books in print; this latter list includes some extra works to those on this list of abbreviations. For the abbreviations of liturgical incipits which are used mainly in tables, see the Index of Liturgical Forms, page 207 below.

| | |
|---|---|
| *AASS* | *Acta Sanctorum*, ed. J. Bolland et al., 69 vols (Antwerp and Brussels, 1643– ) |
| Abb | Abbas |
| **Abin** | Abingdon Missal, Bodleian Library, Digby 227 and Oxford, Trinity College 75 |
| Abs | Abbatissa |
| *AH* | *Analecta Hymnica medii aevi*, ed. C. Blume, G. Dreves, H. M. Bannister, 55 vols (Leipzig 1886–1922) |
| **Alb** | St Albans Abbey, missal (Oxford, Bodleian Library, Laud Misc. 279), s. xiv |
| **Alb2** | St Albans Abbey, breviary (London, BL Royal 2 A X) |
| Alla | Alleluia verse |
| Ant. | Antiphon |
| **Arb** | Arbuthnott missal, ed. A.P. Forbes (Bruntisland, 1864) |
| **Aug** | Missal of St Augustine, Canterbury, ed. M. Rule (Cambridge, 1896) |
| **BÅbo** | Breviarium Åboense (CUL 96.3.c.95.2) |
| **BArh** | Breviarium Arhusiense (Aarhus, 1519) |
| **BAros** | Breviarium Arosiense [Västerås] (Basel, 1513) |
| **Bec** | Bec missal, ed. A. Hughes, HBS 94 (Woodbridge, 1963) |
| *BHL* | [Bollandists], *Bibliotheca Hagiographica Latina, antiquae et mediae aetatis*, 2 vols (Brussels, 1899–1901), with supplement by H. Fros (1986) |
| Birg | Birgittine |
| BL | British Library, London |

| | |
|---|---|
| **BLinc** | Breviarium Lincopense, Nüremberg, 1493 |
| **BLund** | Breviarium Lundense (Paris, 1517) |
| **BNid** | Breviarium Nidrosiense (Paris, 1519), Facsimile, Oslo, 1964 (CUL 872.d.34) |
| **BOtho** | Breviarium Othoniense [Odense] (Lübeck, 1482 and 1497) |
| Br | Breviarium |
| **BRosk** | Breviarium Roskildense (1517) |
| **BScar** | Breviarium Scarense (Nuremberg, 1498) |
| **BSles** | Breviarium Slesvicense (Paris, 1512) |
| **BStr** | Breviarium Strengnense (Stockholm, 1495) |
| **BUps** | Breviarium Upsaliense (Stockholm, 1496) |
| **Bury** | Bury St Edmunds, breviary (Oxford, Bodleian Library, Digby 109) |
| **BYk** | York Breviary of 1493, ed. S. W. Lawley (Durham, 1880–83) |
| *CAO* | *Corpus Antiphonalium Officii*, ed. R. J. Hesbert, 6 vols (Rome, 1963–79) |
| Cap. | Capitulum |
| CCCC | Cambridge, Corpus Christi College |
| **Cir** | Cirencester breviary (London, BL Harley 5284) |
| Cist | Cistercian |
| Cn | (from the) common |
| **Col** | Cologne missal, 1487 (Oxford, Bodleian Library, Auct 60 I 15) |
| **Cold** | Coldingham Breviary; s. xiii (London, BL Harley 4664) |
| Coll. | Collectarium |
| Com. | Communio verse |
| Conf | Confessor |
| Cop | Copenhagen |
| CUL | Cambridge, University Library |
| Dom | Dominican |
| DRA | Danish National Archives |
| Dur | C. Hohler's transcripts in *The Relics of St Cuthbert*, ed. C. F. Battiscombe, (Oxford, 1956) |
| **Eg** | Egbert Pontifical, ed. W. Greenwell (Durham, 1853) |
| **Ely** | Ely missal and breviary (CUL Ll.iv.20), s. xiii |
| Engl | England |
| Ep | Episcopus |
| Epa | Epistola |
| EpMar | Episcopus et martyr |
| Ev. | Evangelium |
| ext | Extant |

| | |
|---|---|
| Finl | Finland |
| Fr | Fragment |
| **GAros** | Graduale Arosiense (1493) |
| Ger | Germany |
| Gr. | Graduale |
| **Guis** | Guisborough missal (London, BL Addit. 35285), s. xiii |
| **Ham** | Hamburg breviary (1493) (London, BL I A 1420) |
| HBS | Henry Bradshaw Society |
| *HE* | Bede, *Historia Ecclesiastica Gentis Anglorum*, ed. B. Colgrave and R. A. B. Mynors (Oxford, 1969) |
| Hel | Helsinki |
| **Her** | Hereford Missal, ed. W. G. Henderson (London, 1874) |
| HUB | Helsinki University Library, now the National Library of Finland |
| Hy. | Hymnarium |
| int | intended |
| Intr. | Introitus |
| Inv. | Invitatorium |
| Isl | Iceland |
| *KÅ* | *Kyrkohistorisk Årsskrift* (Uppsala, 1900– ) |
| Kal | Kalendarium |
| Lect. | Lectionarium |
| Leg | Legendarium |
| Leo | Lectionarium officii |
| **Leof** | Leofric Missal, ed. N. Orchard, 2 vols, HBS 113–14 (London, 2002) |
| **Les** | Lesne Abbey Missal, ed. P. Jebb, HBS 95 (Worcester, 1964) |
| LibP | Liber Precum |
| Link | Linköping |
| Lit | Litania |
| Loll | Lolland |
| **MÅbo** | Missale Aboense (Lübeck, 1488) |
| Man | Manuale |
| Mar | Martyr |
| **MCop** | Missale Hafniense vetus, c.1484, novum, 1510 |
| Mi | Missale |
| **MLund** | Missale Lundense (1514), facsimile (Malmö, 1946) |
| **MNid** | Missale Nidrosiense (Copenhagen, 1519), facsimile (Oslo, 1959) |
| **MSles** | Missale Slesvicense (1486) |
| **MStr** | Missale Strengnense (1487) |

| | |
|---|---|
| **Mu** | Muchelney breviary (London, BL Addit. 43405–6) |
| **MUps** | Missale Upsaliense vetus, 1484, novum, 1513 (BL C 35 k 4) |
| n.d. | no date given in catalogue |
| **NewM** | New Minster, Winchester, missal, ed. D. H. Turner, HBS 93 (London, 1962)<br>New Minster, Winchester, breviary, ed. J. B. L.Tolhurst, HBS 69–71, 76, 78, 80 (London, 1932–42) |
| Nid | Nidaros (Trondheim) |
| NRA | Norwegian National Archives |
| *NTBB* | *Nordisk Tidskrift för Bok- och Biblioteksväsen* (Stockholm and Uppsala, 1914– ) |
| Oden | Odense |
| Off. | Offertorium verse |
| **ONid** | Ordo Nidrosiensis Ecclesiae, ed. Lilli Gjerløw (Oslo, 1968) |
| Ord | Ordination |
| *PCPB* | *A Pre-Conquest English Prayer Book*, ed. B. J. Muir, HBS 103 (Woodbridge, 1988) |
| *PL* | *Patrologia Latina*, ed. J.-P. Migne, 221 vols (Paris, 1857–66) |
| **Port** | The Portiforium of St Wulstan, ed. A. Hughes, HBS 89–90 (London, 1958–60) |
| Postc. | Postcommunio |
| Prae | Praemonstratensian |
| Ps. | Psalterium |
| R | Rex |
| R' | Responsorium |
| RConf | Rex et confessor |
| Rg | Regina |
| RMar | Rex et martyr |
| **Rob** | Robert of Jumièges, missal, ed. H. A. Wilson, HBS 11 (London, 1896; reprinted 1994) |
| **Rou** | Rouen Missal, BL Addit. MS 10048 (missal, Rouen use, s. xii) |
| Rosk | Roskilde |
| **Rsl** | Rosslyn missal, ed. H. J. Lawlor, HBS 15 (London, 1899), s. xiii |
| RS | Rolls Series |
| s. | saeculum |
| **Sar** | Sarum, missal, ed. J. Wickham Legg (Oxford, 1916) |
| **Sb** | Breviarium ad usum Insignis Ecclesiae Sarum, ed. F. Procter and C. Wordsworth, 3 vols (Cambridge, 1879–86) |
| Scan | Scandinavia |

| | |
|---|---|
| Secr. | Secretum |
| Seq. | Sequentia |
| **Sher** | Sherborne missal (London, BL Loans 82; see J. Wickham Legg, 'Liturgical Notes') |
| SKB | Royal Library, Stockholm |
| Sles | Schleswig |
| SM | State Historical Museum, Stockholm |
| SRA | Swedish National Archive, Stockholm |
| Stav | Stavanger |
| Stock | Stockholm |
| Strä | Strängnäs |
| Tr | Translatio |
| Upp | Uppsala |
| V | Virgo |
| V' | Versiculus |
| Vads | Vadstena |
| Väst | Västerås |
| Vi Sa | Vitae Sanctorum |
| **Vit** | London, BL Cotton Vitellius A.xviii (missal, s. xi) |
| VMar | Virgo et martyr |
| **Wc** | Winchcombe sacramentary, ed. A. Davril, HBS 109 (London, 1995) |
| **We** | Westminster missal, ed. J. Wickham Legg, HBS 1, 5 and 12 (London 1891–7) |
| **Whit** | The Whitby Missal (Oxford, Bodleian Library, MS Rawl Liturg b1), s. xiv |
| Winch | Winchester |
| X | ms in other Scandinavian locations |
| Y | ms in non-Scandinavian location |
| **Yk** | York missal, ed. W. G. Henderson (Durham, 1874) and York printed breviary 1493, ed. S. W. Lawley, Surtees 71 and 75 (Durham, 1880–3) |
| **Yka** | York Breviary, s. xiv (York Minster Library Add MS 68) |
| **Z** | London, BL Addit. MS 11414 (missal, s. xiv) |

# ENGLISH SAINTS
# IN THE
# MEDIEVAL LITURGIES OF
# SCANDINAVIAN CHURCHES

# Register of Manuscripts

First column: signum assigned for the present volume. Second column: shelf-mark or signum of the holding location. Third column: date and description as given at the holding location. Fourth column: English saints which the manuscript includes.

### Copenhagen, National Archives (Rigsarkivet)[1]

| | | | |
|---|---|---|---|
| **C01** | frag 5841 Br | s. xii–xiii | Oswald RMar |
| **C03** | frag 7393–4 Br | s. xiv–xvi | Oswald RMar |
| **C04** | frag 7299 Kal | s. xiv–xvi | Augulus |
| **C10** | Kong Valdemars Jordebog, fol. 2–6 Kal | s. xiii | Botwulf |
| **C20** | frag 5175–6 Mi | s. xii–xiii | Ælfheah, Mellitus |
| **C21** | frag 5205–6 Mi | s. xii–xiii | Ælfheah, Mellitus |
| **C22** | frag 5247–8 Mi | s. xii–xiii | Ælfheah, Mellitus |

### Copenhagen, The Royal Library (Kongelige Bibliotek)

| | | | |
|---|---|---|---|
| **C30** | GKS 849 2° | s. xiii Ribe martyrology Usuard, Engl influence | Æthelburga, Ætheldreda, Alban, Ælfheah Ep, Augustine, Birinus, Æthelwold, Aidan, Bede, Beornstan, Botwulf, Chad, Cuthbert, David, Dunstan, Eadburga, TrEadburga, Edith Polesworth, Edith Wilton, Edmund RMar, Edward RMar, Ecgwine, Elgiva, Erkenwald, Eormenhilda, Frideswide, |

1 Listed in Albrectsen, *Middelalderlige håndskriftfragmenter*.

| | | | |
|---|---|---|---|
| | | | Frithestan, Grimbald, Guthlac, Hædde, Hilda, Iwy, Kenelm, Mellitus, Osburga, Oswald Ep, Paulinus, Petroc, Swithun, Wilfrid |
| **C31** | GKS 1606 4° Kal | s. xv | Alban, Botwulf, Cuthbert Edmund RMar, Oswald RMar |
| **C32** | GKS 3384 8° Lit | s. xv Vads in s. xiv psalter from Flanders | Botwulf |
| **C33** | NKS 32 Lit | s. xii E. Norway Rhineland influence[2] | Augustine, Botwulf, Cuthbert, Dunstan |
| **C34** | NKS 32 Lit 2nd Lit | s. xiii | Oswald RMar, Swithun |
| **C35** | NKS 45 8° Kal | s. xv Rosk | Alban, Botwulf, Edmund RMar, Oswald RMar |
| **C36** | NKS 45 8°Lit | s. xv Rosk | Botwulf |
| **C37** | NKS 54 8° Br | s. xv | Botwulf |
| **C38** | NKS 133 4° Lit | s. xiii Norway[3] | Botwulf, Cuthbert, Swithun |
| **C39** | NKS 275a 4° Kal | s. xiii for Engl nation at Paris, then Rosk | Alban, Augustine, Cuthbert, Edmund RMar, Oswald |
| **C40** | NKS 2112 2° Kal | s. xv Rosk | Botwulf, Edmund RMar, Oswald RMar |
| **C41** | Thott 110 8° Lit | c.1300 Norway[4] | Botwulf, Cuthbert, Edmund RMar, Swithun |
| **C42** | Thott 110 8° Lit | s. xv Norway | Swithun |
| **C43** | Thott 143 2° Kal | s. xii Denmark, prob. used by Queen Mechtilde | Alban, Augustine, Bede, Botwulf, Cuthbert, Dunstan, Edmund RMar, Ætheldreda, John Bev, Oswald RMart, Swithun, Wilfrid |
| **C44** | Thott 143 2° Lit | s. xii, see above | Ætheldreda, Alban, Augustine, Cuthbert, Edmund RMar, John Bev, Oswald RMar, Paulinus, Wilfrid |
| **C45** | Thott 553 4° Kal | s. xv in Anna Brades Bönbog | Ætheldreda, Botwulf, Alban, Birinus, Oswald RMar |

2 See Faehn, *Manuale Norvegicum*, p. 168.
3 See Faehn, *Manuale Norvegicum*, p. 172.
4 See Faehn, *Manuale Norvegicum*, p. 164.

| | | | |
|---|---|---|---|
| **C46** | Thott 805 2° Kal | s. xiii Copenhagen (Obit Hafn) with martyrological elements | Ætheldreda, Alban, Augulus, Augustine, Botwulf, Cuthbert, Dunstan, Edmund RMar, Oswald RMar, Petroc, Wilfrid, Winnoc |
| **C47** | frag 2002/100 Lit | n.d.; in psalter | Botwulf |
| **C48** | NKS 1894 2° frag 5067–68 | s. xiv Vi Sa | Botwulf |
| **C50** | frag saml nr 142–5 Br | s. xiii | Alban, Botwulf, Cuthbert |
| **C51** | frag saml nr 474 Kal | c.1400 | Ælfheah, Cuthbert, Withburga |
| **C52** | frag saml nr 527–9 Vi Sa | s. xii | Cuthbert |
| **C53** | frag saml nr 965 Kal | c.1300 | Alban, Augustine, Bede, Botwulf |
| **C54** | frag saml nr 1169 ?Coll | s. xv | Oswald RMar |
| **C55** | frag saml nr 1593–4 Mart | s. xiv Usuard with English additions, then Denmark | Æthelburga, Æthelwold, Wilfrid |
| **C56** | frag saml nr 2071 Leo | s. xiii | Oswald RMar |

## Copenhagen, Arnamagnaean Institute

| | | | |
|---|---|---|---|
| **C60** | MS 53 4° Kal | s. xiv Växjö | Botwulf |
| **C61** | MS 169 8° Kal | s. xv Aarhus | Botwulf |
| **C62** | MS 733 4° Kal | s. xiv Dom, probably written in Norway for St Mary, Oslo | Botwulf, Swithun |
| **C63** | MS 835b 4° Kal | 1328 Gotland Rune Kal | Ætheldreda, Botwulf, Edmund RMar, Paulinus |
| **C64** | MS 835a 4° ?Br[5] | 1328 | Alban, Oswald RMar |

5 This fragment has a basic kalendar, in which Alban and Oswald RMar feature, but then are added obits of members of whatever community (?on Gotland) used it, giving it a martyrological character.

**Plate 1:** A page from **H23**, a gradual/antiphonary, c.1300, in the National Library of Finland (HUB, f.m. sine nr), with part of a neumed office for the feast of St Ætheldreda of Ely. Reproduced by permission of the National Library of Finland, Helsinki.

## Helsinki, National Library of Finland (formerly the Helsinki University Library)

| | | | |
|---|---|---|---|
| **H01** | f.m. IV nr 28 | s. xiv Ant | Botwulf |
| **H02** | f.m.IV nr 1 | s. xii Ant ?Engl[6] | Tr Swithun |
| **H10** | f.m. III nr 19 | c.1200 Br ?French | Edmund RMar |
| **H11** | f.m. III nr 29 | c.1200 Br | Oswald RMar |
| **H12** | f.m. III nr 107 | s. xiii Br | Alban, Botwulf |
| **H13** | C iv 10 | s. xii Dom; Engl then Sweden | Wulfstan |
| **H20** | f.m. II nr 7 | c.1300 Gr | Botwulf |
| **H21** | f.m. II nr 16 | s. xiii Gr; Denmark or N Germany | Botwulf |
| **H23** | f.m. sine nr. | c.1300 Gr/Ant 2nd prov Finland[7] | Ætheldreda, Alban |
| **H25** | f.m. II nr 57 | c.1400 Gr, Scan | Augustine |
| **H30** | Mis Upps vet | s. xiii Kal, Upps | Alban, Oswald RMar |
| **H31** | Septente | s. xiii Kal | Alban |
| **H32** | Uppsala | ante 1344 Kal, Upps | Botwulf, Edmund RMar |
| **H33** | Dom 2 | s. xiv Kal Dom Åbo | Edward RConf |
| **H34** | Dom 5 | c.1400 Gr Dom Åbo | Botwulf, Edward RConf |
| **H35** | n.signum | s. xiv Kal ?Åbo | Edward RConf |
| **H36** | Birgitt V–VIII | s. xv Kal Birg Nådendal | Hilda, Oswald RMar |
| **H37** | Val.Grat. 1 | s. xv Kal Birg Nådendal | Botwulf, Edmund RMar |
| **H38** | Kal G | s. xv Kal | Edward RConf |
| **H39** | C iv 10 | s. xii Kal in Br, Dom Engl then Sweden | Æthelburga, Ætheldreda, Alban, Augustine, Botwulf, Cuthbert, David, Dunstan, Edmund RMar, Edmund EpConf, Edward RMar, Edward RConf, Erkonwald, Richard, Swithun, Winifred, Wulfstan |
| **H40** | C iv 10 | s. xii Lit in Br, Dom Engl then Sweden | Edward RConf, Winifred |
| **H50** | Lec III f.m.51 | s. xiv Leo | Edward RConf |
| **H51** | Lec III f.m. 61 | s. xv Leo | Botwulf |
| **H52** | Lec IV f.m. 90 | s. xiv Leo | Edward RConf |
| **H53** | Leg 5a | s. xiv Leg | Dunstan |

6 Cf. Taitto, 'British Saints in the Fragmenta membranea collection', pp. 7ff.

7 On this ms see Taitto, 'Bertill Tönson Nylandh'.

| | | | |
|---|---|---|---|
| **H60** | f.m. I nr 21 | s. xii Mi Engl then Finland | Aldhelm, Augustine, Eadburga |
| **H61** | f.m. I nr 24 | s. xii Mi Engl then Sweden | Swithun |
| **H64** | f.m. I nr 30 | s. xii Mi | Grimbald, Swithun |
| **H65** | f.m. I nr 49 | s. xiii Mi Engl then Finland | Alban |
| **H66** | f.m. I nr 55 | c.1300 Mi | Cuthbert |
| **H67** | f.m. I nr 84 | c.1300 Mi | Botwulf |
| **H68** | f.m. I nr 120 | s. xiii Lit in Mi | Botwulf, Edmund RMar |
| **H69** | f.m. I nr 142 | s. xiv Mi; Engl then Finland | Alban |
| **H70** | f.m. I nr 283 | c.1400 Mi Finland | Edward RConf |
| **H72** | f.m. I nr 303 | c.1400 Mi Finland | Oswald RMar |
| **H73** | f.m. I nr 319 | c.1400 Mi | Oswald RMar |
| **H74** | f.m. I nr 333 | c.1400 Mi Finland | Alban |
| **H75** | f.m. I nr 345 | s. xv Mi Finland | Alban |
| **H76** | f.m. I nr 346 | s. xv Mi | Botwulf |
| **H77** | f.m. I nr 359 | c.1400 Mi | Edmund EpConf, Edmund RMar |
| **H78** | f.m. I nr 363 | c.1400 Mi | Botwulf |

## Oslo, National Archives (Riksarkivet)

(According to the register of mss fragments at the Norsk Historisk Kjeldeskrift-Institut. Fr = for mss catalogued; Gj = signa given in Gjerløw's catalogue)

| | | | |
|---|---|---|---|
| **O01** | Gj Ant 7 | s. xiii Nid or Bergen[8] | Edmund RMar. |
| **O02** | Gj Ant 22 | s. xii, prob. Nid[9] | Dunstan |
| **O03** | Gj Br 4 | s. xv Norway | Botwulf |
| **O04** | Fr 837 Gj Gr1a | s. xii Lit in Gr; Engl then Nid? | Æthelburga |
| **O05** | Gj Gr 11 | s. xiv | Oswald RMar |
| **O10** | Gj Kal 1 | s. xii prob. Norway, Canterbury source, used in S. John's, Nid | Birinus, Edmund RMar, Eormenhilda, Oswald Ep, Werburga |
| **O11** | Gj Kal 2 | s. xii Crowland, | Alban, Augustine, Cuthbert, |

8 See Gjerløw, *Antiphonarium Nidrosiensis Ecclesiae*, pp. 242ff, esp. p. 248.

9 Ibid., p. 37.

| | | | |
|---|---|---|---|
| | | then Nid[10] | Erkonwald, Ætheldreda, Waltheuus |
| **O12** | Gj Kal 3 | s. xii Borgund | Grimbald |
| **O13** | Gj Kal 4 | s. xii, with Mart infl. | Birinus, Ecgwine, Oswald RMar |
| **O14** | Fr 334, Gj Kal 5[11] | s. xii, cf. Mi 46 (**O48**) | Birinus, Edmund RMar |
| **O15** | Gj Kal 6 | s. xiii Oslo | Kenelm, Neot, Oswald RMar, Swithun |
| **O16** | Gj Kal 8 | s. xv Norway | Edmund RMar |
| **O17** | Gj Kal 10 | s. xv Norway | Oswald RMar |
| **O18** | Gj Kal 11 | s. xiv Norway | Cuthbert, Edward RMar |
| **O19** | Gj Kal 12 | s. xii Norway, London influence | Botwulf, Erconwald, John Bev |
| **O30** | Gj Mart 1 | s. xiii | Edward RConf |
| **O31** | Gj Mart 2 | s. xiv | Alban, Augustine, Bede, Dunstan, John Bev |
| **O33** | Gj Man 5 | s. xiii | Alban, Edmund RMar, Edward RMar |
| **O33a** | Gj Man 7 | s. xv | Swithun |
| **O34** | Gj Man 8 | s. xii | Alban, Edmund RMar, Oswald RMar |
| **O40** | Fr 21, Gj Mi 2 | s. xi, Engl (?Winch)[12] | Birinus |
| **O41** | Fr 171, Gj Mi 21 | c.1200[13] | Augustine |
| **O43** | Fr 183, Gj Mi 22 | s. xii[14] | Alban, Ætheldreda, Grimbald |
| **O44** | Fr 184, Gj Mi 22 | s. xii | Ætheldreda, Grimbald, Mildreth, Kenelm |
| **O45** | Fr 189–90, Gj Mi 25 | s. xii Nid | Edward RMar, Cuthbert |
| **O46** | Fr 196, Gj Mi 25 | s. xii Nid | Augustine, Dunstan |
| **O48** | Fr 354–5, Gj Mi 46[15] | s. xii Engl, then Oslo ?Worcester influence | John Bev |
| **O50** | Fr 386, Gj Mi 55 | s. xv | Oswald RMar |
| **O51** | Fr 437, Gj Mi 66 | s. xiii ?York, then Oslo | Mellitus, Wilfrid |
| **O52** | Fr 482, Gj Mi 75 | s. xii ?Engl, then Nid | Ælfheah |

10 See Gjerløw, 'Fragment of a 12th Century Croyland Kalendar'.

11 See Gjerløw, 'Missale brukt i Oslo', p. 90.

12 This fragment has been described and discussed recently by Corrêa, 'A Mass for St Birinus', who expresses doubts about earlier assumptions that the missal from which it derives was a Winchester book.

13 See Gjerløw, 'Missale brukt i Oslo', p. 89.

14 Ibid., pp. 86–9.

15 Ibid., p. 89–98.

| | | | |
|---|---|---|---|
| **O53** | Fr 529, Gj Mi 85[16] | s. xii ?Engl, then Bergen | John Bev |
| **O54** | Fr 530, Gj Mi 85 | s. xii ?Engl, then Bergen | Augustine, Dunstan |
| **O55** | Fr 531,2, Gj Mi 85 | s. xii ?Engl, then Bergen | Ætheldreda, Alban, Swithun |
| **O60** | Gj Ps 6, Lit[17] | s. xiii | Ætheldreda, Alban, Botwulf |
| **O61** | Gj Mi 128 | s. xii | Swithun |

## Oslo, University Library

| | | | |
|---|---|---|---|
| **O70** | MS 317 4° Kal | c.1300, Hamar | Alban, Augustine, Botwulf, Cuthbert, John Bev, Swithun |

## Stockholm, The Swedish National Archives (Riksarkivet)

| | | | |
|---|---|---|---|
| **S01** | Fr 20036 Ant 19 | c.1300 | Botwulf |
| **S02** | Fr 20184 Ant 76 | c.1300 | Botwulf |
| **S03** | Fr 20246 Ant 86 | c.1200 | Augustine, Botwulf[18] |
| **S04** | Fr 2893 ?Ant 86 & 203 | c.1200 | Swithun |
| **S06** | Fr 20332 Ant 131 | s. xv | Cuthbert |
| **S07** | Fr 20415 Ant 179 | s. xv | Botwulf |
| **S08** | Fr 20427 Ant 180 | c.1100 | Lawrence Ep, Erkenwald |
| **S09** | Fr 20898 Ant 203 | s. xii | Edmund RMar |
| **S10** | Fr 29831 Ant 389 | c.1200 | Alban |
| **S11** | Fr 29961 Ant 491 | s. xiii Upps | Cuthbert, Edward RMar |
| **S14** | Fr 4051 Ant | c.1400 | Edmund RMar |
| **S15** | Fr 5488 Ant | s. xv | Botwulf |
| **S17** | Fr 6356 Ant | s. xiii | Botwulf |
| **S20** | Fr 10307 Ant | s. xiv Upps | Edmund RMar |
| **S21** | Fr 7095 Br 13 | s. xiii Engl | Swithun |
| **S30** | Fr 8423 Br 302 | s. xii | Edmund RMar |
| **S31** | Fr 21808 Br 69 | s. xiii Scan | Botwulf |
| **S33** | Fr 21891 Br 83 | n.d. | Alban |
| **S34** | Fr 9332 Br 121,486 | c.1200 | Swithun |
| **S35** | Fr 31090 Br 218 | s. xii | Æthelwold, Oswald RMar |
| **S36** | Fr 150 Br 218 | s. xii | Cuthbert |

16 See Gjerløw, 'Missaler brukt i Bjørgvin', pp. 93ff.
17 See Gjerløw, 'Det birgittinske Munkelivs-psalter', pp. 138–9.
18 See Schmid, 'Problemata', p. 182.

| | | | |
|---|---|---|---|
| **S37** | Fr 22118 Br 246 | c.1200 Engl? (Winch) | Swithun |
| **S38** | Fr 22120 Br 246 | " | Ælfheah |
| **S39** | Fr 22121 Br 246[19] | " | Swithun |
| **S40** | Fr 22123 Br 246 | " | Sexburga |
| **S42** | Fr 22167 Br 251 | s. xii | Swithun |
| **S43** | Fr 22193 Br 254 | s. xii Nid | Ætheldreda, Alban |
| **S44** | Fr 23572 Br 1196 | s. xiv | Patrick Ep. |
| **S47** | Fr 22206 Br 260 | s. xiii Scan | Oswald RMar |
| **S48** | Fr 22208 Br 261 | s. xiv Sweden | Botwulf |
| **S50** | Fr 22254 Br 280 | s. xii | Alban |
| **S51** | Fr 22255 Br 280 | s. xii | Augustine |
| **S52** | Fr 30887 Br 302 | s. xiii | Edmund RMar |
| **S61** | Fr 22285 Br 303 | s. xiii Skara, Kal in Br | Ælfward, Cuthbert[20] |
| **S71** | Fr 22290 Br 309 | s. xiv | Augustine |
| **S73** | Fr 22321 Br 312 | s. xii | Alban |
| **S74** | Fr 22367 Br 348 | s.1200 Engl | Cuthbert, Edward RMar |
| **S75** | Fr 22388 Br 361 | c.1200 | Rumwold |
| **S76** | Fr 22401 Br 371 | s. xii | Botwulf |
| **S76a** | Fr 22402 Br 372 | s. xii | Cuthbert |
| **S78** | Fr 22436 Br 386 | s. xiii Sweden | Augustine, Dunstan |
| **S79** | Fr 22459 Br 405 | c.1200 Engl | Augustine |
| **S80** | Fr 22497 Br 421 | s. xv | Botwulf |
| **S81** | Fr 22511 Br 425 | s. xiii ?Engl | Birinus |
| **S82** | Fr 22522 Br 436 | s. xiii Engl | Ælfheah, Erkenwald, Mellitus |
| **S83** | Fr 22523 Br 437 | s. xiii | Botwulf |
| **S84** | Fr 22594 Br 486 | s. xii | Alban, Botwulf |
| **S85** | Fr 22853–4 Br 679 | s. xii | Cuthbert |
| **S86** | Fr 22862 Br 687 | s. xiii | Alban, Botwulf |
| **S87** | Fr 22957 Br 746 | c.1200 | Oswald RMar |
| **S90** | Fr 23313 Br 1015 | s. xii | Edmund RMar |
| **S92** | Fr 23585 Br 1208 | s. xii | Botwulf, Mellitus |
| **S94** | Fr 920 Br 1258 | s, xii | Augustine |
| **S95** | Fr 4879 Br 1208 | s. xii | Erkenwald |
| **S96** | Fr 23672 Br 1279 | s. xiii | Alban |
| **S97** | Fr 23677 Br 1284 | s. xii | Oswald RMar |
| **S98** | Fr 23816 Br 1402 | s. xii | Botwulf |
| **S111** | Fr 24168 Br 1689 | s. xii | Cuthbert |
| **S112** | Fr 24377 Br 1856 | c.1200 | Augustine |
| **S113** | Fr 24412 Br 1881 | c.1200 | Alban |
| **S114** | Fr 24464 Br 1919 | s. xii | Wilfrid |

19 Ibid., p. 189.
20 Described in the catalogue as 'Guibert'.

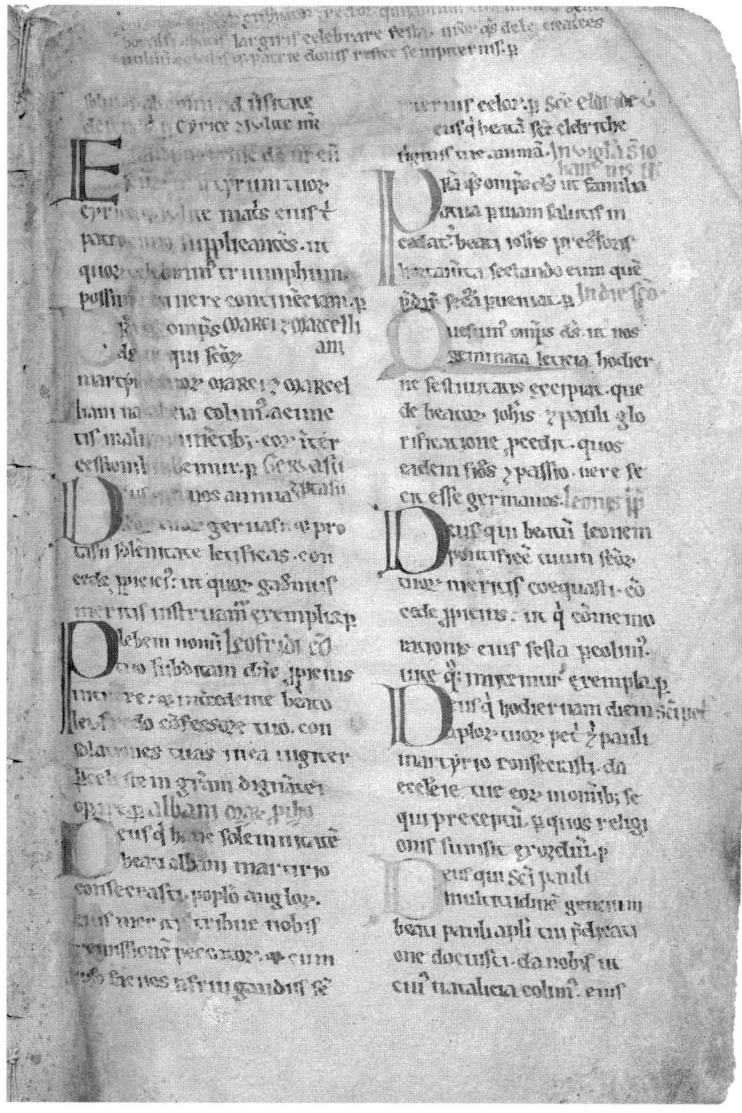

**Plate 2:** Collects for June in the twelfth-century Skara Collectarium (SRA, Fr 25046 Coll 2, fol. 1r; **S142**), including those for SS Alban and Ætheldreda (here 'Eldridae'), with a collect for Botwulf added in the top margin. Reproduced by permission of the Swedish National Archives (Riksarkivet) in Stockholm.

| | | | |
|---|---|---|---|
| **S115** | Fr 24555 Br 1982 | s. xiii | Alban |
| **S116** | Fr 24639 Br 2054 | c.1200 | Alban, Botwulf |
| **S120** | Fr 926 Br | s. xiii | Alban, Botwulf |
| **S121** | Fr 11683 Br | s. xiii | Cuthbert |
| **S122** | Fr 2287 Br | s. xiii ?Engl | Edmund RMar |
| **S124** | Fr 2452 Br | s. xiii | Botwulf |
| **S125** | Fr 2453 Br | s. xiii | Botwulf |
| **S126** | Fr 2457 Br | s. xiii | Botwulf |
| **S127** | Fr 5298 Br | s. xiii | Alban |
| **S128** | Fr 6982 Br | s. xiii | Botwulf |
| **S129** | Fr 8423 Br | s. xii | Edmund RMar |
| **S133** | Fr 9845 Br | c.1200 | Alban |
| **S140** | Fr 25044 Coll 2 | s. xii Skara | Æthelburga, Aldhelm, Augustine, Dunstan, Eadburga |
| **S141** | Fr 25045 Coll 2 | s. xii Skara | Edmund RMar |
| **S142** | Fr 25046 Coll 2 | s. xii Skara | Ætheldreda, Alban, Botwulf, Grimbald, Edith Wilton, Swithun |
| **S151** | Fr 25272 Gr 23 | n.d. | Botwulf |
| **S152** | Fr 25227 Gr 73 | s. xv Väst | Edmund RMar |
| **S153** | Fr 25229 Gr 73 | s. xv Väst | Botwulf |
| **S154** | Fr 25268 Gr 82 | c.1300 Sträng | Botwulf |
| **S155** | Fr 25272 Gr 83 | c.1400 | Augustine, Botwulf |
| **S156** | Fr 25467 Gr 187 | s. xv | Edmund RMar |
| **S157** | Fr 25497 Gr 209 | s. xiii | Æthelburga, Edmund RMar |
| **S160** | Fr 11431 Gr | s. xiv | Ælfheah, Oswald RMar |
| **S161** | Fr 1323 Gr | s. xiii Engl or N. France | Cuthbert |
| **S162** | Fr 2175 Gr | s. xv ?Germany | Botwulf (Odulf) |
| **S163** | Fr 2349 Gr | s. xiv | Botwulf |
| **S164** | Fr 3698 Gr | s. xiv | Augustine, Botwulf |
| **S165** | Fr 4831 Gr | s. xv Sweden | Botwulf |
| **S167** | Fr 6541 Gr | s. xiv | Botwulf |
| **S168** | Fr 6808 Lit in Gr | s. xii Engl | Erkenwald |
| **S169** | Fr 9088 Gr | s. xiv Sweden | Botwulf |
| **S180** | Fr 25537 Hy 7 | s. xiii Engl lit | Æthelwold, Ælfheah, Alban, Augustine, Bede, Birinus, Dunstan, Edmund RMar, Edward RMar, Ecgwine, Guthlac, Kenelm, Oswald RMar, Oswald Ep, Pandonia, Swithun |
| **S181** | Fr 25548 Hy 15 | c.1200 Kal | Botwulf |
| **S190** | Fr 25593 Kal 2 | s. xiii | Æthelbert, Ætheldreda, Alban, |

| | | | |
|---|---|---|---|
| | | | Aldhelm, Augustine, Botwulf, Dunstan, Edward RMar, Kenelm, Neot, Oswald RMar, Swithun, Tr Swithun |
| **S191** | Fr25594 Kal 2 | s. xiii | Ælfheah, Cuthbert, Edmund RMar, Edward RMar, Edith Wilton, Ætheldreda, Guthlac, Ivo, Paulinus |
| **S192** | Fr 25596 Kal 4 | s. xiii, Engl then Sträng or Väst | Edmund RMar |
| **S192a** | Fr 25598 Kal 6 | s. xiii Upps | Alban, Botwulf |
| **S193** | Fr 25601 Kal 9 | c.1200 Engl then Upps | Alban, Ælfheah, Augustine, Botwulf, Dunstan, Ætheldreda, Kenelm, Swithun |
| **S193a** | Fr 25602 Kal 10 | s. xii Link | Oswald RMar |
| **S194** | Fr 25603 Kal 11 | s. xv | Alban, Augustine, Bede, Botwulf Oswald RMar |
| **S195** | Fr 25605 Kal 13 | s. xii Denmark | Ælfheah, Chad, Cyneberga, Cuthbert, Edward RMar, Erkenwald, Mellitus |
| **S196** | Fr 25606 Kal 14 | s. xii Sweden | Ætheldreda, Alban, Augustine, Botwulf, Cuthbert, Dunstan, Ord Dunstan, Edward RMar, Tr Edmund RMar, Guthlac, John Bev, Mildreth, Oswald RMar |
| **S197** | Fr 25607 Kal 15 | s. xii | Ælfward, Oswald RMar |
| **S198** | Fr 25610 Kal 18 | s. xv Åbo | Edward RConf |
| **S199** | Fr 25611 Kal 19 | s. xi | Ecgwine |
| **S200** | Fr 25613 Kal 21 | s. xiv | Bede |
| **S201** | Fr 25615 Kal 23 | s. xv Väst | Edmund RMar, Edmund Ep |
| **S202** | Fr 25616 Kal 24 | s. xii Engl then Baltic | Ælfheah, Cuthbert, Edward RMar, Erkenwald, Mellitus |
| **X30**[21] | Fr 25620 Kal 28 | c.1300 | Oswald RMar |
| **S204** | Fr 25621 Kal 29 | s. xii Link | Alban, Augustine, Bede, Botwulf, Cuthbert, Æthelburga Barking |
| **S210** | Fr 25623 Kal 30 | c.1200 Upps | Augulus, Cuthbert, Tr Cuthbert, Edmund RMar |

21 Although this ms is catalogued in SRA, it is not there; see under X30.

| | | | |
|---|---|---|---|
| **S211** | Fr 25624 Kal 31 | s. xii Sträng, then Väst | Alban, Augustine, Botwulf, Dunstan, Mildreth, Oswald RMar |
| **S212** | Fr 25625 Kal 33 | s. xv Link | Botwulf |
| **S213** | Fr 25628 Kal 36 | c.1100 Engl then ?Skara | Alban, Aldhelm, Augustine, Bede, Botwulf, Dunstan, Tr Edmund RMar, Tr Edward RMar, John Bev |
| **S214** | Fr 25630 Kal 38 | s. xiii Sweden | Botwulf, Cuthbert, Edward RMar |
| **S215** | Fr 25631 Kal 39 | s. xii Väst | Edmund RMar, Edward RMar Edward RConf |
| **S216** | Fr 25632 Kal 40 | s. xii ?Link | Cuthbert |
| **S217** | Fr 25634 Kal 43 | s. xiii Link | Alban, Augustine, Botwulf |
| **S218** | Fr 25637 Kal 47 | s. xiii Link | Augustine, Bede, Botwulf, Cuthbert, Eormenhilda, Gildas, Edward RMar, Mellitus, Mildreth, Oswald RMar |
| **S219** | Fr 25640 Kal 50 | s. xiii Denmark | Bede, Botwulf |
| **S220** | Fr 25643 Kal 53 | s. xv | Augustine, Oswald RMar |
| **S230** | Fr 2547 Kal | s. xiii | Edmund RMar |
| **S231** | Fr 2620 Kal | s. xiii | Oswald RMar, Swithun |
| **S232** | Fr 2631 Kal | s. xiv Upps | Botwulf |
| **S234** | Fr 4898 Kal | s. xv Eskilstuna | Botwulf |
| **S300** | Fr 25735 Leo 25 | s. xii | Oswald RMar |
| **S301** | Fr 25795 Leo 51 | c.1400 | Edmund RMar |
| **S302** | Fr 30 Leo | s. xiii | Edmund RMar |
| **S304** | Fr 7247 Leo | s. xv | Edmund RMar |
| **S306** | Fr 10701 Leo | s. xiii | Alban |
| **S313** | Fr 5050 Leg | c.1400 | Dunstan |
| **S314** | Fr 5215 Leg | s. xv | Dunstan |
| **S315** | Fr 5218 Leg | s. xv | Dunstan |
| **S316** | Fr 5221 Leg | s. xv | Dunstan |
| **S318** | Fr 10309 Leg | s. xv | Alban |
| **S400** | Fr 25913 Mi 1 | s. xi ?Engl | Tr Swithun[22] |
| **S401** | Fr 25914 Mi 1 | s. xi ?Engl | Swithun |
| **S403** | Fr 25951 Mi 3 | s. xii Lit in Mi; Sweden | Alban, Ælfheah, Cuthbert, Edmund RMar, Edward RMar, Guthlac, Kenelm, Oswald RMar, Oswald Ep |

22 See Schmid, 'Problemata'; on the English origins of this fragment (some scholars have suggested Winchester), see Lapidge, *Cult of St Swithun*, p. 78, n. 15.

| | | | |
|---|---|---|---|
| **S404** | Fr 25956 Mi 3 | s. xii Lit in Mi; Sweden | Edmund RMar |
| **S405** | Fr 25961 Mi 4 | s. xii Engl | Ætheldreda, Aldhelm, Augustine |
| **S406** | Fr 25963 Mi 4 | s. xii Engl | Ætheldreda, Edmund RMar |
| **S407** | Fr 25973 Mi 4 | s. xii Engl | Grimbald, Swithun |
| **S408** | Fr 25976 Mi 4 | s. xii Engl | Cuthbert, Edward RMar |
| **S420** | Fr 25993 Mi 8 | s. xii | Botwulf |
| **S421** | Fr 25994 Mi 8 | s. xii | Oswald RMar |
| **S422** | Fr 25996 Mi 8 | s. xii | Edmund RMar |
| **S423** | Fr 25999 Mi 8 | s. xii | Grimbald |
| **S424** | Fr 26018 Mi 14 | s. xv Link | Alban |
| **S425** | Fr 26020 Mi 14 | s. xv Link | Botwulf |
| **S426** | Fr 30846 Mi 17 | s. xv Link | ?Alban, Botwulf |
| **S427** | Fr 1016 Mi 44,716 | s. xv | Alban |
| **S428** | Fr 26136 Mi 45 | s. xiv Böda | Botwulf |
| **S431** | Fr 2194 Mi 102 etc | s. xv Sweden | Alban |
| **S432** | Fr 9451 Mi 102 etc | s. xv Sweden | Edmund EpConf, William |
| **S436** | Fr 1016 Mi 44, 716 | s. xv | Alban |
| **S437** | Fr 26351 Mi 115 | s. xv | Edmund RMar |
| **S438** | Fr 26357 Mi 116 | s. xv Väst | Botwulf |
| **S439** | Fr 26377 Mi 116 | s. xv Väst | Edmund EpConf, cf. **H77** |
| **S440** | Fr 26605 Mi 198 | s. xiii | Ælfheah, Mellitus |
| **S442** | Fr 26635 Mi 213 | s. xiii | Botwulf |
| **S443** | Fr 26644 Mi 216 | s. xii | Swithun, see **H61** |
| **S444** | Fr 10123 Mi 247 etc | s. xiii Scan | Augustine, Dunstan |
| **S445** | Fr 26692 Mi 247 etc | s. xiii Scan, Lit in Mi | Alban, Botwulf, Cuthbert, Dunstan, Edmund RMar |
| **S446** | Fr 26767 Mi 284 | n.d. Lit | Alban, Ælfheah, Botwulf, Cuthbert, Dunstan, Edmund RMar |
| **S450** | Fr 26803 Mi 300 | s. xiii Sweden | Swithun |
| **S451** | Fr 26804 Mi 300 | s. xiii Sweden | Botwulf |
| **S452** | Fr 26805 Mi 300 | s. xiii Sweden | Augustine, Cuthbert, Edward RMar |
| **S454** | Fr 26827 Mi 317 | s. xiii | Alban, Dunstan |
| **S455** | Fr 26828 Mi 317 | s. xiii | Augustine, Botwulf |
| **S456** | Fr 30858 Mi 317 | s. xiii | Swithun |
| **S458** | Fr 8379 Mi 329, 800 | s. xv Cist | Alban |
| **S459** | Fr 8381 Mi 329, 800 | s. xv Cist | Edmund EpConf |
| **S460** | Fr 26873 Mi 329, 800 | s. xv Cist | Cuthbert |
| **S461** | Fr 26889 Mi 335 | c.1200 Engl with s. xv add Link | Æthelbert, Aldhelm, Botwulf, Dunstan |

| | | | |
|---|---|---|---|
| **S462** | Fr 26990 Mi 337 | s. xiii Skara Kal in Mi | Alban, Ælfheah, Augustine, Botwulf, Cuthbert, Oswald RMar |
| **S463** | Fr 26891 Mi 338 | s. xiv | Aldhelm, Dunstan |
| **S464** | Fr 26910 Mi 342 | s. xv | Edmund EpConf, Edmund RMar |
| **S465** | Fr 26926 Mi 346 | s. xv | Botwulf |
| **S466** | Fr 27067 Mi 384 | c.1400 | Edmund RMar |
| **S472** | Fr 27254 Mi 508 | s. xii | Alban |
| **S473** | Fr 27261 Mi 513 | s. xii Engl | Osith |
| **S474** | Fr 27299 Mi 532 | c.1300 Scan | Botwulf |
| **S475** | Fr 27300 Mi 532 | c.1300 Scan | Edmund RMar |
| **S477** | Fr 27349 Mi 562 | s. xiii Lit in Mi | Botwulf, Cuthbert |
| **S478** | Fr 27381 Mi 584 | s. xiii, ?Engl | Alban, Botwulf, Ætheldreda |
| **S480** | Fr 27467 Mi 616 | s. xv Kal in Mi | Alban, Bede, Botwulf |
| **S481** | Fr 27498 Mi 638 | n.d. | Edmund RMar |
| **S483** | Fr 27524 Mi 643 | s. xv | Edmund RMar |
| **S484** | Fr 27566 Mi 675 | s. xii Lit in Mi | Cuthbert |
| **S485** | Fr 27571 Mi 680 | s. xv | Edmund RMar |
| **S486** | Fr 27595 Mi 697 | s. xii Engl, then Norway | Rumwold |
| **S490** | Fr 1152 Mi 720 | s. xii Engl | Oswald RMar |
| **S491** | Fr 1164 Mi 720 | s. xii Engl | Alban |
| **S492** | Fr 7995 Mi 720 | s. xii Engl | Augustine, Dunstan |
| **S493** | Fr 27658 Mi 746 | s. xiii Engl or France | Ælfheah, Kenelm |
| **S494** | Fr 27668 Mi 752 | s. xiii Kal in Mi | Edmund RMar |
| **S496** | Fr 27703 Mi 775 | s. xv | Edmund EpConf, Edmund RMar |
| **S497** | Fr 27719 Mi 788 | s. xiii | Cuthbert, Edward RMar |
| **S498** | Fr 27727 Mi 791 | c.1200 | Hilda |
| **S499** | Fr 27757 Mi 812 | s. xii Lit in Mi | Osith[23] |
| **S501** | Fr 27870 Mi 894 | s. xii | Botwulf |
| **S502** | Fr 28803 Mi Inc 9 | n.d. | Edmund RMar |
| **S600** | Fr 233 Mi | s. xii Engl | Dunstan, Erkenwald, John Bev |
| **S601** | Fr 235 Mi | s. xii Engl | Ælfheah |
| **S602** | Fr 1231 Mi | s. xiii | Cuthbert |
| **S603** | Fr 1274 Mi | s. xiv | Alban, Botwulf |
| **S604** | Fr 1598 Mi | s. xii | Felix |
| **S605** | Fr 1672 Mi | s. xv | Botwulf |
| **S607** | Fr 2070 Mi | s. xi | Dunstan |
| **S608** | Fr 2267 Mi | s. xiii Engl | Kenelm |

23 See *KÅ* (1969), pp. 16ff.

| | | | |
|---|---|---|---|
| **S609** | Fr 2268 Mi | s. xiii ?Engl | Ætheldreda |
| **S610** | Fr 2328 Mi | s. xiii | Augustine |
| **S611** | Fr 2796 Mi | s. xiii | Botwulf |
| **S612** | Fr 2797 Mi | s. xiii | Oswald RMar |
| **S613** | Fr 2861 Mi | s. xiv | Botwulf |
| **S614** | Fr 2879 Mi | s. xiv | Botwulf |
| **S615** | Fr 3091 Mi | s. xv | Botwulf |
| **S616** | Fr 3336 Mi | s. xiii | Cuthbert |
| **S617** | Fr 3460 Mi | s. xiii | Botwulf |
| **S619** | Fr 4066 Mi | s. xiv | Edmund EpConf, Edmund RMar |
| **S620** | Fr 4482 Mi | s. xv | Alban |
| **S621** | Fr 4549 Mi | s. xii Sweden Kal in Mi | TrCuthbert, Oswald RMar, TrSwithun |
| **S622** | Fr 5138 Mi | s. xv | Botwulf |
| **S623** | Fr 5492 Mi | s. xv | Alban |
| **S624** | Fr 5666 Mi | s. xv | Alban |
| **S625** | Fr 5953 Mi | c.1200 | Alban |
| **S630** | Fr 6267 Mi | s. xv | Alban |
| **S631** | Fr 6270 Mi | s. xiv | Botwulf |
| **S632** | Fr 6318 Mi | s. xiv | Botwulf |
| **S633** | Fr 6521 Mi | s. xii | Oswald RMar |
| **S634** | Fr 6527 Mi | s. xv | Oswald RMar |
| **S635** | Fr 6567 Mi | s. xii Engl | TrAlban, InvenAlban, Æthelwold Oswald RMar, Swithun |
| **S636** | Fr 6781 Mi | s. xii | Ætheldreda |
| **S637** | Fr 6868 Mi | s. xiii ?Engl | Augustine, Dunstan |
| **S638** | Fr 7140 Mi | s. xv | Alban |
| **S639** | Fr 7488 Mi | s. xiv Sweden | Grimbald |
| **S640** | Fr 7808 Mi | c.1200 Engl | Dunstan, Erkenwald, Oct Erkenwald, Æthelbert, John Bev |
| **S641** | Fr 7826 Mi | c.1300 | Botwulf |
| **S642** | Fr 7918 Mi | s. xiii ?Engl | Alban, Botwulf |
| **S643** | Fr 7984 Mi | c.1200 ?Engl | Æthelwold |
| **S651** | Fr 9451 Mi | n.d. | Edmund EpConf |
| **S652** | Fr 9489 Mi | s. xv | Botwulf |
| **S653** | Fr 9580 Mi | s. xii | Oswald RMar |
| **S654** | Fr 10440 Mi | s. xv | Alban |
| **S701** | Fr 11279 Proc | s. xv | Botwulf |
| **S702** | Fr 27978 Ps 11 | s. xii Sweden, Cist | Edmund EpConf |
| **S703** | Fr 5915 Ps | s. xiv Lit in Ps | Dunstan |

| | | | |
|---|---|---|---|
| **S704** | Fr 28052 Rit 5 | s.1200 ?Engl Lit in Rit | Alban, Ord Dunstan, Edmund RMar |
| **S705** | Fr 28234 Seq 88 | c.1200 Cist Kal in Sequentiary | Alban, Ælfheah, Botwulf, Cuthbert, Edward RMar |
| **S800** | Fr 7481 Vi Sa 5, 18 | s. xv | Bede[24] |
| **S801** | Fr 28431 Vi Sa 8 | s. xv | Chad, Margaret |
| **S802** | Fr 28428 Vi Sa 8 | s. xv | Ætheldreda |
| **S804** | Fr 28480 Vi Sa 13 | s. xv | Chad |
| **S805** | Fr 28506 Vi Sa 18 | s. xv | Dunstan |
| **S806** | Fr 28520 Vi Sa 18 | s. xv | Dunstan |
| **S807** | Fr 30037 Vi Sa 20 | s. xv | Aidan, Oswald RMar |

From other collections in the SRA:

| | | | |
|---|---|---|---|
| **S900** | E 8791 Kal | s. xv Engl, then Vads | Ætheldreda, Botwulf, Edward RMar, but many entries erased, i.e. Augustine, Cuthbert, Edmund RMar, Edward RConf, John Bev |
| **S901** | E 8899 Br | s. xiv | Botwulf |
| **S902** | E 9002 2 Lits & Kal | s. xiv | Botwulf |
| **S903** | E 9047 Kal | s. xiv Sträng | Botwulf, Gilbert, Oswald EC, Paulinus |
| **S904** | E 906 Kal | s. xiv Eskilstuna | Alban |
| **S905** | A 8 Kal | 1344 Upps | Botwulf, Edmund RMar |

## Stockholm, Royal Library (Kungliga Biblioteket)

| | | | |
|---|---|---|---|
| **SB01** | A 28 | s. xiv Dom Sträng, Usuard martyrology | Ætheldreda, Alban, Augustine, Bede, Botwulf, Cuthbert, Edmund RConf, Edmund RMar, Oswald RMar, Paulinus |
| **SB1a** | A35 | s. xv Coll, ?Viborg | Alban, Augustine, Bede, Chad, Cuthbert, Edmund RMar, Felix, Gilbert, Oswald RMar |
| **SB02** | A36 | s. xv, Vads, Lit | Botwulf |
| **SB03** | A40 | c.1500, Kal in LibP | Botwulf |
| **SB04** | A40 | v. 1500 Lit | Alban |

24 Not a commemoration of Bede, but a letter of Cuthbert to Cuthwin describing Bede's death.

| | | | |
|---|---|---|---|
| **SB05** | A42 | s. xv Denmark, Kal in LibP | Alban, Botwulf |
| **SB06** | A50 | s. xv Upps, Kal in Br | Alban, Botwulf, Edmund RMar |
| **SB07** | A50 | s. xv Br | Botwulf, Edmund RMar |
| **SB08** | A50a | s. xv Mi, Stock at Dom Sanc. Spirit. | Botwulf |
| **SB09** | A50a | s. xv Kal | Alban, Botwulf, Edmund RMar, Edmund RConf |
| **SB10** | A80 | c.1500 Kal, Vads in Birgitta Andersdotters LibP | Alban, Botwulf |
| **SB11** | A94 | c.1500 Gr, Upps | Botwulf, Edward RConf |
| **SB12** | A97 | s. xv Lit in Mi, Link | Alban, Botwulf |
| **SB13** | A99 | s. xv Br Upps | Edmund RMar |
| **SB14** | A102 | s. xv Br, ?Väst | Botwulf, Edmund RConf |
| **SB15** | A103 | s. xi | see **S401** |
| **SB16** | K46 | s. xv Kal, Birg from Mariager | Botwulf |
| **SB17** | X767 | s. xiii Kal, Rosk | Augustine, Botwulf, Edmund RMar, Edward RConf, Oswald RMar |
| **SB18** | Isl perg 4° 28 | s. xiv Kal, Praem S.Olav, Tunsberg | Botwulf, Edmund RMar |
| **SB19** | Isl perg 4° 30 | s. xiv Kal, Dom S.Olav, Oslo | Botwulf, Swithun |

## Stockholm, State Historical Museum (Statens Historiska Museum)

| | | | |
|---|---|---|---|
| **SM01** | MS 21288 | 1198, Kal, Upps Vallentuna Church | Ætheldreda, Alban, Ælfheah, Augustine, Bede, Botwulf, Cuthbert, Dunstan, Edmund RMar, Edward RMar, Guthlac, John Bev, Oswald RMar, Swithun, Wilfrid |

## Uppsala, University Library (Carolina)

| | | | |
|---|---|---|---|
| **U02** | C84 Br | s. xv ?Link | Botwulf |
| **U03** | C92a Kal in Br | s. xiii Engl, then Sträng | Augustine, Botwulf, Edward RMar |

| | | | |
|---|---|---|---|
| **U04** | C354 Br | s. xv | Alban, Botwulf |
| **U04a** | C415 Mi | c.1400 Vads | Alban, Botwulf |
| **U05** | C416 Br | s. xiv Vads | Botwulf |
| **U06** | C421 Br | s. xv Åbo | Edward RConf |
| **U07** | C425 Br | s. xv Vads | Alban, Botwulf |
| **U08** | C435 Br | s. xiv Link, Lit in Br | Alban, Botwulf |
| **U09** | C446 Br | c.1400 Sweden | Botwulf |
| **U10** | C447 Br | 1470 Lund, Kal in Br | Ætheldreda, Alban, Birinus, Botwulf, Oswald RMar |
| **U10a** | C447 Br | 1470 Lund | Botwulf |
| **U11** | C461 Br | s. xiv Sweden, Lit in Br | Botwulf |
| **U12** | C463 Br | s. xv Sträng | Alban, Botwulf |
| **U13** | C479 Br | s. xv Vads | Alban, Botwulf |
| **U14** | C507 Br | s. xv Sweden | Botwulf |
| **U15** | C517c Br | s. xv | Oswald RMar |
| **U16** | Nordin 1692 Br | s. xv Väst | Botwulf, Edmund EpConf, Edmund RMar |
| **U17** | Fr ms lat 115 Br | s. xiv | Augustine |
| **U18** | C36 Kal | s. xv Skara | Botwulf |
| **U19** | C489 Kal | s. xiv Germany | Bede, Oswald RMar |
| **U20** | C493 Kal | s. xv | Edmund RMar, Gilbert |
| **U21** | C504 fr3 Kal | s. xv Sweden | Alban, Botwulf |
| **U22** | C511 Kal | s. xiii | Alban, Cuthbert |
| **U23** | C517c Kal | s. xv | Oswald RMar |
| **U24** | Fr ms lat 271 Kal | s. xiii | Alban, Augustine, Botwulf |
| **U25** | Fr ms lat 277 Kal | s. xiii | Cuthbert |
| **U26** | Fr ms lat 318 Kal | s. xiii | Alban, Botwulf |
| **U27** | C515 Man | s. xiii Upps or Sträng, Lit in Man | Botwulf |
| **U28** | C34 Mart | s. xiv Sweden then Vads | Alban, Augustine, Bede, Ætheldreda, Botwulf, Cuthbert, Edmund RMar, Mellitus, Oswald RMar, Paulinus |
| **U29** | C415 Mi | s. xiv | Alban, Botwulf |
| **U30** | C420 Mi | c.1400 Vads | Alban, Botwulf[25] |
| **U31** | C427 Mi | s. xv Link | Alban, Botwulf[26] |
| **U32** | C460 Ps | s. xv Sweden, Lit in Ps | Botwulf |
| **U33** | Fr ms lat 78 Vi Sa | s. xiii | Augustine |

25 See Lindberg, *Schwedischen Missalien*, p. 406.

26 Ibid.

| | | | |
|---|---|---|---|
| **U34** | C465 Lit | s. xiii Engl | Ætheldreda, Botwulf, Edmund RMar |
| **U35** | C465 Lit | c.1400 Sweden | Botwulf |
| **U36** | C501 Lit | s. xv Vads | Botwulf |

## In Other Institutions in Scandinavia

1. Linköping, Diocesan & County Library (Stifts- och länsbibliotek)

| | | | |
|---|---|---|---|
| **X01** | J79 Kal | s. xv Sträng[27] | Botwulf |

2. Lund, University Library

| | | | |
|---|---|---|---|
| **X10** | Mh 6 Kal | 1123 Lund[28] | Botwulf |
| **X11** | Mh 7 Mart | 1146 Lund[29] | Ætheldreda, Alban, Augustine, Bede, Botwulf, Cuthbert, Mellitus, Oswald RMar, Paulinus |
| **X12** | Mh 13 Kal | s. xiv | Alban, Oswald RMar |
| **X13** | Mh 15 Kal | s. xiv Scan | Augustine, Botwulf, Dunstan |

3. Skara, Diocesan & County Library (Stifts- och Länsbibliotek)

| | | | |
|---|---|---|---|
| **X20** | Mus ms 1–2 Mi | s. xii Skara[30] | Swithun |
| **X21** | Mus ms 13 Kal | s. xiii Skara in Hemsjö Man | John Bev |
| **X22** | Mus ms 13 Lit | s. xiii Skara in Hemsjö Man | Botwulf |

4. Jönköping, High School Library (Jönköpings Högre Allmänna Läroverk)

| | | | |
|---|---|---|---|
| **X30** | Fr 25620 Kal 28 | c.1300 | Oswald RMar |

## In Other Institutions in Europe

1. Berlin, Staatsbibliothek

| | | | |
|---|---|---|---|
| **Y01** | lat. theol. 149 2° Kal[31] | 1137 Colbaz | Alban, Augustine, Bede, Botwulf, Cuthbert, Oswald RMar |

---

27 See Beckman, *Kalendarium.*

28 See Weibull, *Necrologium Lundense.*

29 See Weeke, *Lunde Domkapitels Gavelbøger*.

30 See Johansson, *Den medeltida liturgin*; and for a facsimile of the Skara missal, see Pahlmblad, *Skaramissalet.*

31 See Weibull 'Annalerne og Kalendariet.'

| | | | |
|---|---|---|---|
| **Y02** | Kupferstichs 78 A 8s. | s. xiv Engl or Flanders, Margareta Skulesdotters Ps | Alban, Ælfheah, Botwulf, Birinus, Frideswide, Kenelm, Nectan, Osgytha, Oswald RMar, Swithun |
| **Y03** | Kupferstichs 78 A 8s. | s. xiv Engl or Flanders, Lit in Ps | Birinus, Cuthbert, Sativola |

2. Edinburgh, University Library

| | | | |
|---|---|---|---|
| **Y10** | Borland 48 Kal | s. xv Sles | Alban |
| **Y11** | Borland 159 Kal | s. xv Link | Alban, Botwulf |

3. London, British Library

| | | | |
|---|---|---|---|
| **Y20** | Add MS 34388 Br | s. xii prob Sweden | Botwulf |
| **Y21** | Add MS 34388 Kal | s. xii prob Sweden | Alban, Oswald RMar |
| **Y22** | Add Ms 40146 Br | s. xiii Link | Botwulf |
| **Y23** | Add MS 40146 Kal | s. xiii Link Kal in Br | Alban, Augustine, Bede, Botwulf |
| **Y24** | Egerton 2652 Kal | s. xiii Rosk, in Sunesönnernes ps[32] | Alban, Ælfheah, Ætheldreda, Augustine, Botwulf |
| **Y25** | Egerton 2652 Lit | s. xiii Rosk | Ætheldreda, Botwulf, Cuthbert, Dunstan, Oswald RMar, Sexburga, Werburga, Wilfrid |
| **Y26** | Harley 745 Lit in Br | s. xiii prob. Engl | Edith Wilton, Swithun |
| **Y27** | Harley 745 Kal in Br | s. xiii prob. Engl | Ætheldreda, Ælfheah, Alban, Augustine, Botwulf, Cuthbert, Dunstan, Edmund RMar, Edward RMar, Eormenhilda, John Bev, Kenelm, Oswald RMar, Swithun |

4. Manchester, Public Library

| | | | |
|---|---|---|---|
| **Y30** | MS F 091 F9 Br | s. xiv Denmark from Ebelholt | Botwulf |

5. Prague, Chapter Library (Knihovna Metropolitni Kapituli)

| | | | |
|---|---|---|---|
| **Y40** | B 4/1 qv Kal in Ps | s. xv Birg, from Munkeliv, Bergen[33] | Alban, Botwulf |
| **Y41** | B 4/1 qv Lit in Ps | s. xv Birg, from Munkeliv, Bergen | Botwulf |

32 See Carlsson, 'En svensk drottnings andaktsbok?'

33 See Collijn, 'Kalendarium Munkalivense', and Gjerløw, 'Det birgittinske Munkelivs-psalter', pp. 129ff.

6. The Hague, Museum Meermano-Westreenianum

| | | | |
|---|---|---|---|
| **Y50** | MS 10 D 17 Mart | s. xiv Nysted, Lolland, Denmark | Ætheldreda, Alban, Augustine, Bede, Botwulf, Cuthbert, Edmund RMar, Liephard, Mellitus, Oswald RMar, Paulinus |

## Pre-Reformation Scandinavian Liturgical Books in Print

| | | |
|---|---|---|
| **BÅbo** | Breviarium Åboense (CUL 96.3.c.95.2) | |
| **BArh** | Breviarium Arhusiense 1519 | Botwulf, Edmund EpConf |
| **BAros** | Breviarium Arosiense 1513 | Botwulf, Edmund EpConf, Edmund RMar |
| **BCop** | Breviarium Hafniense 1484, 1510 | Alban, Augustine, Bede, Botwulf, Edmund EpConf, Edmund RMar, Oswald RMar |
| **BLinc** | Breviarium Lincopense 1493 | Alban, Botwulf |
| **BLund** | Breviarium Lundense 1514 | Botwulf, Ætheldreda, Osmund RMar, |
| **BNid** | Breviarium Nidrosiense 1519 | Ætheldreda, Alban, Augustine, Botwulf, Cuthbert, Dunstan, Edmund EpConf, Edmund RMar, John Bev, Oswald RMar, Swithun |
| **BOtho** | Breviarium Othoniense 1497 | Alban, Birinus, Botwulf, Edmund RMar, Oswald RMar |
| **BRosk** | Breviarium Roskildense 1517 | Alban, Botwulf, Edmund RMar, Oswald RMar |
| **BScar** | Breviarium Scarense 1498 | Botwulf |
| **BSles** | Breviarium Slesvicense 1486, 1512 | Alban, Botwulf |
| **BStr** | Breviarium Strengnense 1495/6 | Alban, Botwulf |
| **BUps** | Breviarium Upsaliense 1494, 1513 | Botwulf, Edmund EpConf, Edmund RMar |
| **BVib** | Breviarium Viburgense 1500 | Alban, Bede, John Bev |
| **GAros** | Graduale Arosiense 1493 | Botwulf, Edmund RMar |
| **MÅbo** | Missale Aboense 1488 | Edward RConf |
| **ManÅbo** | Manuale Aboense 1522 | Edward RConf |
| **ManLink** | Manuale Lincopense 1525 | Alban, Botwulf |
| **MCop** | Missale Hafniense 1484 1510 | Alban. Augustine, Botwulf, Edmund RMar, Oswald RMar |

| | | |
|---|---|---|
| **MLund** | Missale Lundense 1514 | Ætheldreda, Alban, Botwulf, Oswald RMar |
| **MNid** | Missale Nidrosiense 1519 | Ætheldreda, Alban, Augustine, Botwulf, Cuthbert, Dunstan, Edmund EpConf, Edmund RMar, John Bev, Oswald RMar, Swithun |
| **MSles** | Missale Slesvicense 1486 | Alban, Botwulf |
| **MStr** | Missale Strengnense 1487 | Alban, Botwulf |
| **MUps** | Missale Upsaliense 1484, 1513 | Botwulf, Edmund RMar |
| **MVib** | Missale Viborgense | Botwulf |

# The Saints in the Liturgies

## Ælfgifu (Elgiva), Queen

18 May

**Martyrology**

s. xiii **C30** *et S. Alfgine regine*
This entry for Ælfgifu of Shaftesbury, whose cult was almost entirely confined to the west of England in Saxon times, derives from the Winchester influence upon this martyrology.

## Ælfheah (Alphege) of Canterbury, Bishop & Martyr

19 April; ordination 16 November; translation 8 June

**Kalendars** (all 19 Apr.)

| | | |
|---|---|---|
| s. xii | **S202** | *Sci alphegi* |
| c.1200 | **SM01** | *Ealfegi archiepi* |
| | **S193** | *Sci elphegi epi* |
| | **S195** | *Sci alphegi archiepi* |
| | **S705** | *Eleutheri et Alphegi episcoporum* |
| s. xiii | **S191** | *Sci aelphegi archiepi 3 lect.* |
| | **Y24** | *Alfegi archiepi* |
| | **Y27** | *Elfegi archiepi* |
| s. xiv | **Y02** | *S. Ealphegi archiepi et mart.* |
| c.1400 | **C51** | *S. Alphegi archiepi et mart. 3 lect.* |
| s. xv | **S462** | *Elfegi archiepi* |

**Litanies** (Ælfheah among the martyrs)

s. xii **S180** and **S403**
n.d. **S446**

**The Mass** (all 19 Apr.)

***Collects***

Coll. A1 *Deus electorum corona pontificum et gloriosa uictoria certantium qui beatum aelfegum summi sacerdotii dignitate et martyrii palma decorasti; concede propitius ita nos eius intercessionibus adiuuari ut ei in eterna beatitudine possimus adiuuari. Per.*

Coll. A2 *Deus qui beatum alphegum pontificem tui sacerdotii dignitate et <palma> martyrii decorasti; concede propitius ita nos apud te intercessionibus adiuuari ut cum eo possimus in eterna felicitate letari. Per.*

Coll. B *Deus qui beatum alfegum summum presulem populo prefecisti anglorum ut celestis sanctuarii minister fieret et martyr; presta quesumus ut illius auxilio et a peccatis liberi et ab hoste securi tua pace perfruamur eterna. Per.*

Coll. C *Deus cuius dispositionis humana fragilitas patitur aduersa ut ad eterna prosperitatis feriatur gloriam; concede propitius ut sanctum pastorem nostrum aelphegum quem nobiscum martyrem gaudentes ueneramur in terris, intercessorem semper apud te mereamur habere in celis. Per.*

Collation table for Ælfheah collects:

| | **We** | **Z** | **Vit** | **Sher** | **Arb** | **Alb** | **Sar** |
|---|---|---|---|---|---|---|---|
| A1 | | | • | • | | • | |
| A2 | | • | | | • | | • |
| B | • | | | | | | |
| C | | | | | | | |

***Secrets***

Secr. A *Sacrificium tibi domine placationis et laudis offerimus suppliciter exorantes; ut beati confessoris et martyris alphegi (alphegi martyris tui et pontificis) continua nos adiuuent suffragia cuius annua celebramus sollennia. Per.*

Secr. C *Hec sacrificia domine sancti martyris aelphegi obtentu nobis fiant salutaria qui in diebus suis tuus meruit, fieri sacerdos et sacrificium. Per.*

Secr. D *Hec munera domine altari tuo inposita suscipe ut intercessionibus pontificis et martyris nobis proficiant* [***] *salut*[***] *Per.*

Collation table for Ælfheah secrets:

| | **Vit** | **Alb** | **Sher** | **NewM** |
|---|---|---|---|---|
| A | • | • | • | • |
| C | | | | |
| D | | | | |

***Postcommunions***

Postc. A *Presta nobis quesumus domine deus noster ut sacramenti tui participatione uegetati gloriosi pontificis et uenerandi martyris tui alphegi precibus adiuuemur. Per.*

Postc. C *Hec nos sacramenta domine quesumus contra aduersa omnia tueamur adiuuari martyrio quem meruimus habere pastorem et docto* (sic) *in exemplo. Per.*

Postc. D *Sumpto domine sacramento depon*[***] *clementiam* [***]*te beato alphego martiris tuo intercedente* [***] *gerimus ad uitam capiamus. Per.*

Collation table for Ælfheah postcommunions:

| | **Vit** | **Alb** | **Sher** | **NewM** |
|---|---|---|---|---|
| A | • | • | • | • |
| C | | | | |
| D | | | | |

Only the mass AAA can be shown to have come from England; the other prayers await decipherment and collation.

The mass of Ælfheah in Scandinavia:[1]

| | **Intr.** | **Ps.** | **Coll.** | **Epa** | **Alla** | **Ev.** | **Off.** | **Secr.** | **Com.** | **Postc.** |
|---|---|---|---|---|---|---|---|---|---|---|
| s. xii | | | | | | | | | | |
| **O52** | | | B | | | | | A | | |
| **S601** | PMD | | A1 | NM | G&H | ESV | CC | A | | A |
| **S38** | | | A2 | | | | | | | |
| 1200 | | | | | | | | | | |
| **C20** | | | A1 | | | | | | | |
| **C21, C22** | | | | NM | G&H | ESV | CC | A | LI | A |
| s. xiii | | | | | | | | | | |
| **S440** | PMD | ED | C | NM | G&H | ESV | CC | C | GI | C |
| **S493** | | | A2 | | | | | D | | D |
| s. xiv | | | | | | | | | | |
| **S160** | | | | | G&H | BV | CC | | ESV | |

1 See the Abbreviations and the Index of Liturgical Forms. The left-hand columns give the signum of each manuscript – see the Register of Manuscripts for further details.

**The Office** (19 Apr.)

s. xiii The breviary **S82** contains a rubric between Tiburtius & Valerian (14 Apr.) and Mellitus (24 Apr.): *Sancti alphegi et sancti georgii martyrum: tres lectiones de expositione euangelii. ESV*
c.1200 **S38** Coll. A2

Ælfheah, archbishop of Canterbury, was murdered by the Danes in 1012 and shortly afterwards Knud promuted his cult in his dominions of England and Denmark as an act of atonement.[2] Yet evidence of his cult in Scandinavia is sparse.

## Ælfheah (Alphege) of Winchester, Bishop

12 March

### Martyrology

**C30** *ipso die sancti aelfegi wentane ciuitatis epi*

This tenth-century Winchester bishop is known in England only in Winchester and St Albans;[3] here he appears in Denmark in the Ribe martyrology as a result of its Winchester influence.

## Ælfwald (Adalwarth), King

23 September

### Kalendars

| | | |
|---|---|---|
| s. xii | **S197** | *Sci aelwardi epi* |
| s. xiii | **S61** | *Sci adaluarthi* |

The earlier entry may refer to Ælfwald, king of Northumbria (d. 788), since the date is right.[4] There is no hint where this kalendar came from. The saint rests at Hexham and the other surviving page of this kalendar, August, has another Northumbrian saint, Oswald, rex anglorum. **S197** has another puzzle in recording, on 31 August, *Sancti Paulini episcopi*, not a known date for any of the various Paulinus saints.

2 See Blair, 'Handlist', p. 504.
3 See Blair, 'Handlist', p. 504.
4 On Ælfwald see Blair, 'Handlist', p. 505.

However there is some doubt in England about this commemoration: the Bollandists express it[5] and there is another possible explanation for these Swedish entries suggested by Schmid, that they are intended for Adalward the Elder, Bishop of Skara, 1059–1064;[6] Adam of Bremen gives this bishop a hagiographical eulogy (IV.23) and a Skara episcopal list from c.1240 denotes him *sanctus* as does a rhymed one from the fifteenth century. If both entries were intended for the Skara bishop it might be that this date was chosen because a similar name, to them unknown, appeared in an English document they were copying.

## Æthelbert, King & Martyr

20 May

### Kalendar

s. xiii **S190** *S. Adhelberti reg et mart*

### The Mass

Coll. A *Omnipotens sempiterne deus qui omnia nutu creasti uisibilis et inuisibilia da nobis in hac festiuitate beati athelberti regis et martiris tui ab omnibus periculis inimicorum defendi. Per.*
Secr. A *Exorabilis domine intende orationem nostram et suscipe haec munera quae tibi offerimus in celebritate almi athelberti martiris eius auxilio adiuemur. Per.*
Postc. A *Pectoribus insere nostris amorem nominis tui benigneque suscipias sacramenta que sumpsimus <intercedente beati athelberti pro nobis ut a prauis cogitationibus mundemur in mente. Per.>*

This mass is found in **NewM** and **We**.
The mass of Æthelbert in Scandinavia:

| | Inv. | Coll. | Epa | Gr. | V | Alla | Seq. | Ev. | Off. | Secr. | Com. | Postc. |
|---|---|---|---|---|---|---|---|---|---|---|---|---|
| 1200 | | | | | | | | | | | | |
| **S461** | PMD | A | | | | | | | | | | |
| **S640** | PMD | A | NDE | PD | DA | IS | AN | ESV SQA | CC | A | LI ESM | A |

5 *AASS* Sept. VIII, p. 784; see also Grosjean, 'Hagiographica Celtica', pp. 295–9.
6 Schmid, *Den helige Sigfrid I*, p. 6, and Schmid, 'Kalendarium och Urkundsdatering', p. 356.

**S461** and **S640** were probably written c.1200 in England and found their way to Sweden, **S461** for use in Linköping diocese; **S640** gives no clues to where it was used. The kalendar **S190** was probably also written in England and used afterwards in Skara diocese.

## Æthelburga, Virgin and Abbess

11 October[7]

### Kalendars

| | | |
|---|---|---|
| s. xii | **S204** | *Elburgæ* (probably intended for Æthelburga) |
| s. xiii | **H39** | *Ethelburga uirg 3 lect.* (added) |

### Martyrologies

| | | |
|---|---|---|
| s. xiii | **C30** | *Et S. Aethelburge sororis S. Aedeldride uirg*[8] |
| s. xiv | **C55** | *Eodem die depositio S. Ethelburge uirg.* |

### Litany (Æthelburga among the virgins)

s. xii **O04**

### The Mass

Coll. A *Deus qui hodierna die beatam sanctam uirginis tue eadelburge animam celorum regna penetrare fecisti, concede propitius eius nos interuentu a peccatorum nostrorum nexibus*[9] *<solui et ab omni semper aduersitate defendi. Per.>*

This collect is in **We** for Eadburga.

The mass of Æthelburga in Scandinavia:

[7] On the various saints named Æthelburh, see Blair, 'Handlist', p. 506; 11 October is the feast-day of the woman of that name who is remembered as abbess of Barking (d. 675).

[8] This entry betrays confusion between Æthelburh of Barking (recorded by Bede, *HE* IV:6–10) and Æthelburh, sister of Ætheldreda of Ely (daughter of King Anna), whom Bede mentions as having become abbess of Brie in France (*HE* III:8); she was venerated to a very limited extent at Ely, with a feast on 7 or 8 July.

[9] The page of **S140** ends with the word *nexibus*; the rest is not extant.

| | Intr. | Coll. | V | Gr. | V | Alla | Off. | Com. |
|---|---|---|---|---|---|---|---|---|
| s. xii | | | | | | | | |
| **S140** | | A | | | | | | |
| s. xiii | | | | | | | | |
| **S157** | GO | | G&H | ST | PV | HVS | OR | DEG |

## Ætheldreda, Abbess

23 June; translation 17 October

**Kalendars** (all 23 June unless noted)

| | | |
|---|---|---|
| s. xii | **C43** | *S. Etheldrithe uirg.*[10] |
| | **O11** | *S. Aetheldrithe uirg.* |
| | **S196** | *Eldride uirg.* |
| c.1200 | **SM01** | *Atheldride uirg.* |
| | **S193** | *S. edeldrede uirg non mart.* |
| s. xiii | **C46** | *Etheldrite uirg* |
| | **H39** | *Etheldrede mem.* |
| | **S190** | *S. etheldride 3 lect. cum noct.* |
| | **S191** | 17 Oct. *Transl. s. etheldride* |
| | **Y24** | *Etheldride uirg.* |
| | **Y27** | *Etheldrede uirg.* |
| | **Y27** | 17 Oct. *Etheldrede uirg.* |
| s. xiv | **C63** | *Etheldrede uirg.* |
| s. xv | **C45** | *Etheldrie uirg. mem.* |
| | **S900** | 17 Oct. *S. etheldride uirg.* |
| | **U10** | *Eth'edrie uirg.* |
| c.1500 | Lund | *Etheldride uirg.* |
| | Nid | *Etheldride uirg. non mart. Comm.* |

**Martyrologies** (all 23 June)

| | | |
|---|---|---|
| s. xii | **X11** | *Apud Brittaniam S. Ediltrudis uirg. et regine cuius corpus cum undecim annis esset sepultum incorruptum inuentus est* |
| s. xiii | **C30** | *In Brittannia Etheldride uirg.* |
| s. xiv | **SB01** | *In Brittania natalis S. Ediltrudis uirg. et reg. cuius* etc as **X11** |
| | **U28** | as **SB01** |
| | **Y50** | as **SB01** |

10 Although Ætheldreda married twice she was reported to have remained a virgin and left her second marriage for a nunnery to preserve it; see Bede, *HE* IV:17(19).

**Litanies** (Ætheldreda among the virgins)

s. xii **C44**
s. xiii **O60**; **U34**; **Y25**

## The Mass

### *Collects*

Coll. A *Deus qui eximie castitatis priuilegio sanctissimam uirginem tuam etheldridam multipliciter decorasti, da nobis famulis tuis ut sicut eius commemoratio nobiscum agitur in terris, ita per eius interuentum nostri memoris apud te semper habeatur in celis. Per.*
Coll. B *Omnipotens sempiterne deus auctor uirtutis et amator uirginitatis qui beatam edeldridam hodierna die dignatus es ad celi gaudia ducere, suppliciter tuam imploramus clementiam ut cuius sacram sollempnitatem celebramus in aruis de eiusdem patrociniis gaudeamus in celis. Per.*
Coll. C *Deus qui nos hodie beate edeldrede uirginis tue annua sollempnitate letificas, concede propicius ut eius adiuuemur meritis cuius castitatis irradiamur exemplis. Per.*
Coll. D *Deus ineffabilis rerum conditor uniuersarum qui famulis tuis annuam hodiernae festiuitatis letitiam in ueneranda alme uirginis tue precluis aetheldrythe tribuisti commemoratione quesumus ut eadem interueniente uitiorum incentiua queamus nociua superare et ad te summum bonum qui uera lux es callis ac pietas diuinitus peruenire. Per.*

Collation table for Ætheldreda collects:

| | **We** | **Port** | **Vit** | **NewM** | **Rob** | **Sar** | **Her** |
|---|---|---|---|---|---|---|---|
| A | | • | | | | | |
| B | • | | • | | | | |
| C | | | | • | | • | • |
| D | | | | | • | | |

### *Secrets*

Secr. A *Sanctifica quesumus omnipotens deus per tui sanctissimi nominis inuocationem huius muneris oblationem et sancte etheldride uirginis tue interuenientibus meritis ad nostre prosperitatis adminiculum peruenire concede sempiternum. Per.*
Secr. B *Domine deus omnipotens pater totius mundane molis mirificus opifex suscipe deprecationem seruorum tuorum cum muneribus hostiarum que tibi in sacratissima celebritate famule tue tibi offerimus edeldride et concede ut per hec diuina sacramenta cunctos carnales actus ualeamus exuere atque omnium incrementa uirtutum percipere. Per.*

Secr. C *Que in hoc altari proposite oculis tue maiestatis offerimus sancte Edeldrede uirginis tue supplicationibus quesumus propiciatus assume. Per.*

Collation table for Ætheldreda secrets:

| | **We** | **Rob** | **Vit** | **Sher** | **Sar** | **Her** |
|---|---|---|---|---|---|---|
| A | | | | | | |
| B | | • | • | • | | |
| C | | | | | • | • |

***Postcommunions***

Postc. A *Gregem tuum quesumus pastor eterne paterna benedictione sanctifica et dilecte uirginis tue etheldride suffragantibus meretis, per hec sancta que sumpsimus ab omni inpugnatoris incursu defende. Per.*

Postc. B *Celestibus saciati sacramenta clementissime deus tuam deposcimus magnificentiam ut per inter aduentum sancte etheldrithe uirginis eterne beatitudinis beneficia possimus capere largiora. Per.*

Postc. C *Quesumus omnipotens deus ut quod de mensa celesti percepimus intercedente beata etheldreda uirgine tua nostros ad te semper trahat affectus. Per.*

Collation table for Ætheldreda postcommunions:

| | **We** | **Rob** | **Vit** | **Sher** | **Sar** | **Her** |
|---|---|---|---|---|---|---|
| A | • | | | | | |
| B | | • | • | • | | |
| C | | | | | • | • |

The mass of Ætheldreda in Scandinavia:

| | **Coll.** | **Secr.** | **Postc.** |
|---|---|---|---|
| s. xii | | | |
| **O43** | B | | |
| **O44** | | B | |
| **O55** | A | A | A |
| **S142** | C | | |
| **S406** | B | B | B |
| **S636** | B | B | |
| s. xiii | | | |
| **S478** | C | C | C |
| **S609** | C | C | C |

| | Coll. | Secr. | Postc. |
|---|---|---|---|
| **ONid**[10] | | | |
| c.1500 | | | |
| **MLund** | B | | |
| **MNid** | B | B | B |

The sources for the mass of Ætheldreda in Scandinavia show differing influences from England, though not Ely itself; they also suggest continuing cult in Denmark and Norway until the Reformation.

## The Office

s. xii **S43** this Nidaros breviary only has Coll. B

c.1300 The antiphonary **H23** has Coll. D and then continues with notation (the text is difficult to read especially on the last page which is very damaged).[12]

[***] *amore. euouae* Magnificat.
aetheldride uirg. Si in die dominico euenerit [***] lectio ii [***]rba prima et secunda de uirgine [***] euangelii et ii lectiones quae secuntur de sancto iohanne [***]bb[***] Cum R' unius martyris et laudes de [***] et com. de [***] dominia et de sancto iohanne post laudes [***] et ymnus cum N et iii cum R' unius [***] et feriales etc[13]
*<Gaud>e et exulta anglorum ecclesia ad preclare uirginis atheldrithe sol<lem>nia hec est syon filia <speciosa cuius odor balsama candor uincit lilia. Aue proles regni speciosa Christi> dulcissima <pia> prece perhennia tue plebi da gaudia.* Magnificat. *euouae*
Coll. D
Inuitatorium: *Iubilemus regi uirginum Domino in quo triumphat coronata aetheldrida*
*<uirgo>*
Ps. *Venite*
<Ant.> *Regia uirgo domini emicat aetheldrida clara in deo et seculo regina. Domine deus noster. Amen.*

11 the rubric under the vigil of John the Baptist 23 June is secunda oratio sancte adeldride concedatur.

12 I am greatly indebted to Dr Rosalind Love for permission to use her transcription of this damaged manuscript. Some of what has been lost can be supplied by a comparison with the offices for Ætheldreda preserved in the thirteenth-century Ely Breviary-Missal (CUL, Ii.4.20), on which see Love, *Goscelin of Saint-Bertin*, pp. xxxvii–xxxix.

13 Notation begins.

Ant. *Gloriosi regis anne filia sempiterni regis christi <perpetualiter> sponsa.*
Ps. *Celi enar*[***]
Ant. *Regis nuptiis multis annis addita <obumbratione diuine semper> mansit intacta* <Ps.> *Domini est* [***] *terra* [***]
<R'> *Sanctissimum presulem Wilfridum amicum Domini sponsi et dominice sponse castissima etheldritha, emula<ba>batur in Christi caritate.*
V' *Sancta sanctum preferens omni terrene amiticie. Emulabantur* [***]
R' *Dei fidelem preconem <rex> frustra fatigat premiis, numquam enim hii uirgini nuptias suaderet nec illa adquiesceret.*
V' *Sancti per fidem uicerunt regna fundati in Christo mente unica. Numquam.*
R' *Vicit infirmitas potestatem, uicit castitas uoluptatem. Rex uictus uirginem dimisit inuincibilem.*
V' *Nulli glorie nulli glorie seculi cedentem. <Rex>* [***]
In ii n[octurn]o
Ant. *Qui tres pueros eruit a camino babi<lo>nis ipse aetheldrida eripuit a flamma corruptionis.*
Ps. *Eructauit*
Ant. *Vt ionam in uentre ceti et danielem in lacu leonum sic eam dominus seruauit de manu et potentiam* (*sic*) *amatorum.*
Ps. *Deus noster*
Ant. *O quantis suspiriis excutiebat pennas columbe dei uirgo r*<eg>*ni ardens ad christum euolare et in christo requiescere.*
Ps. *Fundamentum.*
V' *Spem tua*
R' *Tunc demum se regnare inclita regina credidit cum ad seruitutem Christi de regno libera e<x>iuit*
V' *Tunc precellentissima regina emicuit. Cum*
R' *<Virgo peritura deo progeniem uirgi>num suscepit monasterium regen<dum> quod sua presentia perpetuo stat consecratum.*
<V'> *Hoc tunc illustrabat uite sanctitate <et> nunc diuin<a> uirtu<te>* [***]
R' *Mater dilectionis pulchre <a>lacta<bat dulces soboles> Christi* [***][14]
<Ant. *Ingressa monasterium Etheldreda deuotissima hostiam uiuam se deo optu>lit sub sacra matre ebba* [***]
<Ant. *Inimica uincula seculi cre>bris lacrimis uindicauit in <holo>caustis domini.*
<Ps.> *Dominus* [***]*am*

14 The rest of the column is indecipherable

Ant. *Que erat regi domina facta est ancilliarum christi fa<mula occupans ultima> seru<itia>*
Ps.[***]

The rest is illegible.[15] The damaged state of this antiphonary makes further decipherment useless until a source can be found. It would seem that the source of this office was Ely-influenced but not Ely itself.

c.1500 **BLund** has Coll. B only

## Æthelwold, Bishop

1/2 August; 8 October at Ely; translation 10 September

### Martyrologies

| | | |
|---|---|---|
| s. xiii | **C30** | 2 Aug.[16] *Ipso die transitus famuli dei patris nostris S. Aethelwoldi epi* |
| | | 10 Sept. *Ipso die translatio S. Aethelwoldi Wentane ciuitatis epi* |
| s. xiv | **C55** | 8 Oct.[17] *Item commemoratio S. Athelwoldi epi* |

### Litany

s. xii **S180** (Æthelwold among the confessors)

### The Mass

#### *Collects*

Coll. A *Deus qui beatum aethelwoldum pontificem sanctorum tuorum meritis equalem gloriosis ostendis miraclis, presta quesumus ut que nobis in terra doctorem in celo facias habere intercessorem. Per.*
Coll. B *Deus qui preclari sideris sancti pontificis adeluuoldi in lustratione nouam populis anglorum tribuisti lucem hodierna die clarescere tuam suppliciter imploramus clementiam ut cuius magisterio totius religionis documenta cognouimus illius et exemplis informemur et patrociniis adiuuemur. Per.*

---

15 Notation ceases.

16 Although 1 August is the usual date, 2 August was that observed at Abingdon, supporting the argument that the Winchester influence in the Ribe martyrology came through Abingdon.

17 This is a rare date known only at Ely, see Wormald, *English Benedictine Kalendars*, II.17.

***Secret***

Secr. A *Oblata seruitutis nostre munera tibi domine quesumus beati adeluuoldi episcopi oratio reddat accepta ut eius pia supplicatione et cunctorum remissionem peccaminum et beatudinis sempiterne mereamur optinere gaudium/consortium. Per.*

***Postcommunions***

Postc. A *Gregem tuum domine quesumus sancti aethelwoldi presta intercessione guberna ut in cuius ueneratione spiritualis cibo dulcedine pascimur eius interuentione et ab omni perturbatione eruamur et eternis gaudiis inseramur. Per.*

Postc. B *Refectos domine uitalis alimonie sacramentis sancti confessoris tui adeluuoldi atque pontificis gloriosa intercessione nos protege et ad eternum celestis mense conuiuium peruenire concede. Per.*

Collation table for Æthelwold mass texts:

| | **We** | **Rob** | **NewM** | **Ely** |
|---|---|---|---|---|
| s. xii | | | | |
| Coll. A | • | | | |
| Coll. B | | • | • | |
| Secr. A | • | • | • | • |
| Postc. A | • | | | • |
| Postc. B | | • | • | |

The mass of Æthelwold in Scandinavia:

| | **Inv.** | **Coll.** | **Epa** | **Gr.** | **Alla** | **Ev.** | **Off.** | **Secr.** | **Com.** | **Postc.** |
|---|---|---|---|---|---|---|---|---|---|---|
| s. xii | | | | | | | | | | |
| **S635** | SE | A | ESM | DPB | IG | DD | VMM | A | FS | A |
| **1200** | | | | | | | | | | |
| **S643** | | B | | | | | | A | | B |

**The Office**

This is represented only by the twelfth-century breviary **S35** which has Coll. B.

## Aidan, Bishop & Confessor

31 August; translation 8 October

### Martyrology (31 Aug.)

s. xiii **C30**[18] *Eodem die transitus sancti Aidani episcopi et confessoris cuius animam sanctus Cuthbertus uidit in celum ab angelis deferri.*

### Vitae Sanctorum

s. xv **S807** penultimate name in index

## Alban, Martyr

22 June; translation 2 August

### Kalendars

(all 22 June and simply *Albani* or *Albani mart.*, except where noted)

c.1100 **S213**

s. xii **C43**; **O11**; **S196**; **S204**; **Y01**

1198 **SM01**

c.1200 **S705**; **S193**

s. xiii **S190** (9 lect.); **C46**; **H30** (here the date is 19 June, rare, but Alban dates do vary slightly); **H31**; **S217**; **S462**; **U22**; **U24**; **U26**; **Y23**; **Y24**; **C39** (the date here is 21 June, not uncommon); **Y27**; **C53** (in addition to 22 June this Kalendar also has 21 June); **S192a**; **H39** (3 lect.)

c.1300 **O70**

s. xiv **S904**; **X12** (the date here is 19 Mar., perhaps a special date for Lund since it held relics of Alban); **S211** (the entry for Alban was erased during use in Strängnäs); **Y02**; **C64**; **H32**

s. xv **C31**; **C35**; **C45**; **S194**; **S462**; **S480**;[19] **SB05**; **SB06**; **SB09** (3 lect.); **U04** (3 lect.); **U10**; **U21**(3 lect.); **Y10** (the date is 21 June); **Y11**; **Y21** (the date is 21 June); **Y40** (here Alban is only *mem*, but is

---

[18] The Ribe martyrology was probably written in 1284/5 for use in the cathedral of Ribe, Denmark; additions show that it was used there until c.1436. Its basic text was the second edition of Usuard (see Andersen, 'Missale- og Martyrolgietraditioner'). But forty-three of the additions are of Anglo-Saxon saints; Andersen sees Abingdon as the probable source.

[19] This kalendar is described in Schmid, 'Strängnäs stifts Kalendarium'.

followed by 'Dec.m.milit 3 Lect'. Lesser feast followed by greater is perhaps because a nun copied from a Kalendar that only had Alban);

c.1500 **SB10**

Of the thirteen printed kalendars Alban appears in nine: Lund, Oden (with the highest rank[20]), Roskilde, Sles, Cop (19 June and 21 June), Nid (3 lect.), Link (3 lect.), Strä, Viborg; but is not present in the following: Aarhus, Upps, Väst, Åbo, Skara. The Kalendar evidence for the cult of Alban has to be interpreted against the fact that, particularly in Germany, Alban and Albinus were commemorated on nearby dates and were often confused, some scholars suggesting they were the same person.[21] The cult of Alban, originating in England, spread to France and Germany mainly through Germanus of Auxerre, but this does not account necessarily for its presence in Lund, hence Linköping, since Lund had relics of Alban in the twelfth century,[22] and had close contact with England in the time of the joint kingship. There were also early contacts in Norway and Denmark (St Albans, Selje and the cathedral of the Holy Trinity and St Alban in Odense). However some of the later medieval evidence for the cult of Alban in Scandinavia is due to influence from Germany.

**Martyrologies** (all 22 June)

1146 **X11**
s. xiii **C30**
s. xiv **O31; Y50; SB01; U28**

Since Alban appears in both Ado and Usuard, his appearance in six of the eight surviving Scandinavian martyrologies containing English saints is not surprising.

**Litanies**

s. xii **C44; S403; S180**
c.1200 **S704**
s. xiii **O60; S445**
s. xv **SB12**

---

20 This because it is St Alban's cathedral at Odense and to this day is supposed to contain a relic.

21 For example Levison, 'St Alban'.

22 Lund, Necrologium Lundense.

c.1500 **SB04**; **BOtho**; **BScar**
n.d. **S446**

## The Mass

***Collects***

for 22 June:

Coll. A *Deus qui (hodierna die) beatum albanum martirem tuum eterne claritatis candore dealbasti, presta quesumus ut uenerandam eiusdem uictoriam celebrando digni efficiamur adoptionis tue consortio. Per.*

Coll. B1 *Deus qui sanctum albanum martyrii corona decorare uoluisti/decorasti, presta quesumus ut quemadmodum deuotam ipsius passionis agimus memoriam eius/eorum sublimia apud te sentiamus patrocinia. Per.*

Coll. B2 *Presta quesumus omnipotens deus ut qui sanctum albanum martyrum tuum (et eius socios eadem tempestate compassos) martyrii corona decorare uoluisti, presta ut quemadmodum deuotam ipsius (ipsorum) passionis agimus memoriam eorum sublimia apud te sentiamus patrocinia. Per.*

Coll. C *Deus qui hunc diem beati albani martyrio consecrasti, tribue quesumus ut cuius annuo gratulamur officio eius continuo foueamur auxilio. Per.*

Coll. D *Presta quesumus omnipotens deus ut (qui) beati albani martyris (tui) gloriosa [merita] uenerantes/ueneramur eius apud te (meritis et) precibus semper muniamur/adiuuemur. Per.*

Coll. E *Deus qui hanc solemnitatem beati albani martyrio consecrasti populo anglorum eius meritis tribue nobis remissionem peccatorem et cum ipso fac nos perfrui gaudiis sempiternis celorum. Per.*

Coll. F [*Presta quesumus omnipotens*] *deus ut beati albani martiris tui natalicia colimus, a cunctis malis imminentibus eius intercessione liberemur. Per.*

Coll. G *Da nobis domine gloriosa natalicia beati albani martiris tui digne uenerari et eius patrocinio ab omni aduersitate mentis et corporis liberari. Per.*

for 2 Aug. Inventio:

Coll. X *Concede quesumus omnipotens deus ut qui hodierna celebritate beati albani martiris tui inuentionem gloriosam ueneramur eius intercessione sanctorum tuorum consortio digni inueniamur. Per.*

Collation table for Alban collects:

| | We | Rob | Vit | Port | Alb2 | Arb | Cold | Wc | Sar | Col |
|---|---|---|---|---|---|---|---|---|---|---|
| A | • | | | | • | | • | | | |
| B1 | | | • | | | | | | | |
| B2 | | • | | • | | | | | | |
| C | | | | | | • | | | • | |
| D | | | | | | | | | | • |
| E | | | | • | | | | | | |
| F | | | | | | | • | • | | |
| G | | | | | | | | | | |
| X | | | | | • | | | | | |

***Secrets***

for 22 June:

Secr. A *Hec domine munera in ueneratione sancti albani martiris tui ad laudem tui nominis oblata pio respectu sanctifica et eius meritis, presta ut per hec muniti per huius uite momentanea mereamur transire ad gaudia sine fine mansura. Per.*

Secr. B *Hec hostia salutaris* (*quesumus domine*) *quam in sancti albani martiris tui* (*sociorumque eius*) *compassorum ueneranda commemoratione tue majestati suppliciter offerimus et ligamina nostre prauitatis absoluat et tue nobis misericordie carismata tribuat. Per.*

Secr. C *Sicut in beati albani martiris tui ueneratione te mirabilem predicamus sic domine per hec pie placationis officia pro nobis quesumus ipse pius clementiam tuam interuentor existat. Per.*

Secr. D *Super has* (*quesumus*) *domine nostre deuotionis hostias propicius respice et peccatorum nostrorum uincula* [*meritis*] *beati albani martyris tui clementer absolue. Per.*

Secr. F *Oblatis quesumus domine placare muneribus, et intercedente beato albano martire tuo, a cunctis nos defende periculis. Per.*

Secr. G *Hostias tibi domine humilitatis nostre offerimus quas meritis beati albani martiris tui absolutionem omnium peccatorum nobis peruenire concede. Per.*

for 2 Aug.:

Secr. X *Sacrificiis quesumus domine oblationibus sancti martiris tui albani inuentionem celebrantibus, ipso interueniente gaudiis perfrui concede perhenibus. Per.*

Collation table for Alban secrets:

| | We | Alb | Rob | Vit | Leof | Sher | NewM | Wc | Sar | Col |
|---|---|---|---|---|---|---|---|---|---|---|
| A | • | • | | | • | | | | | |
| B | | • | • | • | | • | | | | |
| C | | | | | | | • | | • | |
| D | | | | | | | | | | • |
| F | | | | | | | | • | | |
| G | | | | | | | | | | |
| X | | | | | | | | | | |

***Postcommunions***

for 22 June:

Postc. A *Vitali alimonia recreati quesumus omnipotens deus ut beati albani martyris tui precibus tuam nobis justitiam placari sentiamus cuius gloriosa certamina sollempni deuotione ueneramur. Per.*

Postc. B *Quesumus omnipotens* (*et misericors*) *deus ut quos in* (*sancti albani martiris tui/sanctorum tuorum*) *ueneranda memoria de tuis sacris donis saciasti per hec indulgentiam* (*nos tue*) *propitiationis consequi mereamur. Per.*

Postc. C *Vt tua nos domine sacramenta purgent a crimine majestatem tuam beatus martyr albanus semper imploret. Per.*

Postc. D *Deus qui nos spirituali cibo potuque recreasti* (*concede nobis ut*) *intercessionem beati albani martyris tui ab omnibus absolui peccatis et a cunctis aduersitatibus* (*liberemur/libera*). *Per.*

Postc. F *Sit nobis domine reparatio mentis et corporis celeste mysterium, ut cuius exequimur actionem sentiamus effectum. Per.*

Postc. G *Sumpsimus domine celestia sacramenta sancti albani martiris tui gloriosa merita uenerantes eius apud te quesumus meritis et precibus semper mereamur/muniamur. Per.*

for 2 Aug.:

Postc. X *Percepta nos domine quesumus sacramenta saluificent, ut ad hec digne percipienda beati albani martyris tui cuius inuentionem colimus merita ueneranda purificent. Per.*

Collation table for Alban postcommunions:

| | We | Alb | Rob | Vit | Sher | Aug | NewM | We | Sar | Col |
|---|---|---|---|---|---|---|---|---|---|---|
| A | • | • | | | | | | | | |
| B | | • | • | • | | | | | | |
| C | | | | | | • | | • | • | |
| D | | | | | | | | | | |

| | We | Alb | Rob | Vit | Sher | Aug | NewM | We | Sar | Col |
|---|---|---|---|---|---|---|---|---|---|---|
| F | • | | | | | | | • | | |
| G | | | | | | | | | | |
| X | | | | | | | | | | |

The mass of St Alban in Scandinavia:

| | Intr. | Coll. | Epa | Gr. | Alla | Ev. | Off. | Secr. | Com. | Postc. |
|---|---|---|---|---|---|---|---|---|---|---|
| s. xii | | | | | | | | | | |
| **O43** | | | | | | | | B | QMM | B |
| **S365** | | B2 | | | | | | B | | B |
| **O55** | IVT | A | ISM | IVP | G&H | | | A | ME | A |
| **S472** | | | | | | | | D | | D |
| **S142** | | E | | | | | | | | |
| **S491** | | B2 | | | | | | B | | B |
| **S635** | | X | | | | | | X | | X |
| c. 1200 | | | | | | | | | | |
| **S625**[23] | | ? | | | | | | ? | | ?C |
| s. xiii | | | | | | | | | | |
| **H65** | | D | | | | | | D | | D |
| **S454** | LI | B1 | BVS | PD | IS | SQP | PD | B | ME | B |
| **S478** | | C | PD | BV | PD | SQP | PD | C | ME | C |
| **S642** | | D | | | | | | D | | D |
| **ONid** | IVT | | BD | BV | PIT | SQP | IVT | | QVV | |
| s. xiv | | | | | | | | | | |
| **H69** | | D | | | | | | D | | D |
| **S603** | | B2 | | | | | | B | | B |
| **U29** | | B2&D | | | | | | | | |
| **U04a** | | B2 &D | | | | | | | | |
| c. 1400 | | | | | | | | | | |
| **H74** | | G | | | | | | G | | G |
| **U30** | | B2&D | | | | | | | | |
| s. xv | | | | | | | | | | |
| **H75** | | | | | | | | | | D |
| **S424** | | D | | | | | | D | | D |
| **S426** | | B2 | | | | | | B | | B |
| **S427** | | D | | | | | | D | | D |
| **S431** | | F | | | | | | F | | F |

23 **S625** is badly darkened so few words are legible. The collect seems to begin with T and the only clear words are *nobis indulgentiam … deus sanctus albanus*. The secret is illegible apart from an initial S and the postcommunion appears to be a version of C.

| | Intr. | Coll. | Epa | Gr. | Alla | Ev. | Off. | Secr. | Com. | Postc. |
|---|---|---|---|---|---|---|---|---|---|---|
| **S427** | | D | | | | | | D | | D |
| **S458** | | D | | | | | | | | |
| **S620** | | E | | | | | | C | | Cn |
| **S623** | | G | | | | | | G | | G |
| **S624** | | G | | | | | | G | | G |
| **S630** | | B2 | | | | | | B | | B |
| **S638** | | | | | | | | A | | A |
| **S654** | | E | | | | | | C | | C |
| **U31** | | B2 | | | | | | B | | B |
| **SB1a** | | A | | | | | | | | |
| c. 1500 | | | | | | | | | | |
| **MLu** | | D | | | | | | D | | D |
| **MCo** | | D | | | | | | D | | D |
| **MSl** | | D | | | | | | D | | D |
| **MNi** | IVT | C | BD | BV | PIT | SQP | IVT | B | QVV | B |
| **MSt** | | D | | | | | | D | | D |

It is notable here that the pre-conquest Alban mass BBB (abandoned in England after the conquest) survives in Scandinavia, especially in Norway and its collect B2 is found up to the fifteenth century. Also the English mass CCC is also found in Norway, with only one example of AAA in Norway. The fifteen manuscripts from the fifteenth century show a considerable variety in the mass prayers being used. The printed missals, except in Norway, show the influence of the German cult of St Alban, the mass DDD.

## The Office

(i) Only providing the collect:

| | | | | | | | | |
|---|---|---|---|---|---|---|---|---|
| s. xii | **S43** | B2 and X | **S142** | E | **S73** | X | | |
| c.1200 | **S113** | D | | | | | | |
| s. xiii | **S86** | B1 | **S96** | D | **S33** | X | **S115** | B2 |
| c.1400 | **U08** | B2 | | | | | | |
| s. xv | **U04** | B2 | **U07** | B2 | **U10** | D | | |
| | **U12** | B2[24] | **U13** | B2[25] | | | | |

24 Collect added at foot of page.

25 See Kroon, *Breviarium Lincopense*.

(ii) The short office, with lections based on Bede *HE* I:6–7:

| | Coll. | Lect. Int. | Lect. Ext. | R/V | Lections |
|---|---|---|---|---|---|
| s. xii | | | | | |
| **S50**[26] | A | 3 | 3 | | ch. 6,7 |
| **S84** | B2 | 9 | 9 | ISP/DA/DPB/IG/ICI/SI/CA/ HEM | ch. 6.7 |
| c. 1200 | | | | | |
| **S116** | B2 | 3 | 3 | | ch. 6.7 |
| **S133** | | | | | part ch. 7 |
| s. xiii | | | | | |
| **C50**[27] | | | | | |
| **S120** | Postc. A | 3 | 3 | | ch 6.7 |
| **S127** | | ?3 | 3 | | ch. 7 |
| **S306**[28] | B2 | 3 | 3 | | version of ch. 7 |
| c. 1500 | | | | | |
| **BNid** | C | 3 | 3 | HEM/HEM/MC/BVF | ch. 7 |

The Swedish evidence shows that the Anglo-Saxon collect B maintained a presence until the Reformation. The most interesting manuscript is **S73** with Inventio Albani on 2 Aug. This feast is rare in England, appearing in the St Albans kalendar (Wormald, no. 24), where it has the rank of a principal feast with octave; it is also added in the thirteenth century to a Canterbury kalendar (Wormald, no. 13). The collect X is used in the St Albans breviaries Oxford, Bodleian, Rawl lit. c 1 and London, BL Royal 2 A x.

---

26 The heading in **S50** is S Albini but the lections and the date make it clear that it is intended for Alban.

27 **C50** has only the rubric *de beato albano lect 1.*

28 Because the text varies considerably from that of Bede, it is useful to give a transcription.

Lect. 1 *Tempore persecutionis sanctus albanus quantum antiquitas tradidit adhuc paganus clericum persecutorem fugientem recepit ipsiusque habitu id est cara galla* [sic] *qua ipse induebatur indutus pro eodem se optulit. Statim iudici oblatus est. Qui cum ante christianitatis agnicionem christianum se esse in ueritate fateretur gladio.*

Lect. 2 [***] *ducerent peruenit ad flumen qui uocatur murus et arerenam* [sic] *ibi feruidus erat, rapidissimo meatu diuidebat uiditque ingentem hominum multitudinem utriusque sexus condicionis et etatis, qui sine dubio diuinitatis instinctu ad oobsequium* [sic] *martiris, uotabantur ita occupasse pontem ut intra uesperam uix transire possit. Denique iudex sine obsequio in ciuitate obstiterat.*

Lect. 3 *Tunc beatus Abbanus [sic] confert se ad tortmentum* [sic] *cui desiderium inerat ad martyrium peruenire et dirigendi ad celum lumina illico siccato alueo successit imo precessit unda uestigiis. Cumque ad locum destinatum mortis peruenisset occurrit ei stricto gladio carnifex qui martyrem percussurus erat, deprecans per martyrem se puniri proiectoque a se impio gladio, ad sancti albani pedes aduoluitur et factus est repente ex persecutore collega.*

(iii) The proper office:
This is present in Scandinavia in a thirteenth-century breviary, **H12** and in two antiphonaries, both c.1300, **H23** and **S10**. The first two also provide notation.

**H12** and **H23**:
<Ant. *Terre fundator*> *hominem deus atque redemptor suscipe pro meritis albani martiris almi que tibi persoluit plebs anglica munera laudi*
V' (omelia unius martyris)
R' *Herebat quidam fidei uernaculus hospes albano sacris deditus officiis quemne prefecti violaret seua potestas tactus amore dei se dedit ipse neci.*
V' *Mox etiam cesor flumen cessisse patrono. Conspiciens gladium repulit ipse suum.*

Tractus
V' *Beatissimus uir albanus fide christi prepotens clarissimus in populis fulsit, cum perfidorum mandata principum saeuirent aduersos christianos, clericum quendam persecutores fugientem hospitio recepit.*
V' *Relictis tenebris idolatriae christianus integro ex corde factus. Clericum.*
R' *O perpetua festiuitas, O gratissima iocunditas in qua anglorum choris eterna afflauit hylaritas. Cum beatum albanum sanctorum asciuit consortio adoranda trinitas unus deus.*
V' *Omnis illa celestis Iherusalem cum magno affectu iocundata est. Cum. Gloria.*
Ant. *Suscipiens martyr fidei pia dogmata uere pro christi uoluit nomine multa pati*
Ant. *Vincitur diris constans adleta catenis (tortus suppliciis improbe multimodis) supplices in eodem*
Ant. *Ad mortem properans habituris denuo uitam pertransiuit cruce non* [***]
Ant. *Percussor sancti diuino tactus amore cedere dum timuit sanctior occubuit*
Ant. *Cum domino laudes.*

**S10** This antiphonary provides some variations on the text of the office in the previous manuscript; it starts with the respond and three versicles as above.
*Herebat/Mox/Beatissimus/Relictis* then departs with:
R' *Haec est dies precelsa atque a nobis eximia ...*
V' *Corde et animo christo canamus gloriam ...*

It continues with the respond, versicle and four antiphons as above: *O perpetua/Omnis illa/Suscipiens/Vincitur/Ad mortem/Percussor.*

A further page gives the conclusion of the office:
[***]*artus cesum perlustrans. Cessorem* [***] *frustrans Vnde tibi perpes sanc*[***] *maneat per cuncta secula seculi.*
Bened.
Ant. *Grata tibi pie rex.*

Virtually the whole of these two versions of the office of Alban are to be found in the earliest known version, the eleventh-century St Albans manuscript Pierpoint Morgan 926. The office was probably composed in St Albans around 995.[29] It is possible that the route from St Albans to Scandinavia came through Ely, where King Knud obtained his relics of Alban for Odense. In contrast, in the early thirteenth-century Ordo Nidrosiensis Ecclesiae, the office is merely taken from the common for one martyr.[30] By the late fifteenth century the same St Albans office, in somewhat reduced form, was still being used in the fourteenth-century Scandinavian text, the printed breviary from St Albans cathedral, Odense.

**BOtho** (1482) has six lections based on Bede *HE* I:6,7:
Ad uesperas
Ant. *Inclita martyrii recolentes jure tropheo*[31]
Cap. *Iustus si morte*
R' *Gloriose et semper uenerande*. prop in eccles. sua, sed extra in com. sanct.
Hy. *Deus tuorum militum*
V' *Gloria et honore*
Ant. *Aue martyr gloriose, aue sidus jam coeleste*
Ora prop. Coll. A
*Regem martyrum*
Ad matutinas
Inu. *Nominem christe tuum cuncti uenereremur in unum*
Ps. *Venite*
*Deus tuorum militum*
In 1 nocturno
Ant. *Primus in anglorum cito lampas gente refulsit*

29 See Hartzell, 'St Albans Miscellany'.
30 See Gjerløw, *Ordo Nidrosiensis Ecclesiae*; compare p. 282 with p. 353.
31 See *AH* 13:7, pp. 28ff, for full texts of this and subsequent entries. **BOtho** 1497 has variations on the text of this office.

Ps. unius martyris, cum s. ant.
Ant. *Hic regum fremit inania*
Ant. *In terris positus mundanis*
V' *Gloria et honore*
Lect. 1 *Regnante maximiano … hospitio recepit*
R' *Sacrosanctum uenerandi festum sancti martyris*
V' *Illustret nostras celesti lumine*
Lect. 2 *Quem dum orationibus … diligentius inquirere*
R' *In terris ad huic mundanum*
V' *Contempnens multis onerari gratis*
Lect. 3 *Qui cum ad turugium … praesumpisset.*
*Hic est uere martyr*
R' *Lumen sensificium christe piorum*
V' *Ipsum glorifica morte beasti*
In 2 nocturno
Ant. *Alloquio dulcis*
Ant. *Miles christi tuo fidei munimine rectus*
Ant. *Albanus domini laudes mirabile nomen*
V' *Posuisti*
Lect. 4 *Ad simulacra … nolle pronunciabat*
R' *Alme martyr gemma coeli*
V' *Audi christi iudex iuste*
Lect. 5 *Tunc iudex iratus … semper et colo*
R' *Addictus morti*[32] *uenerabilis hostia christi*
V' *Exemplo moysi psallens magnalia dei*
Lect. 6 *Tum iudex relatus … passus est … appellatur*[33]
*Hic est uir qui*
R' *Benedicimus omnipotentem*
V' *Tua sic pie christe latroni*
In 3 nocturno
Ant. *Iste quidem sanctus morum probitate benignus*
Ant. *Alme dei martyr clamorem suscipe nostrum*
Ant. *Martyr dignus ait perflatus flamine christi*
Ev. *Nihil opertum quod non reueletur* (Matt. 10:26–32)
*Miles christi*
R' *Iudex indomita perditus ira. Vt celestis regni*
V' *Nomine pro cuius*

32 Hartzell, 'St Albans Miscellany', p. 36, suggests that the wording of this response points to a pre-1100 version of the office.

33 This is where the reduced nature of this office is most apparent; the lessons stop suddenly at the sentence of execution; see Hartzell, 'St Albans Miscellany', p. 35.

R’ *O perpetua festiuitas, O gratissima jocunditas*
*Corona aurea*
V’ *Omnis illa celestis Jerusalem*
R’ *Gloriose ac semper uenerande*
V’ *Sancte albane succere plebi tuae … Qui me confessus*
Ant. ad laudes
Ant. *Suscipiens martyr fidei pia dogmata uere … Vincitur diris*
Ant. *Ad mortem properans habiturus denuo uitam*
Ant. *Percussor sancti diuino tactus amore*
Ant. *Cum domino laudes curaret soluere miles. Beatus uir qui suffert*
Cap. *Iustus si morte*
Hy. in com.
V’ *Iustus ut palma* S. Bened
In 2 uesp.
Ant. *Summa dei uirtus sancti patuit super artus*
V’ *Iocundus homo* S. Magn
Ant. *Grata tibi pie rex semper iubilato nostra*
Hy. de s. Albano *Ecce uotiua recoluntur*[34]

**Legendaria**
**S318** section from Bede *HE* I:6 and **C48** from HE I: 7

## Aldhelm, Bishop

25 May; translations 5 May & 3 October

**Kalendars** (both 25 May)

c.1100 **S213** *[S]ci aldelmi epi et urbani epi et mar*
s. xiii **S190** *Sci urbani pape et mart. et sci aldelmi. 9 lect.*

**The Mass** (all 25 May)

***Collects***
Coll. A *Deus qui inter apostolicos (ecclesie) doctores sanctum aldelmum pontificem celesti splendore lucere fecisti, annue quesumus ut sicut in eo formam salutis agnoscimus sic eius uestigiis inherere studeamus. Per.*
Coll. B *Omnipotens sempiterne deus solemnitatem diei huius propicius intuere et ecclesiam tuam intercessione beati aldelmi confessoris tui atque*

34 *AH* 11:107, pp. 68ff; this hymn is part of the eleventh-century proper office; see, in addition to Hartzell, ‘St Albans Miscellany’, Bergsagel, ‘Liturgical Relations’, p. 12.

*pontificis continua fac celebritate gaudere omniumque in te credentium uota perficias. Per.*
Coll. C *Deus qui hodierna die sanctum pontificum aldelmum ad eterna subleuasti gaudia eius quesumus meritis illuc tua nos perducat misericordia. Per.*

Collation table for Aldhelm collects:

| | **Rob**[35] | **Z** | **Cir** | **Sher** | **Vit** | **Arb** | **Sar** | **Her** |
|---|---|---|---|---|---|---|---|---|
| A | | | • | • | | | | • |
| B | • | | | | | | | |
| C | | | | | • | • | • | |

***Secrets***
Secr. A *Super hec munera domine que tibi pro beati aldelmi festiuitate offeruntur et tuam effunde benedictionem et cordium nobis tribue purificationem et munerum tuorum participationem. Per.*
Secr. C *Quis*[36] *tibi precibus domine nostra quesumus grata reddatur oblatio pro cuius est festiuitate immolata. Per.*

Collation table for Aldhelm secrets:

| | **Sher** | **Z** | **Vit** | **Sar** |
|---|---|---|---|---|
| A | • | • | | |
| C | | | • | • |

***Postcommunions***
Postc. A *Sancta tua domine que fideliter sumpsimus intercedente sancto aldelmo et celestium desideriorum nos nutriant dulcedine, et ab hostium defendant formidine et eterne mortis amaritudine. Per.*
Postc. C *Sollempnitatem quesumus domine sancti pontificis aldelmi celebrantibus adesto propicius et nobis eius meritis concede gaudia uita celestis. Per.*

Collation table for Aldhelm postcommunions:

| | **Sher** | **Z** | **Vit** | **Arb** | **Alb** | **Sar** |
|---|---|---|---|---|---|---|
| A | • | • | | | | • |
| C | | | • | • | • | • |

35 **Rob** has Coll. B as Super populum for Martin.
36 Secret C usually begins *Eius tibi precibus* as in Sarum, but there is variation in English sources.

The mass of Aldhelm in Scandinavia:

| | Coll. | Secr. | Postc. |
|---|---|---|---|
| s. xii | | | |
| **H60** | C | C | C |
| **S140** | B | | |
| **S405** | A | A | A |
| c. 1200 | | | |
| **S461** | A | A | |
| s. xv | | | |
| **S463** | A | | |

English influence is probable for all these entries; the comparative scarcity of the cult of Aldhelm of Sherborne in Scandinavian manuscripts must be largely due to his day being also that of a more universal saint, Urban, pope and martyr.

## Augulus, Bishop

7 February

### Kalendars

| | | |
|---|---|---|
| c.1200 | **S210** | *Augulus epi* |
| s. xiii | **C46** | *Augulus epi* |
| s. xiv–vi | **C04** | *Aug*[37] |

This bishop of London from Roman times, described in some sources as a martyr, appears rarely in early English sources whence these two entries must have come.[38]

## Augustine of Canterbury, Bishop

26/27 May; translation 13 September

### Kalendars

(all 26/27 May, except where noted; the usual entry is *Sancti Augustini episcopi/archiepiscopi,* except where noted)

| | | |
|---|---|---|
| c.1100 | **S213** | *Augustini anglorum apost.* |
| s. xii | **C43** | *Augustini anglorum archiepi* |

37 This fragment only has the first three letters of its saints; *Bla* and *Ag* which precede *Aug* must refer to Blasius 3 February and Agatha 5 February.

38 On Augulus see Sharpe, 'Martyrs and Local Saints', pp. 122–3.

| | | |
|---|---|---|
| | **O11** | |
| | **S196** | *Augustini anglorum epi*[39] |
| | **S204**; **Y01** | |
| c.1200 | **S193**; **SM01** | |
| s. xiii | **C39** | *Augustini epi festum* (an addition of s.xiv) |
| | **C46**; **S190**; **S217**; **S218**; **Y27** (in red); **Y23** | |
| | **S211** | *Augustini archiepi et conf* erased |
| | **S462** | *Augustini archiepi* |
| | **SB17** | *Augustini anglorum epi* |
| | **U24** | *Augustini epi et conf* |
| | **Y24** | *Augustini epi et conf* in red |
| | **U03** | *translatio sci Augustini*[40] |
| | **H39** | *Augustini anglorum epi 9 lect.* |
| c.1300 | **C53** | *Augustini epi et mart*[41] |
| | **S233** | |
| | **O70** | *Augustini epi et conf* |
| s. xiv | **X13** where the entry is unfinished | |
| s. xv | **S194**, **S220** *Augustini epi* | |
| c.1500 | Two printed kalendars have Augustine, Cop and Nid, which has *Augustini epi conf anglorum apost 3 lect. comm sola* | |

The weight here is in the early centuries, yet maintaining a hold in all three countries until the Reformation.

**Martyrologies** (all 26 May)

| | | |
|---|---|---|
| 1146 | **X11** | *In britannis sancti augustini epi & conf qui missus a beato papa gregorio primis genti anglorum, christi euangelium predicauit* |
| s. xiii | **C30** | *In britannis augustini* |
| s. xiv | **O31** | *Augustini anglorum epi et uen bede prbi* |
| | **SB01** | *In britannis s. augustini epi & conf* |
| | **U28** | as **X11** |
| | **Y50** | as **X11** |

**Litanies**

| | |
|---|---|
| s. xii | **C33**; **C44** and **S180** |
| s. xiii | **C34** |

39 The scribe clearly intends 26 May although he has written 27 May.

40 This must be a mistake; 26 May is not a translation.

41 This could be just a mistake or a memory of the *Augustine Epi et Mart* mentioned in the Böda missal, **S428**.

## The Mass

### *Collects*

Coll. A *Deus qui sacratissimum <decus> primitiue anglorum ecclesie preconem ueritatis sanctus pontificem archipresulem ac confessorum augustinum mirifice releuari dedisti, tribue quesumus ut cuius annuam rutilare fecisti sollempnitatem hodierna die celebramus in terris de eiusdem patrocinis gaudere mereamur in celis. Per.*

Coll. B *Deus qui beatum augustinum pontificem <tuum primum> doctorem populo concessisti anglorum eius interuentu nobis tribue ueniam peccatorum et cum ipso celestium gaudia mereamur. Per.*

Coll. C *Deus qui diuersis nationum populis preclaris*[42] *uere fidei constituisti doctores, concede quesumus ut omnes qui ad sanctissimi*[43] *augustini confessoris tui atque pontificis* (*implorant auxilium*) *festa conuenerunt presentis prosperitatis gaudium et future beatitudinis gloriam consequantur. Per.*

Coll. D *Deus qui nos deuota beati augustini confessoris tui atque pontificis instantia ad agnitionem tui nominis uocare dignatus es, concede propicius ut cuius solempnia colimus etiam patrocinia sentiamus. Per.*

Coll. E *Adesto domine supplicationibus nostris et quibus fiduciam sperande pietatis indulges, intercedente beato augustino confessore tuo atque pontifice consuete misericordie tribue benignus effectum. Per.*

Coll. F *Deus qui populo tuo eterne salutis beatum augustinum ministrum concessisti, presta quesumus ut quem doctorem uite habuimus in terris intercessorem semper habere mereamur in celis. Per.*

Collation table for Augustine collects:

| | **We** | **Rob** | **Whit** | **Bec** | **Bury** | **Vit** | **Port** | **Alb** |
|---|---|---|---|---|---|---|---|---|
| A | | | • | | | | • | |
| B | • | | | | | • | | • |
| C | | | | • | | | | |
| D | | • | | | • | | | |
| E | | | | | | | | |
| F | • | • | | | | | | |

### *Secrets*

Secr. A *Beati augustini confessoris tui atque pontificis precibus domine quesumus grata reddatur oblatio pro cuius est festiuitate immolanda. Per.*

---

42 Corrected above the line to *preclaros* in **H60**.

43 **H60** has *sanctissimi doctoris atque pontificis augustini.*

Secr. B *Oblatio hec domine <tibi> placeat et intercessione sancti doctoris Anglorum* (*sancti pontificis*) *Augustini nos tibi dignos exhibeat. Per.*
Secr. C *Sit tibi quesumus domine deus nostre deuotionis oblatio acceptabilis ut beato Augustino confessore tuo intercedente et tue placeat maiestati et nostre proficiat saluti. Per.*
Secr. D *Hostias domine laudis tuis altaribus adhibemus quas eius tibi patrocinio credimus commendandas cuius nos uoluisti uotis ad tue pietatis peruenire notitiam. Per.*
Secr. E *Sancti confessoris tui domine augustini nobis* (*pia*) *non desit oratio, que et munera nostra conciliet et tuam nobis indulgentiam semper obtineat. Per.*

Collation table for Augustine secrets:

| | **We** | **Rob** | **Vit** | **Bury** | **Durh** | **Her** |
|---|---|---|---|---|---|---|
| A | | • | | | | |
| B | • | | • | | | |
| C | | | | | • | |
| D | | •[44] | | • | | |
| E | | | | | | • |

***Postcommunions***

Postc. A *Sacramenta domine et gaudiis optate celebratis expletis quesumus ut beati augustini pontificis tui precibus adiuuemur cui recordacionibus exhibemus. Per.*
Postc. B *Sacramenta tui domine nostra* (*quis*) *extergant piacula sanctique augustini oratio nos adiuuet* (*recte*) *incedere inter omnia huius uite pericula. Per.*
Postc. C *Mysteriis refecti quesumus domine deus ut beati augustini confessoris atque pontificis intercessione nos protegas* (sic) *cuius annua deuotione hec tue obtulimus maiestati. Per.*
Postc. D *Salutarem nobis edidit hodierna die beatus augustinus episcopus et confessor in tua domine uirtute letitiam, presta quesumus ut confessionis eius insignia predicando eius intercessione tibi placita gloriemur. Per.*
Postc. E *Vt nobis domine tua sacrificia dent salutem beatus augustinus confessor tuus atque pontifex quesumus precator existat. Per.*
Postc. F *Mense celestis participatione uegetati supplices te rogamus omnipotens deus ut sicut de beati augustini perpetua glorificacione annua celebritate gaudemus, ita ipsius apud te intercessione ab omni mereamur aduersitate defendi. Per.*

44 Ends differently; used in **Rob** as postcommunion.

Collation table for Augustine postcommunions:

| | We | Vit | Sher | Durh | Yk |
|---|---|---|---|---|---|
| A | • | | | | |
| B | | | • | | |
| C | | | | • | |
| D | | • | | | |
| E | • | | | | |
| F | | | | | • |

The mass of St Augustine in Scandinavia:

| | Intr. | Coll. | Epa | Gr. | V | Alla | Seq. | Ev. | Off. | Secr. | Com. | Postc. |
|---|---|---|---|---|---|---|---|---|---|---|---|---|
| s. xii | | | | | | | | | | | | |
| **H60** | | C | | | | | | | | B | | D |
| **O46** | | B | | | | | | | | B | | B |
| **O54** | | A | | | | | | | | | | |
| **S140** | | B | | | | | | | | | | |
| **S405** | SE | B | ESM | ESM | NEI | IG | AN | HQP | VMM | B | BS | B |
| **S492** | | D | | | | | | | | | | |
| c. 1200 | | | | | | | | | | | | |
| **O41** | | D | ESM | DPB | VPT | PD | | SLV | VMM | D | BS | |
| s. xiii | | | | | | | | | | | | |
| **S444** | | A | | | | | | | | A | | A |
| **S452** | SE | A | ESM | ID | | IDD | | HQP | VMM | A | BS | A |
| **S455** | SE | B | ESM | ESM | NEI | IG | | HQP | VMM | B | | B |
| **S610** | | | | | | | | | | B | LI | F |
| **S637** | | C | | | | | | | | C | | C |
| **ONid** | SE& PMD | | ESM | DPB | VPT | IG | CRL | HQP | IDS | | BS | |
| s. xiv | | | | | | | | | | | | |
| **S164** | SE | | | ESM | | | | | VEQ | | BS | |
| c. 1400 | | | | | | | | | | | | |
| **H25** | SD | | | ESM | | | | | IDS | | PD | |
| **S155** | SE | | | ESM | | IVP | | | VMM | | FS | |
| s. xv | | | | | | | | | | | | |
| **SB1a** | | B | | | | | | | | | | |
| c. 1500 | | | | | | | | | | | | |
| **MNid** | SE | B | ESM | DPB | | IG | | HQP | IDS | B | BS | B |
| **M Cop** | | E | | | | | | | | E | | E |

The variety of Augustine mass texts come from English sources and the twenty entries in Scandinavia show a heavier usage in the earlier centuries but only sporadic occurrences from 1400 onwards.

### The Office

(i) The short office

| | | |
|---|---|---|
| s. xii | **S94** | Coll. A with 6 lections from Bede, *HE* I:25–27, 29 |
| | **S51** | Coll. A with 3 lections from Bede, *HE* I:23, 25, 29, & II:3 |
| c.1200 | **S79** | Coll. F with 3 lections from Bede, *HE* I:23, 25–27 |
| s. xiii | **S78** | Coll. B with 3 lections from Bede, *HE* I:23, 25, 26 |
| | **U33** | fragment of *vita* from Bede |
| s. xiv | **S71** | six lections from Bede *HE* I:23, 25 and therefore about Augustine of Canterbury, but they appear on August 28, the date for Augustine of Hippo |
| | **U17** | Coll. A with 3 lections from Bede *HE* I:23, 25, 26 |

(ii) The Nidaros office as in **ONid** (s. xiii) and **BNid** (c.1500) is largely from the common:

| | **ONid** | | **BNid** |
|---|---|---|---|
| Ad uesperas | | | |
| Ant. super ps. | *Sancti tue domine* | | |
| Hy. | *Iste confessor* | | |
| Cap. | *Stabunt iusti* | | |
| V’ | *Preciosa est* | | |
| In ev. | | | |
| Ant. | *Augustinus a beato electus Gregorio* | | *Augustinus a beato electus Gregorio*[45] |
| Ora prop. | | | |
| Ad matutinas | | | |
| Inu. | *Exultent in domino* | | *Domine quis habitabat* |
| Hy. | *Iste confessor* | | |
| Ant. | *Tristicia uestra* | | *Domine in uirtute* |
| Ps. | *Cum inuocarem* | | *Domini est terra* |
| | *Verba mea* | | |
| | *Domine dominus* | | |
| V’ | *Clamauerunt iusti* | | *Confitebuntur celi* |
| Lect. prop. uel com. | | (based on Bede *HE* I:25, 26) | |
| | | Lect. 1 | *Gregorius papa inclitus … iter aggredit et perficit* |
| R’ | *Tristicia uestra* | | *TV* |
| R’ | *Letamini in domino* | | *Euge serue bone* |

45 This antiphon comes from the office for Augustine as known from the Coldingham Breviary (BL Harley 4664) and Muchelney Breviary (BL Addit. MS 43405–06); cf. *AH* 13:54.

| | | |
|---|---|---|
| | Lect. 2 | *Erat autem eo tempore … deciperet aut carmine* |
| R' | *Confitebuntur* | *Letamini in domino* |
| | | *Ecce sacerdos magnus* |
| | Lect. 3 | *Dum autem regi … qui uiuit et regnat deus in sec seculorum. Amen.* |
| V' | *Preciosa est* | *Confitebuntur uel Celitus electe pastor*[46] |
| Ad laudes | | |
| In ev. Ant. | *Exultet in hac die*[47] | *Exultet in hac die* |
| Ora | | Coll. *B* |
| Benedictus | | |

(iii) The proper office:

This is found in two Swedish manuscripts, an antiphonary of the twelfth century (**S03**) and a breviary of c.1200 (**S112**). The text is known in England from a thirteenth-century Durham breviary (BL, Harley 4664 whence it is printed in *AH* 13:53).

| | **S112** | **S03** |
|---|---|---|
| Ps. | *Domine quid* | |
| V' | *AE* | |
| Lect. 1 | (from Bede, *HE* I:23): *Anno ab incarnatione … uerbum genti anglorum* | |
| R' | *Augustinus*[48] *uir modestus miraculis precipuus a beato Gregorio sacratus episcopo anglorum genti inuidam uerbi monstrauit lucernam.* | *Gregorio … lucernam.* |
| V' | *Doctrina fretus mistica uirtute apostolica subiectus sibi plebibus ut tuba euangelica* | *Doctrina … euangelica* |
| Lect. 2 | (from Bede, *HE* I:23, 24) *Qui cum iussis … benigne susciperet* | |
| R' | *Romulea sancti digressi pertinus urbe nomine pro Christi alta petunt* | *Romulea … eloquiis* |

46 This antiphon has not been identified, see Gjerlöw, 'Missaler brukt i Bjørgvin', p. 1431.

47 This antiphon is found in the Muchelney Breviary and the Worcester Antiphonary.

48 These responds and versicles are with notation.

| | | |
|---|---|---|
| | *pelagi quos Augustinus diuino dogmate plenus ornabat gestis moribus eloquiis* | |
| V' | *Excercens iugibus ieiunia longa diebus commendata sibi iura ministerii* | *Exercens iugibus … ministerii* |
| Lect. 3 (from Bede, *HE* I:25) *Roboratus ergo … domino supplicabant* | | |
| R' | *Insignis pastor de summo culmine puppis prospiciens aruum peruerso gramine comptum morans* [***] *ab ortis Christe sator rerum uim comprime demoniorum ut tibi complacitam possimus gignere plebem* | *Insignis … plebem* |
| V' | *Introitum nostrum tu lumen dirige uerum lucrandis populis auditum prebe benignum* | *Introitum … benignum* |
| In 2 nocturno | | |
| Ant. | *Augustinus ait Sathane cultoribus ut quid graui corde colitis hominum mendacia nati sacrificate deo cordis libamina*[49] *ueri* | *Augustinus … uero* |
| Ant. | *Orabat sanctus dominum pro plebe sacerdote*[50] *iuste deus ne permaneant hi semper iniqui sed tibi subdantur credentes corde fideli* | *Orabat … fideli* |
| Ant. | *Vir domini quantum perfecerat ha*[***] *laborum testatur pueri diuina laude continuo* | *Vir domini … laude canori* |
| Ps. | *Domine dominus* | |
| Lect. 4 (from Bede, *HE* I:25, 26) *Cumque ad iussionem … simplicitatem dulcedinem* | | |
| R' | *Cum pietatis opus plantaret cultor opimus humani generis rugiebat pestifer hostis dum nimium frendet uacuas dum teritat auras, faucibus ex rapinis depellitur agnus herilis* | *Cum pietatis … herilis* |

49 **S03** has *libamine vero.*

50 **S03** has *sacerdos.*

| | |
|---|---|
| V' *Suscepit ecclesia uite documenta perhennis idola dispereunt mortis Sathaneque furentis* | *Suscepit … fruentis* |
| Lect. 5 (from Bede, *HE* 1: 26, 27, 29, 31, 32) *Erat autem prope ipsam … speciebus perplura* | |
| R' *Vera salus populorum per beatum Augustinum sanauit gentem* | *Vera salus … gentem Anglorum qui per uerbum ueritatis languidos oblatos sibi restuit sanitati. Baptizato quoque rege ac plurimis fidelium congaudebit cotidie de numero credentium* |
| Here the ms ends | R' *Confessor domini bonis predicans instantius inanas spreuit barbarorum grauiter furentium. Insuper ab ipso rege colitur magnifice*[51] |
| | V' *Demones uerbo fugans ordinans ecclesiam insistebat officiis iusta ritum misticis* |
| | [Lect. 6] |
| | Ant. *Sancte carens maculata uite letaris in aula Augustine gregi ueniam deposce precanti.* |
| | Ant. *Actibus innocuis et corde piatos et ore confessor dominini*[52] *transiuit ad atria celi* |
| | Here the manuscript ends. |

Both these texts agree in the main with each other, though differing from that in the Coldingham breviary. They thus provide a useful witness to an earlier version. Augustine was commemorated quite widely in France, less so in Germany, and was associated with the feast of Pope Gregory.

---

51 Corrected from *magustine.*

52 Sic, for *domini*

## Bede, Presbyter

Varying dates between 24 and 31 May

**Kalendars** (all *Bede presbyter* except were noted)

| | | | |
|---|---|---|---|
| c.1100 | **S213** | 31 May | *Bede presbiter et petronilla 3 lect.* |
| s. xii | **C43** | 26 May | *et Bede p* |
| | **S204** | 27 May | |
| | **Y01** | 26 May | (added) |
| c.1200 | **SM01** | 26 May | |
| s. xiii | **S218** | 26 May | *et s. Bede p* |
| | **S219** | 26 May | (added) |
| | **Y23** | 27 May | |
| c.1300 | **C53** | 27 May | |
| s. xiv | **S200** | 24 May | |
| | **U19** | 28 May | *Bede p Germani* |
| s. xv | **S194** | 26 May | *et Bede p* |
| | **S480** | 28 May | |
| c.1500 | **Viborg** | 26 May | |
| | **Cop** | 27 May | |

**Martyrologies**

| | | | |
|---|---|---|---|
| 1146 | **X11** | 26 May | *Depositio uenerabilis Bedae presbiteri qui nonagenarius obiit die quo ipse petit, hoc est, in ascensione domini ab incarnat. dni DCCXXXI ab obitu beati gregorii papae CXXVII* |
| s. xiii | **C30** | 26 May | *ipso die Bede p* |
| s. xiv | **O31** | 26 May | *sci uenerabilis Bede p* |
| | **SB01** | 27 May | *item depositio domini Bedae p et doctoris gentis anglorum* |
| | **U28** | 27 May | as **SB01** |
| | **Y50** | 27 May | as **SB01** |

**Litany** (Bede last of thirty-five confessors)

s. xii **S180**

The fame of Bede as a historian and the use of his texts as lections did not lead to widespread cult; it was usually confined to kalendars and martyrologies. The day of his death was 26 May, and the move to 27 May was probably to avoid Augustine of Canterbury. Only Durham, where his body rests, and York, accorded him a high rank. Outside England, there is some evidence of a cult at Cologne.[53] The dates of 28 and 31 May are rare.[54]

## Beornstan (Brynstan, Birstan), Bishop

4 November

This tenth-century bishop of Winchester is only commemorated in Scandinavia in the Ribe Martyrology, **C30** (*et depositio sancti bristani epi*), unless the entry in the Copenhagen kalendar, **C46**, for 4 Nov. (*Dunstani epi*), an unknown date for Dunstan, is a misreading for *Brinstani epi.*

## Birinus, Bishop

3 December; translation 4 September

### Kalendars

| | | | |
|---|---|---|---|
| s. xii | **O10** | 3 Dec. | *sci birini* (erased) |
| | **O13** | 4 Sept. | [*birini*][55] |
| | **O14** | 3 Dec. | *depositio sci birini* |
| s. xv | **C45** | 3 Dec. | *birgini epi et conf* |
| | **U10** | 3 Dec. | *birgini epi et conf mem* |
| c.1500 | Lund | 3 Dec. | *birgini epi et conf 3 lect.* |
| | Odense | 3 Dec. | *birgini epi et conf* Coll. |

### Martyrology

| | | | |
|---|---|---|---|
| s. xiii | **C45** | 4 Sept. | *Et translatio reliquiarum sanctorum patrum birini et cutberti* |
| | | 3 Dec. | *Ipso die depositio sancti birini primi episcope wentane ciuitatis uiri apostolici ac admirande uite et gloriose sancticationis* |

53 About half of the kalendars in Zilliken, 'Der Kölner Festkalendar', contain Bede.

54 See Pfaff, *Liturgical Calendars*, chap. X, pp. 225ff.

55 This fragmentary kalendar has a bishop at 4 September whose name is cut off; the presumption is that it is Birinus.

**Litanies** (among the confessors)

| | | |
|---|---|---|
| s. xii | **S 180** | *birine* |
| s. xiv | **Y03** | *s. birine* |

**The Mass**

| | | | | |
|---|---|---|---|---|
| s. xii | **O40** | 3 Dec. | Coll. | *Omnipotens sempiterne deus qui nos pia deuotion<e be>ati birini confessoris tui adque pastores*[56] *n<ostri in hoc sa>cratissimum oliue*[57] *congregasti, concede quesumus <ut eo>dem pastore nostro interueniente ad celest<is ui>te gaudia peruenire mereamur. Per.* |
| | | | Secr. | *<S>it tibi domine nostre deuotionis oblatio accepta<bilis ut beato birino confessore tuo intercedente et tue placeat maiestati et nostre proficiat salute. Per.>*[58] |

**The Office**

| | |
|---|---|
| s. xiii **S81** | 3 Dec. |
| Cap. | *Justus cor suum* |
| Hy. | *Rex gloriose presulem* |
| Ant. | *Justum deduxit* |
| Ant. | *Amauit eum* |
| Coll.[59] | *Deus qui in diuersis nationum populis preclaros doctores neume*[60] *constituisti, presta ut beati doctores nostri birini festa conuenimus presentis prosperitatis gaudium et future beatitudinis gloriam consequamur. Per.* |
| Lect. 1 | (from Bede *HE* III.7) |

The cult of Birinus was common in the south of England through the influ-

[56] For *atque pastoris*.

[57] For *ouile*.

[58] The Oslo fragment ends in the middle of the word *acceptabilis*, and the postcommunion has been entirely lost, but the missing portion of the secret can be reconstructed on the basis of the mass for Birinus in **Rob** and **NewM**. For further discussion of this fragment, see now Corrêa, 'A Mass for St Birinus'.

[59] A similar collect is in the Paris missal, 1543, for Ambrose.

[60] For *neume* see Latham, *Revised Medieval Latin Word-List*, p. 357 *s.v.* pneuma. This collect is found in **Bec** and in this work at **H60** for Augustine.

ence of Winchester.[61] The mis-spelling *birginus* in the four Danish sources could stem from one original.

## Botwulf (Botolph), Abbot & Confessor

17 June; translation 1 December

### Kalendars

Almost all the kalendars that survive in Scandinavia, whole or in fragments, that have a June page contain Botwulf on 17 June; there is no example of the translation date. This strengthens the theory that the date, rather than the saint, was what made Botwulf so universally popular in Scandinavia; it was obviously a useful date in the agricultural kalendar. The entry is *Sancti botulphi* (or *botulfi*) *abbatis* (*et confessoris*).

c.1100 **S213** (9 lect.);[62] **Y01**
s. xii **C43**;[63] **O19**; **S196**; **S204** (in red with a cross), **X10**
c.1200 **S705**; **S193** (9 lect.)
s. xiii **Y24** (in red);[64] **C10**; **C46**; **S181**; **S214** *festum terre*; **S217** (in red with cross); **S218** (with cross); **S219**; **S462**; **SB17** (in red); **U03** (in red); **U04** (in red); **U26** (in red); **Y23** *semi dupl festum terre* added later; **S190**;[65] **U24**
**S192a** (9 lect.); **Y27** (in red)
**SM01**, Botwulf has been added later to this ms dated to 1198
**Y20**, this s. xii ms has had Botwulf added during the next century
c.1300 **H39** (3 lect.); **C53**; **O70** (in red with cross)
s. xiv **C60** (in red); **C62** (in red with cross); **C63**; **H32** (in red), **S902** *simplex*; **S903** (in red); **S905** (in red, 9 lect.); **SB18** (in red, 9 lect.); **SB19** (in red); **S232**; **X13** (in red); **S211** (9 lect.); **Y02**
c.1400 **H34**
s. xv **C31** (12 lect. added later); **C35** (in red); **S900** (3 lect.); **C40** (in red) *festum terre*; **C45** (in red 9 lect.); **C61**; **H37** (9 lect.) *festum simplex*, **S194**, **S212**, **S480** (in red); **S234** *duplex*; **SB05** (in red);

61 For the English cult of Birinus, see Love, *Three Eleventh-Century Anglo-Latin Saints' Lives*, pp. lxff.
62 See Schmid, 'När Värmland och Dal kristnades'.
63 In red, but in this kalendar the colours seem to have been used for decorative effect and without liturgical significance.
64 See Carlsson, 'En svensk drottnings andaktsbok?'
65 See Schmid, 'När Värmland och Dal kristnades'.

**SB06** (9 lect.); **SB08** (9 lect.) **SB10** *semi duplex*; **SB16** (9 lect.); **U18** *semi duplex*; **U04**; **U10** (in red); **U13** *semi duplex*; **U21**; **X01**; **Y11** (in red) *semi duplex*; **Y40** *semi duplex*; **SB09** (9 lect.)

c.1500 **SB03**; **MLund** (in red) *simplex*; **BCop** (in red);
**BRosk** (in red, 9 lect.) *festum terre*; **BOtho** (9 lect.); **MSles** (9 lect.); **BArh** (in red); **MNid** *simplex*; **MUps** (9 lect.) *simplex*; **BLinc** (in red); **BScar** (in red) *semi dupl*; **MStr** (in red) *simplex*; **BAros** *simplex*

Botwulf is commemorated in all the Scandinavian printed kalendars except **MÅbo** 1488, where the day was required for the Dedication feast of the cathedral. Botwulf is not only almost universal but also maintains his place up to the Reformation with comparatively high grades; this kalendar evidence supports that of the breviaries and missals.

## Martyrologies

| | | |
|---|---|---|
| s. xii | **X11** | *ipso die sancti botulfi abb* |
| s. xiii | **C30** | *eodem die sancti botulfi abb et conf* |
| s. xiv | **SB01** | *eodem die sancti botulphi abb, festum terre* (this entry is added above the original text) |
| | **U28** | *eodem die beati botulphi abb* |
| | **Y50** | *item botulphi abb* |

## Litanies

(among the confessors either last in list or near the end)

| | |
|---|---|
| s. xii | **C33**, **S477**, **C41** |
| s. xiii | **Y25**, **C38**, **H68**, **O60**, **S445**, **U27**, **U34** |
| s. xiv | **U32**; **U11** |
| c.1400 | **U35**, **U08**, **X22** |
| s. xv | **C36**, **C47**, **SB02**, **SB12**, **U32**, **U36**, **Y41**, **S701** |
| c.1500 | **BLund**, **BNid**, **BLinc**, **BOtho**, **BScar** |

## The Mass

### *Collects*

Coll. A1 *Deus omnium regnorum gubernator et rector qui famulis tuis annua beati botulphi abbatis largiris* (*sollempniter*) *celebrare festa nostrorum quesumus dele clementius peccaminium peccatorum uulnera ut a te mereamur <percipere> gaudia <re>promissa. Per.*

Coll. A2 *Deus omnium regnorum gubernator et rector qui famulis tuis annua beati botulphi abbatis largiris (sollempniter) celebrare festa nostrorum quesumus dele cicatrices uulnerum celestisque parie donis refice sempiternis. Per.*

Coll. B *Deus qui nos beati botulphi abbatis sollempnitate letificas, presta quesumus ut cuius gaudemus meritis instruamur exemplis. Per.*

Coll. D *Intercessio nos quesumus domine beati botulphi abbatis tui commendet ut quod nostris meritis non ualeamus eius patrocinio assequamur. Per.*

Coll. E *Intercessio domine beati botulphi confessoris tui nos ubique letificet utdum eius sollempnitatem meritis recolimus eius precibus adiuuemur. Per.*

Coll. F *Deus qui famulis tuis annua beati botulfi celebrare tribuisti sollempnia nostra quesumus dele peccaminum et gaudia pende promissa. Per.*

Coll. G *Sancti nos domine botulfi abbatis natalicia uotiua letificent et suis beneficiis intercessionibus eius attollant. Per.*

Coll. H *Deus qui beati botulphi abbatis famuli tui anime eterne beatitudinis premia contulisti, concede propitius ut qui peccatorum nostrorum pondere premimur eius apud te precibus subleuemur. Per.*

Coll. K *Deus qui nos beati botulfi confessoris tui meritis et intercessione letificas, concede propitius ut qui eius beneficia poscimus dono tue gratie consequamur. Per.*

Coll. M *Omnipotens sempiterne deus qui hunc diem in honorem sancti confessoris tui atque abbis botulphi consecrasti, presta quesumus ut cuius festa celebramus in terris ipsius patrocinio ad uitam perueniamus eternam. Per.*

Coll. N *Adesto domine precibus nostris quas in sancti confessoris tui botulfi commemoratione deferimus, ut qui nostre iustitiae fiduciam non habemus eius qui tibi placuit precibus adiuuemur. Per.*

Collation table for Botwulf collects:

| | **We** | **Rob** | **Port** | **Les** | **Bec** | **Yk** | **Her** |
|---|---|---|---|---|---|---|---|
| A1 | • | | • | | | | |
| A2 | | • | | | | | |
| B | • | | | | | | |
| D | | | | • | | • | • |
| E | • | | | | | | |
| F | | | | | | | |
| G | | | | | • | | |
| H | | | | | | | |

| | |
|---|---|
| J | • |
| M | • |
| N | • |

***Secrets***

Secr. A *Munus tibi a deuotis oblata oblatum famulis eterne conditor rerum dignanter respice et meretis (almi) intercedentibus (beati) botulphi celesti (illud) benedictione sanctifica nobisque cunctorum <tribue> ueniam peccaminum ut ad celestius augmentum <tuis fidelibus> proficiat gaudii. Per.*

Secr. B *Laudis tue domine hostias immolamus in tuorum commemoratione sanctorum quibus et presentibus exui malis confidimus et futuris. Per.*

Secr. C *Hostias tibi domine offerimus pro commemoratione sancti botulphi abbatis suppliciter deprecantes ut sicut illi tribuisti sacre fidei claritatem sic nobis indulgentiam largiris et pacem. Per.*

Secr. D *Sacris altaribus domine hostias suppositas sanctus botulphus abbas quesumus in salutem nobis prouenire deposcat. Per.*

Secr. G *Propitiare quesumus domine supplicationibus nostris et intercedente pro nobis sancto botulpho confessore tuo his sacramentis celestibus seruientes ab omni culpa liberos esse concede ut purificante nos gratia tua his quibus famulamur mysteriis emundemur. Per.*

Secr. H *Oblatis domine ob honorem beati botuphi confessoris tui atque abbatis placare muneribus et ipsius tuis famulis interuentu, cunctorem indulgentiam tribue peccatorum. Per.*

Secr. J *Munera domine oblata sanctificia et intercedente beato botulfo confessore tue nos per hec a peccatorum nostrorum maculis emunda. Per.*

Secr. K *Donis celestibus quesumus domine libera nos mente seruire, ut munera que deferimus interueniente confessore tuo botulfo medicinam nobis operetur et gloriam. Per.*

Secr. M *Hostias domine beati botulphi confessoris tui atque abbatis transitum recolentes maiestati clementiam tuam ut sancto spiritu operante unigeniti corpus et sanguis fiant et nobis omnibus ad salutem ueram et ad uitam eternam proficiant. Per.*

Collation table for Botwulf secrets:

| | We | Rob | Rou | Abin |
|---|---|---|---|---|
| A | | • | | |
| B | | • | | |
| C | | • | | • |
| D | | | | |
| G | | | • | |

| | We | Rob | Rou | Abin |
|---|---|---|---|---|
| H | • | | | |
| J | • | | | |
| K | • | | | |
| M | | | | |

***Postcommunions***

Postc. A *<Celestibus pasti dapibus> supplices te rogamus omnipotens deus quatenus per gloriosa almi patri botulphi merita <eternis> nos iubeas sociari gaudii. Per.*

Postc. B *Refecti cibo potuque celesti deus noster te supplices exoramus ut in cuius hec ueneratione percepimus eius muniamur et precibus. Per.*

Postc. C *Refecti domine benedictione sollempni quesumus per intercessionem sancti confessoris tui botulphi medicina sacramenti et corporibus nostris prosit et mentibus. Per.*

Postc. D *Aures tui pietatis quesumus domine precibus nostris inclina ut qui peccatorum nostrorum flagellis percutimur intercedente beate botulphe confessore tuo miserationis tue grata liberemur. Per.*

Postc. G *Exultet quesumus domine populus tuus in sancti tui commemoratione botulphi abbatis et cuius uotiuo letatur religio releuetur auxilio. Per.*

Postc. H *Plutaribus sacramentis humiliter te deprecamur ut intercedente beato botulpho confessore tuo atque abbate que pro illius uenerando celebramus obitu nobis proficiant ad salutem. Per.*

Postc. K *Repleti alimonia celesti quesumus domine ut intercedente beato botulpho confessore tuo atque abbate tue gloriam muniamur et remanemur. Per.*

Postc. L *Vt nobis domine tua sacrificia dent salutem beatus botulphus confessor tui atque abbas quesumus praecator accedat. Per.*

Postc. M *Deus qui beati botulphi confessoris tui atque abbatis transitum annua celebritate nos frequentare concedis, presta quesumus ut per hec sacramenta que sumpsimus ab omnibus absoluamur peccatis et sanctorum tuorum consortium gratia tua largiente mereamur in celis. Per.*

Collation table for Botwulf postcommunions:

| | We | Rob | Bec | Leof | Whit |
|---|---|---|---|---|---|
| A | | • | | | • |
| B | • | | | | |
| C | | • | | • | |
| G | • | | • | | |
| H | | | | | |
| K | • | | | | |

| | We | Rob | Bec | Leof | Whit |
|---|---|---|---|---|---|
| L | | • | | | |
| M | | | | | |

The mass of Botwulf in Scandinavia:

| | Intr. | Coll. | Epa | Gr. | Alla | Ev. | Off. | Secr. | Com. | Postc. |
|---|---|---|---|---|---|---|---|---|---|---|
| s. xiii | | | | | | | | | | |
| **S420** | | A2 | | | | | | A | | A |
| **S451** | SE | A1 | ESM | IDS | IG | HQP | VMM | A | BS | A |
| **S501** | OJ | G | DV | IDS | ? | IG[66] | IDS | G | DQT | G |
| c. 1200 | | | | | | | | | | |
| **S461** | OJ | A1 | BVS | OJ | | VEQ | DA | A | BS | |
| **ONid**[67] | OJ | | ICS | DPB | SB | ENR | PD | | ME | |
| **H21** | OJ | | | OJ | | | DA | | BS | |
| **S611** | | A2 | DDC | | | NAL | | A | | A |
| **S617**[68] | OJ | A1 | | | | | | ?A | | ?A |
| **S642** | OJ | H | BVS | OJ | PA | VEQ | DA | H | BS | H |
| **S442** | OJ | A2 | IDD | OJ | IG | VEQ | DA | A | BS | A |
| **S455** | | A1 | ICS | OJ | PA | NAL | VE | A | FS | A |
| **S478** | OJ | F | ICS | OJ | IG | NAL | VE | A | BS | A |
| c. 1300 | | | | | | | | | | |
| **H67** | | | | | | | | A | DQT | A |
| **H20** | OJ | | | OJ | | VEQ | DA | | BS | |
| **S641** | OJ | J | BS | OJ | | VEQ | DA | J | BS | B |
| **S474** | OJ | A2 | IDD | OJ | DTE | VEQ | DA | A | BS | A |
| s. xiv | | | | | | | | | | |
| **S603** | | | NLA | | | VEQ | | A | | A |
| **S613** | OJ | A! | IC | OJ | PA | NAL | VMM | A | | |
| **S614** | OJ | A1 | | DPB | IS | VEQ | DA | A | | |
| **S164** | OJ | | OJ | | | | | | FS | |
| **S631** | | | | | | | | K | FS | K |
| **S632** | OJ | A2 | ?DA | OJ | ? | VEQ | DA | G | BS | L |
| **S167** | OJ | | DA | | | | | | BS | |
| **S169** | | | | | | | | | | |
| **S901** | OJ | B | BVS | OJ | PA | VEQ | DA | B | BS | C |
| **S163** | | | | | | | | | | |
| **U29** | OJ | B | BVS | OJ | PA | VEQ | DA | B | BS | B |

66 With notation.

67 **ONid** has the sequence *Pangat nostra concio*.

68 This ms is damaged by fire; the secret is illegible and only the last two words of the postcommunion *sociari gaudii*. can be read; presumably both secret and postcommunion are A.

| | Intr. | Coll. | Epa. | Gr. | Alla. | Ev. | Off. | Secr. | Com. | Postc. |
|---|---|---|---|---|---|---|---|---|---|---|
| c. 1400 | | | | | | | | | | |
| **U04a** | OJ | B | BVS | OJ | PA | VEQ | DA | B | BS | B |
| **H78** | OJ | A1 | BVS | OJ | IG | VEQ | DA | A | BS | A |
| **S154** | OJ | | | OJ | IEQ | | DA | | BS | |
| **S155** | OJ | | | OJ | IDD | | VMM | | FS | |
| **S438** | OJ | A1 | BVS | OJ | IG | VEQ | DA | A | BS | A |
| **U30** | OJ | B | BVS | OJ | PA | VEQ | DA | B | BS | B |
| s. xv | | | | | | | | | | |
| **H76** | | A2 | BVS | OJ | IEQ | VEQ | DA | A | BS | A |
| **S153** | OJ | | | OJ | | | DA | | BS | |
| **S426** | OJ | A1 | BVS | OJ | PD | VEQ | DA | A | BS | A |
| **SB08** | OJ | A2 | BVS | OJ | | VEQ | DA | A | BS | A |
| **U31** | OJ | | | | PD | | DA | | BS | |
| **S605** | OJ | A1 | | OJ | | VEQ | FS | K | BS | L |
| **S615** | OJ | A1? | | OJ | PD | VEQ | DA | A | DPB | A |
| **S165** | OJ | | | | | | DA | | BV | |
| **S622** | | | | | | | | | | |
| **S465** | | | | | | | | A | BS | A |
| **S425** | | A1 | | | | | | | | |
| **S428** | | A1 | | | | | | | | |
| **S151** | | | | | | | | | | |
| **S652** | OJ | M | DDC | OJ | IG | NAL | DA | M | BS | M |
| **S618** | OJ | | DPB | | IDD | | DA | | BS | |

Seven of the printed missals and one gradual have Botwulf; since the other missals (Roskilde, Odense, Aarhus, Linköping, Skara, Västerås) have Botwulf in their kalendars they may have observed him only as a commemoration with the collect from the common.

| | | | | | | | | | | |
|---|---|---|---|---|---|---|---|---|---|---|
| c. 1500 | | | | | | | | | | |
| **MLund** | OJ | A1 | BVS | OJ | | VEQ | DA | A | BS | A |
| **MCop** | OJ | A1 | BVS | OJ | | VEQ | DA | A | BS | A |
| **MSles** | OJ | A2 | BVS | OJ | AE | VEQ | DA | A | BS | A |
| **MVib** | OJ | B | DDH | OJ | AE | VEQ | DA | C | BS | C |
| **MNid** | OJ | A2 | ICS | OJ | SB | ENR | PD | A | ME | A |
| **MUps** | OJ | D | DDC | OJ | DTE | ENR | DA | D | BS | D |
| **MStr** | OJ | A2 | BVS | OJ | IEQ | VEQ | DA | A | BS | A |
| **GAros** | OJ | | | OJ | IG | | DA | | BS | |

The first impression on examining the evidence of the mass is the predominance of manuscripts from Sweden in contrast to those from Denmark or Norway, but the reason is the vastly greater numbers preserved at Stockholm compared with Copenhagen or Oslo, a difference particularly observable in the missals. However it is also true that mid-June pages are rare in Denmark and Norway; and also the kalendar, breviary, printed missal and other evidence shows that Botwulf was widely observed in these two countries. The omission of Botwulf in the printed missal of Odense is probably a mistake since he is in the kalendar and has an office in the printed breviary.

## The Office

This material is extensive and is presented here in four sections:
(i) the 42 sources that have a short office;
(ii) the 8 sources that provide a fuller office;
(iii) one source in three fragments which like the others is mainly from the common but has several proper antiphons and texts;
(iv) 3 sources that provide a proper office.

There are two main sets of lections used, both printed in Acta Sanctorum. The first is here referred to as *Vita* A;[69] it is by Folcard, acting abbot of Thorney from 1069, writing to include Adulphus, supposed brother of Botwulf, whose relics he had at Thorney. The Scandinavian versions refer only to Botwulf and may therefore stem from the now-lost text Folcard may have been using as his source.
Here the sentences are numbered and given by their incipits, according to the text in Acta Sanctorum, though there are some variations and omissions in most manuscripts.

A1 Omnipotens Dei benignitas
A2 Aditum siquidem paradisi
A3 Gemmas illas infinitae claritatis
A4 Inter quos venerabilis vitae
A5 Dicamus in primis
A6 Antequam in Britannia
A7 Nati sunt/Natus est de Saxonica
A8 Hoc modo utrique transfretant
A9 Ibi ergo monasterialibus
A10 Qua gratia priorem fratrem
A11 Inthronizatus autem
A12 Vigilavit enim ut vir
A13 Instat operibus misericordiae
A14 Jejunia prosequitur vigiliis

[69] *AASS* June III, pp. 402–3.

A15 Beatus vero pater botulphus
A16 Erant autem in eodem
A17 Adhuc siquidem tenellulae
A18 Beatum autem et dilectum
A19 Perveniens tandem pater B
A20 Suscipitur autem honorifice
A21 Auditis vero sororum
A22 Ad consolationem enim
A23 Convenerant in eodem tempore
A24 Ipsi quoque de praediis
A25 Sed vir religiosus B ne qua alicui
A26 Petiit enim simpliciter non ut
A26a Quid plura?
A27 Annuit tandem benignissimus rex
A28 Circuivit proinde indefessus B
A29 Erat autem eadem eremus ut
A30 Ad ingressum ergo beati doctoris
A31 Cur, O B, saevissime hospes
A32 Quid petis in expulsione nostra
A33 Quid tenebras nostras
A34 Beatus vero B. christi athleta
A35 Nam edito crucis signo
A36 Expulsis ergo scandalorum
A37 Brevi namque elapso tempore
A38 Congregat deinde pastor bonus
A39 Instat operarius in vinea
A40 Laborans itaque die ac nocte
A41 Vbi vero res petebat
A41a Secundum vero beatum patrem
A42 Diligebatur ab omnibus tani
A43 In nullo arrogans in nullo
A44 Relatum est saepius ab his
A45 Quanta etiam corporis infirmitate
A46 Semper de profectu animarum
A47 Talibus ergo vitae suae
A48 Appropinquante autem vitae
A49 Sed longis virtutum studiis
A50 Euge serve bone et fidelis
A51 Sepultus est igitur a discipulis

The other *vita*, *Vita* B, is known from Scandinavian sources; it was printed in Acta Sanctorum from the Schleswig Breviary of 1512, from which the following incipits are taken.[70] However the presence of this *vita* in earlier Scandinavian manuscripts, not only from Denmark, means that the supposition of Stevenson and Wilkinson that this *vita* originated in Denmark needs to be widened to read Scandinavia, unless and until further evidence turns up from England for this *vita*.[71]

B1 Postquam fides DNJC ubi
B2 Vbi a rege angliae Edmundo
B3 Cum autem septem annis
B4 Qui locum pulcherrimum
B5 Vbi ad honorem Dei aedificata
B6 Viro autem Dei ibidem
B7 Jubente sancto patre ut
B7a Quid plura?
B8 Venientibus tribus aliis
B8a Cum igitur de hoc
B9 Vix verba compleverat
B10 Quadem vero die a praedicto
B11 Cuius precibus rex annuens
B12 In quo loco vir Dei aedificavit
B13 Manens autem in eodem loco
B14 Sed cum quadem die gallum
B15 Evolutis autem annis decem
B16 Ob quod iterum regi institit
B17 Qui duxit eum longe a mari
B18 In illo itaque loco dato sibi
B19 Quibus consummatis transivit
B20 Inde rediens et multas sanctorem
B21 Audiens rex Edmundus reditum
B22 Post haec vir dei B

(i) The following tables list the forty-two Botwulf entries, giving the collect, antiphons and gospel, where present, or as in common (cn), then the number of lections intended (int) and the number extant (ext) with details.

| | Coll. | Ant. | Ev. | int | ext | Lections |
|---|---|---|---|---|---|---|
| s. xii | | | | | | |
| **S76** | cn | cn | cn | | | Cn |
| **S84** | | | | 9 | 5–9 | A29,30,32–38,45,48–50 |

70 *AASS*, June III, pp. 405–6.
71 Stevenson, 'St Botulph and Iken', and Wilkinson, 'The Life of St Botulph'.

| | Coll. | Ant. | Ev. | int | ext | Lections |
|---|---|---|---|---|---|---|
| **S98** | A1 | | | | | |
| c. 1200 | | | | | | |
| **S116** | A1 | | | 6 | 6 | A34–38,40,44,45,47–49 |
| | | | | | | |
| **C50** | | | | 6 | 2–5 | A23,30,33,34,39,44,45 |
| **Y22** | A2 | | | | | |
| **S120** | A1 | | | 3 | 3 | A34,37,47 |
| **S128** | A1 | ES | | 9 | 9 | A1–5,7,9,28–30,32–38,48 |
| **S31** | A1 | | | | | |
| **S98** | A1 | | | | | |
| c. 1300 | | | | | | |
| **S01** | A1 | | | | | |
| **S02** | cn | | | | | |
| | | | | | | |
| s. xiv | | | | | | |
| **S48** | A1 | | | ? | 1–2 | A23,30,33–36,38,39,44,45 |
| **S901** | | | | 9 | | |
| **U05** | A2 | | | 6 | 6 | A7,9,15,19–21,25–28,38,40 |
| **Y30** | | | | 6 | 1–4 | B7–10,13,15,16 |
| | | | | | | |
| c. 1400 | | | | | | |
| **U08** | A1 | BH | VEQ | 9 | 9 | A7,9,15,16,18–20 |
| **U16** | A1 | | | 9 | 9 | A7,9,15,16,18–23,51 |
| s. xv | | | | | | |
| **S15** | A1/2 | | | | | |
| **C37** | D | | | 9 | 9 | B1–4,6–22 |
| **H51** | | | | 9 | 9 | B1,3,6,8–10,13,15,16,18,19,21 |
| **O03** | | | | 9 | 5–9 | A27–30,32–34,36–46 |
| **S07** | cn | | | 9 | | |
| **S80** | A1 | | | | | |
| **SB07** | | | | 9 | 9 | B1–22 |
| **U02** | | | VEQ | 9 | 9 | A15–51 |
| **U04** | A1 | | | 9 | 9 | A 15–24 |
| **U07** | A1 | | | | | |
| **U12** | A2 | BVQ | VEQ | 6 | 6 | A7,9,15,19–21,26–28,38,40 |
| **U13** | A1 | | | | | |
| **U14** | D | | | 9 | 9 | B1–5,15–22 |
| **SB14** | A1 | | | | | |
| **C48** | A1 | | VEQ | 1 | 1 | A15,20 |
| | | | | | | |
| c.1500 | | | | | | |
| **BLund** | A2 | cn | VEQ | 6 | 6 | A7,15,20,31 |
| **BRosk** | A1 | BVF | VEQ | 6 | 6 | A7,19,21,27,28,34,35,38,48–51 |
| **BOtho** | A1 | | VEQ | 6 | 6 | A15,20,34,44,45,50 |

| | | | | | | |
|---|---|---|---|---|---|---|
| **BArh** | A2 | LDC | VEQ | 6 | 6 | B1–4,10–14 |
| **BSles** | | | | 6 | 6 | B1–22 |
| **BUps** | D | cn | cn | 9 | 9 | B1–22 |
| **BLinc** | A1 | BVS | VEQ | 9 | 9 | B1–16,18–22 |
| **BStr** | D | cn | VEQ | 9 | 9 | A7,9,15,20,21,25–28,38,40 |
| **BScar** | A | DDC | | 9 | 9 | A34–40,42–51 |
| **BAros** | A1 | | | 9 | 9 | A34–40,42–51 |

(ii) A further nine sources provide a somewhat fuller office, and the texts are given below (the lections vary considerably in textual detail):
**S92** (s. xii) contains a short office;
**ONid** (s. xiii) has a complete office without lections;
**H12** (s. xiii) has up to the 1st lect. at mattins;
**S83** and **S86** (s. xiii) have a complete office with 9 lections;
**U09** (c.1400) has only a minimal office;
**H01** (c.1400) has only to the collect;
**BSles** (1512) has a minimal office;
**BNid** (1519) has full office with lections.

Ad 1 uesperas

| | | |
|---|---|---|
| Ant. super ps. | *Amauit eum* | **ONid**, **BSles** |
| Cap. | *Iustus cor suum* | all except **BNid** |
| R’ | *Iurauit dominus* | **S92**, **ONid**, **H12**, **H01**, **BSles** |
| R’ | *Iustus deduxit* | **S86** |
| V’ | *Immortalis est enim* | **ONid**, **S86** |
| Hy. | *Iste confessor* | all except **BSles** & **BNid** |
| V’ | *Amauit eum* | all except **BSles** & **BNid** |
| V’ | *Similabo eum* | **S83** |
| Coll. D | | **S83** |
| In Ev. Ant. | *Statuit ei dominus* | **S92**, **H12**, **S83** |
| | *Iste sanctus digne* | **U09** |
| | *Confessor domini bonis* | **S86** |
| | *Iste homo perfecit* | **H12**, **BSles** |
| | *A progenie* | **ONid**, **BNid** |
| Ps. | *Magnificat* | **S86**, **ONid** |
| Coll. A2 | | **H12**, **H01**, **ONid**,[72] **BSles**, **BNid** |
| Coll. A1 | | **S83**, **S86** |
| Coll. D | | **S92** |

72 Coll. A2 is almost certainly intended, as it is in **MNid**; see **ONid** p. 351, note 1.

Ad matutinas

| | | |
|---|---|---|
| Inv. | *Regem confessorum* | **S83, S86** |
| | *Adoremus christum regem* | **ONid, BNid** |
| Ps. | *Venite* | **ONid**[73] |
| Hy. | *Iste confessor* | **S83, S86** |
| Ant. | *Beatus uir* | **S83, S86** |
| Ant. | *Beatus iste sanctus* | **S86** |
| Ps. | *Quare fruerunt* | **S86** |
| Ant. | *Tu es gloria mea* | **S86** |
| Ps. | *Domine quid multiplicate* | **S86** |
| V' | *Amauit eum* | **S83, S86** |
| Lect. 1 A7 | *Beatus B. natus est … institutionibus disciplinam* | **S86** |
| | *Beatus B in transmarinis … Mandatum deferi peccatorium* | **BNid** |
| R' | *Euge serue* | **S83, S86** |
| Lect. 2 A9 | *Vbi monasteribus … sacre ordinis* | **S86** |
| A23 | *Hanc autem petitionem … a demonibus possessa eligit* | **BNid** |
| Lect. 3 A15 | *Ibitur post qui B dei … caritatis studio repedare.* | **S86** |
| | *Cum igitur uir sanctus B … ab hac perturbas solitudine* | **BNid** |
| Lect. 4 A16 | *Erat autem in eodem … ob studium gentis sue* | **S86** |
| A34 | *Beatus uero B constanter … iob patientissimus perstiterit* | **BNid** |
| Lect. 5 A18 | *Audientes a beatum … filii euum immaturem* | **S86** |
| A44 | *Relatum est saepius … iob patientissimus perstiterit* | **BNid** |
| Lect. 6 A28 | *Circuit itaque indefessus … Propagaretur monasteria* | **S86** |
| A48 | *Appropinquante autem …* | **BNid** |

73 *Hymni antiphone super psalmos cum ipsis psalmis versiculis et responsoriis dicanter sicut in suffragio sanctorum de uno confessor non episcopus prenotantur. Lectiones proprie vel communes in primo et secundo legantur nocturno in tertio vero pronuntietur evangelium diei usque et reliquet postea legatur omelia super idem evang. vel de vita sancti cuius celebramus festum. Post ultimum responsorium hoc est: Sancte botulphe. Te Deum dicatur.*

| | | |
|---|---|---|
| Ev. | *Nemo ascendit lucernam*[74] | **S83,**[75] **S86, S92** |
| | *Vigilate* | **U09, BSles** |
| | *Dixit Simon Petrus* | **BNid** |
| | *Ad te clamantes* | **BNid** |
| Lect. 7 A29 | *Erat autem eadem … conditurus nostri gratia* | **S86** |
| Lect. 8 A30 | *Ad ingressum ergo … juris inquietauimus* | **S86** |
| Lect. 9 A33–35 | *Quid petis in … diuini concessum* | **S86** |
| | *Ecce nos reliquimus* | **BNid** |
| R' | *Sancte Botulphe* | **ONid** |
| R' | *Amauit eum* | **S86** |
| R' | *Euge serue bone* | **S83** |
| R' | *Posuisti adiutorium* | **S83** |
| R' | *Amauit eum* | **S83** |
| Hy. | *Te Deum* | **S83, ONid** |
| V' | *Os justi* | **ONid** |
| V' | *Posuisti adiutorium* | **S83** |
| Ad laudes | | |
| Ant. | *Ecce sacerdos magnus* | **S83** |
| | *Iurauit dominus* | **S86** |
| Ant. | *Non est inuentus* | **S83** |
| Ant. | *Fidelis seruus* | **S83** |
| Ant. | *Beatus ille sanctus* | **S83** |
| Ant. | *Serue bone* | **S83** |
| Cap. | *Iustus cor suum* | **S83, S86, S92** |
| Hy. | *Iesu redemptor omnium* | **S83, S86** |
| | *Huius O Christe meritis* | **ONid**[76] |
| V' | *Iustus germinabit* | **S86** |
| | *Iustum deduxit* | **S83** |
| In Ev. ant. | *Euge serue bone* | **S83, S86** |
| | *Iocundus homo* | **BSles** |
| | *Ad te clamantes* | **ONid, BNid** |
| Ps. | *Benedictus* | **ONid** |
| Coll. A | | **S86, ONid** |

74 Luke 11: 33ff.

75 *de expos. ev. Req .in serie uni conf.*

76 *Laudes matutinales cum horis diurnalibus peragantur quemadmodum in suffragio sanctorum de conf. non episc. Prenotantur.*

| Ad 2 uesperas | | **S83**, **S86** have same as 1st vesp. |
|---|---|---|
| Ant. super ps . | *Iurauit dominus* | **ONid** |
| Ps. de die | | **ONid** |
| Cap. | *Iustus cor suum* | **ONid** |
| R' | *Sancte Botulphe* | **ONid** |
| V' | *O sancte Botulphe* | **ONid** |
| Hy. | *Iste confessor* | **ONid** |
| V' | *Amauit eum* | **ONid** |
| In Ev. ant. | *Iste est qui ante* | **ONid**, **BNid** |
| Ps. | *Magnificat* | **ONid**[77] |
| | *Beate Botulphe* | **U09** |
| Post benedic. | | |
| Ant. | *Isti sunt sancti* | **ONid**, **BNid** |
| V' | *Exultent iusti* | **ONid**, **BNid** |
| Oratio propria | | **ONid**, **BNid** |

(iii) An office for Botwulf in a breviary from the first half of the thirteenth century, in three fragments, **S124**, **S125**, **S126**; the manucript is difficult to read. It starts with the 1st vesp. but then a page is missing and it continues in the middle of Lect. 5. It contains some proper antiphons and so on for Botwulf and lections from Gregory the Great's *Homily* 9 in Lib 1, caps 1:3, on the parable of the talents (Matt 25:14–30).[78]

Sancti botulfi abbatis, ad uesperas.

Cap. *Dilectus deo et hominibus cuius memoria in benedictione est, similem illum fecit in gloria sanctorum* (Ecclus 45:1–2)[79] — **S126** 1v

Lect. 5 … *moriuntur*[80] *et uite timent. Serue male et piger sciebas quia meto ubi non semino et congrego ubi non sparsi* — **S126** 2r

R'[81] *Miles ergo* [***] *comparabilis uiri?* [***] *sanctus armis* [***] *bonorum omnium in signiorum multis etiam claruit ?aurarius*
*In aduersis parens long*[***]*ingis?*

---

77 *Oratio proprie dicatur vel communis.*

78 See *PL* 76:1106ff.

79 Here a half line and whole page are missing.

80 Begins in mid sentence.

81 With notation.

Lect. 6 *Oportuerat ergo te dare pecuniam meam nummularis et ego ueniens recepissem utique quod meam est cum usura. Ex uerbis suis seruus constringitur cum dominus dicit: Meto ubi non semino et congrego ubi non sparsi – ac si aperte dicat si iuxta tuam sententiam et illud exquiro quod non dedi quanto magis a te exquiro quod ad erogandum dedi. Pecuniam uero nummularis dare est, eis scientiam predicationis impendere qui hanc ualeant dictis et operibus exercere*

R' [82]*O caritas germanorum* [*alterum*] *collegerat britannia – et utrumque tenet – uno anglie* [*sepultura et*] *in una die celebrantur in domino*
*Laus uirtusque alterutra et laus alterius est utriusque.*

Ant. in 3 nocturno
*Confisus in domino botulfus* [***]*oct* [***][*incultam*] *solitudinem preposuit populis mansionibus*
*In domino* **S126** 2v

Ant. *Nullius concupiuit habitaculum sed ingressus est sine macula uacuam heremum nec fecit proximo suo malum*

Ps. *Domine quis habitabit*
*Erat enim uastitas tam inhabitabilis quam plena demoniis ut inuenerentur manus domini inimicis suis*
*Domine in uirtute*[83] *Iustus ut palma*

Lect. 7 [***] *Orat S. Matt.*
[***]
*Homo peregre proficiscens uocauit seruos suos …*
*Lectio sancti euangelium. Fratres charissimi, sollicite considerare nos admonet ne nos qui plus ceteris in hoc mundo accepisse aliquid cernimur ab auctore mundi grauius inde iudicemur. Cum enim augentur dona rationes etiam crescunt donorum. Tanto ergo esse humilior atque ad seruiendum promptior quisque debet ex munere quanto se obligatiorem esse conspicit in reddenda ratione.*

R'[84] *Beatus botulfus lucerna uigiliarum abstinentie continuum caritatis ferculum oracionis? turribulum. Et omnium uirtutum erat? cellarium*

---

82 With notation.
83 Here the notation ceases.
84 Notation begins.

V’ *Cibus esuriencium salus languencium solamen dolencium*[85]

Lect. 8 V’ *omni*[***] **S125** 1r

*Ecce homo qui peregre proficiscitur seruos uocat … eisque ad negotium talenta partitur. Post multum uero temporis positurus rationem reuertitur bene operantes pro apportato lucro remunerat seruum uero a bono opere torpentem damnat. Quis est iste homo qui peregre proficiscitur nisi redemptor nostre qui in ea carne quam assumpserat abiit in celum, carnis <enim locus proprius terra est que quasi ad peregrina ducitur dum per redemptorem nostrum in celo collocatur, sed homo iste peregre proficis>cens seruis bona sua tradidit, quia fidelibus suis spiritulia dona concessit …*

R’[86] *Precedente sibi deo sanitatis merito clara signa dedit mundo in uerbo domini salutem operando*

V’ *Non potuit latere tanta lucerna sub heremitico modio*[87]

Lect. 9 *Et uni quidem dedit quinque talenta, alii autem duo, alii uero comisit unum. Quinque etenim sunt corporis sensus, uidelicet uisus, auditus, gustus, odoratus, et tactus. Quinque igitur talentis donum quinque sensuum, id est exteriorum scentia exprimitur, duobus uero intellectus et operatio designatur. Vnius autem talenti nomine intellectus tantumodo designatur. Is autem qui quinque talenta acceperat alia quinque lucratus est quia sunt nonnulli qui etsi interna ac mystica penetrare nesciunt pro intentione tamen superne patrie* / **S125** 1v / *docent recta quos possunt de ipsis exterioribus que acceperunt.*

*Dumque se a carnis petulantia a terrenarum rerum ambitu atque a uisibilium uoluptate custodiunt ab his etiam alios anmonendo compescunt*

Tractus[88]

*Botulfus in infirmitate et tribulatione semper benedicebat dominum sicut et in gratia prophetie et signorum iam uictor mundi transiuit ad regna celorum*

V’ *Interea psalmos et lamenta monachorum inter laudes et organa angelorum*

R’ *Iam uictor Gloria P.et f. et s.s.*

---

85 Here notation ceases.

86 Notation begins.

87 Here notation ceases.

88 Notation begins.

R' *Iam uictor*

Ant. *Sancti*[89] *botulfi sancto cum fratre sepulti pars fratrem placat pars ecclesie sacra ditat ex decet donum tuam domine Per. Dominus regnauit*

Ant. *O concors uirtus sanctus sine fratre serendus pondere se fixit, tolli sine fratre nequiuit quia dominus ipse fecit eos. euouae.*

Ant. *Mors* (sic) *sancti celebrem dat adulfi gleba fragorem inpatiens cari solui conpage botulfi uigilans dulce deo. euouae.* **S124** 2r

Ant. *Sanctorum uita cum uiuunt ipsa sepulcra alter non potuit tolli potuit se uterque benedicant te domine. euouae. Amauit eum*

Ant. *Alterutris meritis dat uterque salubria nobis hec in botulfo tua munera sunt et adulfo domino celorem. euouae. Amauit eum*

Cap. *Dilectus deo* V' *Amauit eum*

Super bened.

*In populo turba domini fueras heremita anglicisque coris heremus tibi sit populus adiuncte botulfe deo potestate nos attrahe celo.*

Post bened[90]

Coll. N[91]

Ad horas diei a. d. laudibus Cap. de epistola

R' & V' *de uno conf.*

Super magnificat

*Sancte*[92] *pater botulfe uas suo sancti gemnia confessorum decus monachorum cum pietate qua redundas supplicantium tibi semper memor esto nostri.*[93]

Magn.

Coll. N

(iv) There are three sources which provide evidence of a proper office. **U10a**, a late Lund breviary which has the whole office.[94]

---

89 This antiphon and the next four should be compared with those in *AASS* p. 406.

90 Notation ceases.

91 This collect, as well as being used in Westminster, is found at Durham: see Corrêa, *The Durham Collectar*, no. 545 (p. 207).

92 Notation begins.

93 Notation ceases.

94 I am much indebited to the late Christopher Hohler for providing me, about twenty-eight years ago, with a handwritten transcript of this office.

**S03**, a twelfth-century antiphonary fragment, providing an early part of the same text with minor variations.[95]
**Y20**, a twelfth-century breviary fragment which has part of the middle section.

Historia de sancto botulpho

Ant. *Sancte pater botulphe uas sancti spiritus gemma confessorum decus monachorum cum pietate qua redundas supplicantium tibi semper esto memor nostri*

Ant. *Abba dulcis anime uirtutum acemate clare dux botulphus tui spes et honor populi suscipe deuote tibi quas persoluimus odas et poscenda deum da ueniam scelerum*

Ant. *Ecce domini inimici tui peribunt et iustus botulfus ut cedrus libani multiplicabitur et filii eius plantati in domo domini florebunt*

Ant. *O botulphe a toto inquiunt mundo es territus etiam ab hac exturbas solitudine turbabuntur a signis tuis domine*

Ant. *Clamabant maligne spiritus O botulfe eicis nos a nostris sedibus quia domini est terra et plenitudo eius*

Cap. *Optaui et datus*

R' *Beatus botulfus*

R' *O claritas gremina*[96]

Ym. de uno conf. non pont.

V' *Amauit eum*

Ant. *Germinauerunt campi heremi germen odoris israel et flores paradisi qualis erat sacer abbas botulfus et quales gignebant*[97] *in filiis adoptionis dux candidatus qui et in odorem suauitatis sit domino pro nobis interuentor acceptus. euouae.*

Coll. A1[98]

Ad matutinas

Inv. *Sanctorum domino iubilemus psalmodiando per quem sideram* (sic) *subis*[99] *alme botulfe cororam. Venite.*

In 1 nocturno

Ant. *Splendidum sydis*[100] *anglie <in> ortus botulfus fructum suum in tempore suo daturus. euouae.*

---

95 See Schmid, 'Problemata', p. 183.
96 **S03** begins here.
97 **S03** has *granebat.*
98 **U10a** only, **S03** has no collect.
99 **S03** has *subit.*
100 **S03** has *Splendidam finis anglie est.*

Ant. *Predicturus preceptum domini a puericia apprehendit disciplinam dei. euouae*

Ant. *Eruditur trans mare botulfus cum sancto germano adulpho et salus illi in deo suo. euouae.*

Lect. 1 A15[101]

R' *Beato*[102] *adulfo presidente trajectensis*[103] *cathedre sanctus frater suus*[104] *botulfus lucem retulit patrie sue*

V' *Quam longinquo*[105] *conceperat peregrinatione et labore*

Lect. 2 A16

R' *O caritas germana alterum germania*[106] *alterum collegerat*[107] *britannia et utrumque tenet una angelica sepultura*[108] *et in uno duo celebrantur in domino*

V' *Laus utriusque alterutra*[109] *et laus alterius est utriusque.*

Lect. 3 A18

At this point **S03** has an extra R'/V'/R'*:*

R' *Suscipitur inclitus botulfus leto honore a rege et principibus patrie gratia domini in omnibus eum comitante*

V' *Exultat fidelis populus preconenem*[110] *salutis ante faciem domini aduenisse*

R' *Aspirante suo domino*[111] *pietate botulfo*[112] *reges uotum templi loca dant statuendi.*[113]

In 2 nocturno

Ant. *His domino oculi luminaria sunt ecclesie signati lumine uultus tui domine*

Ant. *Adulfus presul traiectensium botulfus factus est pater monachorum qui diligit nomen tuum*

Ant. *Redit botulfus ad angliam ut apis floriquera ferens nomen tuum domine ammirabile in uniuersa terra*

---

101 Here **S03** has *V. Amavit eum.*

102 **S03** has *sancto.*

103 **S03** has *tiniecensi.*

104 **S03** has *suis.*

105 **S03** has *longinqua.*

106 **S03** has *germana.*

107 **S03** has *collegerant.*

108 **S03** has *anglice sepulterea.*

109 **S03** has *alteruta.*

110 For *preconem.*

111 **S03** has *domini.*

112 **S03** has *botulfe.*

113 **S03** ends here.

Lect. 4 A19

R' *Plebs deuota deo resonans magnata summo gaudia presentis celebrat festina dies*

V' *Quem meritis sanctus botulfus sic pater ornat*

Lect. 5 A20

R' *Exultet dignis laudibus omnes in christo populus in festiuitate tui pater botulfo abbas*

V' *Quem uiciis exonera et uirtutibus illustrata*

Lect. 6 A21

R' *Signifer christi botulfus triumphali signo crucis exterritat inimicium excercituum. Et preparat domino habitaculum suum*

V' *Diuino imperio interdicit illus datum sibi a deo confisium*

In 3 nocturno

Ant. *Confisus in domino botulfus incultam solitudinem preposuit populosis mansionibus* *In domino confido*

Ant. *Nullius concupiuit habitaculum sed ingressus est sine macula rure? heremum nec fecit proximo suo malum* *Domine quis habitabit*

Ant.[114] *Erat hec uastitas tam inhabitabilis quam plena demoniis ut inuenerentur manus domini inimicis suis. euouae.*[115]

R' *Justus ut palma*

Ev. *Nemo accendit lucernam et hom.*

Lect. 7 A34–37

R'[116] *Fragrantem sanctitatis odore ex celesti dulcedine patrem uirtutis frequentat undique et monachorum militia sequitur. Ad coronam glorie*

V' *Vox clamantis in deserto et tuba erit in syon solempnitatis eternite*

R'[117] *Quesitas species in longinquam regiones et uirtutum opis et fructus spirituales botulfus celebris rudibus communicat anglis*

V' *Almifluas gazas et odoriferas apotecas.*[118]

Lect. 8 A38–41

R' *Beatus botulfus lucerna uigiliarum abstinencia hominum caritatis ferculum oracionum turribulum. Et omnium uirtutem erat celarium*

V' *Cibus esuriencium salus languencium solamen dolencium*

---

114 At this point **Y20** begins with the following antiphon with notation; it is not in **U10a**.

115 At this point **U10a** has *Ev. V. A34–37. tu autem domine* while **Y20** has JUP ~Ev. NAL and in red *Omelia reliquam ad historiam redeamus.*

116 **U10a** has the following R'/V; it is not in **Y20**.

117 Here **U10a** and **Y20** continue together but **Y20** only has notation.

118 From here **Y20** has *Lect 8 A 38–41*, but only the first letters of the column are visible as the ms is mutilated. Then **Y20** ends.

Lect. 9 A42–49
Ad laudes
Ant. *Sancti botulfi sancto cum fratre sepulti pars fratrem placit pars ecclesie sacra ditat* (*et decet domum tuum domine*)
Ant. *O concors uirtus sanctus sine fratre ferendus pondere se fixit tolli sine fratre nequiuit* (*quia dominus ipse fecit eos*)
Ant. *Mox/Mors sancti celebrem dat adulfi gleba fragorem impaciens cari solui compage botulfi* (*uigilans de luce dei*)
Ant. *Sanctorum uita cum uiuunt ipsa sepulcra* (*alter non potuit sed uterque benedicant te domine*)
Ant. *Alterutris meritis dat uterque salubria nobis, hec in botulfo tua munera sunt et adulfo* (*domino celorum*)
Super Benedictus
Ant. *In populi turba domini fueras heremita angelicis coris eremus tibi sit populosa juncte botulfe domino post te nos attrahe celo*
In 2 uesperas
*Jocundus homo*
Super Magnificat
Ant. *O beati Botulfe fides inuicta qui solus inuasit heremum castris demonum obsessam et debellatis impiis triumphauit domino hereditatem tuam*

The evidence of this proper office for Botwulf is important. Note in particular that the antiphons mention Adulf with Botwulf, in opposition to the lections. As for the passage *cum sancto germano adulfo*: this is surely not, as the Bollandists supposed, a reference to Adulf's nationality, but either meaning 'blood brother'[119] or just possibly originally a reference to St Germanus or Jurmin, buried at Blythburgh with Botwulf, and translated with him to St Edmundsbury.[120]

## Chad (Ceadda), Bishop

2 March

### Kalendar

**S195** *Sci Ceddani epi & conf*

[119] I owe this point to Dr Rosalind Love. On the cult of Botulf see further: Schmid, 'Problemata', Stevenson, 'St Botulph and Iken', Wilkinson, 'The Life of St Botulph', and West, 'Iken, St Botulph and the Coming of East Anglian Christianity'.

[120] On Jurmin (Hiurmine), see Blair, 'Handlist', pp. 538–9.

**SB1a** *Cedda*[121]

### Vitae Sanctorum

**S 801** portions of Chad's *Vita* from Bede, *HE* IV:3
*Iussit eum Theodorus … fecerat sibi uero*
*specialiter sua reuelaret … deuotionis inter fratres*
*aperuit episcopus fenestram … cuius hora incerta*
*obitum dominici corporis … et eam generi*
**S 804** two pages of *Vita* also from Bede, *HE* IV:3
*Incipit uita s. ceadde … generi humano propitiari rogaret*

## Cuthbert, Bishop

20 March; translation 4 September

### Kalendars

(for 20 Mar.)
s. xii **C43**; **O11** (in red); **S196**; **S202**; **S204**; **S621**; **S900**; **Y01**; **S195**
c.1200 **S210**; **S705**;[122] **SM01**
s. xiii **C46**;[123] **S61**; **S191**; **S214**; **S216**;[124] **S218**; **S462**; **U22**; **U25** (3 lect.), **Y24**; **Y27**; **H39** (*Mem*)
s. xiv **O18**
c.1400 **C39**[125]
s. xv **C31**
c.1500 **Nid** (9 lect.)

(for 4 Sept.)
c.1200 **S210**
s. xiii **O70**; **S191**
c.1500 **Nid** (9 lect.)

121 Several entries in this ms have only the title but no collect, as here for 2 March.
122 This manuscript has *Cutberti abb*; although he became well known as prior of Melrose, then Lindisfarne, before his consecration, he was never abbot.
123 As well as 20 March this kalendar has a Cuthbert feast on 13 July, not a known date for him.
124 This is a twelfth-century kalendar to which Cuthbert has been added in a thirteenth-century hand.
125 S. *cuthberti epi et conf. 9 lect cum expos.*

## Martyrologies

| | | |
|---|---|---|
| s. xii | **X11** | 20 Mar. *In brittanniis sancti Guthberti qui ex anachorita ecclesiae Lindisfarnensis antistes totam ab infantia usque ad senium uitam miraculorum inclitam duxit. Cuius cum .XI. annos maneret corpus humatum incorruptum est cum ueste, qua tegebatur, inuentum. Scripsit sanctus Beda presbiter in libello de uita ipsius.* |
| s. xiii | **C30** | 20 Mar. *Apud brittaniam chutberti* |
| | | 4 Sept. *Et translatio reliquiarum sanctorum patrum birini et Cuthberti* |
| s. xiv | **SB01** | 20 Mar. *Apud brittaniam depositio S.Cuthberti qui ex anchorita* (as in **X11** up to *duxit* but omitting *inclitam*) |
| | **U28** | 20 Mar. As **SB01** but including *inclitam* |
| | **Y50** | 20 Mar. *Apud brittaniam …* etc as **X11** up to *duxit*. Continuing *cuius corpus sicut scribat Beda presbiter .XI. annos humatum incorruptum cum ueste qua tegebatur inuentum est.* |

## Litanies (Cuthbert among the confessors)

s. xii **C33**; **C44**; **S403**; **S477**; **S484**
s. xiii **C38**; **S445**; **S446**; **Y25**; **C34**
c.1300 **C41**
s. xiv **Y03**

## The Mass

### *Collects*

for 20 Mar.:

Coll. A *Omnipotens sempiterne deus qui in meritis sancti Cuthberti pontificis/sacerdotis/confessoris atque pontificis tui semper es et ubique mirabilis, quesumus clementiam tuam ut sicut ei eminentem gloriam contulisti sic ad consequendam misericordiam tuam eius nos facias precibus adiuuari. Per.*

Coll. B *Deus qui conspicis quia ex nulla nostra uirtute subsistimus, concede propitius ut intercessione beati Cuthberti confessoris tui atque pontificis contra omnia aduersa muniamur. Per.*

Coll. C *Omnipotens sempiterne deus qui hunc diem nobis beati Cuthberti confessoris tui sollempnitate tribuisti, da quesumus ecclesie tue in hac celebritate leticiam ut cuius festa pio amore ueneramur in terris eius intercessione sulleuemur in celis. Per.*

Coll. D *Protegat nos domine beati cutberti confessoris tui atque pontificis commemoratio salutatis ut cuius patrocinia sine intercessione recolimus perpetua defensione sentiamus. Per.*

for 4 Sept.:
Coll. X *Deus qui sacerdotis tui excellentissimi Cuthberti uitam omni gloria apostolica decorasti, presta quesumus ut qui glorifice translationis sue festa celebramus per ipsius suffragia tua semper consequamur beneficia. Per.*

Collation table for Cuthbert collects:

| | **We** | **Alb** | **Dur** | **Aug** | **Rob** | **Vit** | **NewM** | **Whit** |
|---|---|---|---|---|---|---|---|---|
| A | • | • | • | • | • | • | | • |
| B | • | • | | | • | • | • | • |
| C | | | | | | | | |
| D | • | | | | • | | | |
| X | | | • | | | | • | • |

***Secrets***
for 20 Mar.:
Secr. A *Hec tibi domine quesumus beati Cuthberti pontificis/sacerdotis intercessione precibus, grata reddatur oblatio et per eam nostra gloriosa famulatum tua purificet. Per.*

for 4 Sept.:
Secr. X *Deprecatio domine beatissimi Cuthberti qui se ipsum uiuam fecit hostiam nos et ista tibi gratificet libamina. Per.*

Collation table for Cuthbert secrets:

| | **Rob** | **Dur** | **Aug** | **Whit** | **NewM** | **Yk** |
|---|---|---|---|---|---|---|
| A | • | • | • | | | • |
| X | | • | | • | • | |

***Postcommunions***
Postc. A1 *Deus qui nos sanctorum tuorum temporali tribuis commemoratione gaudere, presta quesumus ut beato Cuthberto interueniente in ea numeremur sorte salutis in qua illi sunt gratia tua gloriosi. Per.*
Postc. A2 *Deus qui nos sanctorum tuorum temporali tribuis commemoratione gaudere, presta quesumus ut beato chuthberto interueniente per hac diuina mysteria in ea numeremur sorte salutis in qua cum sanctis tuis mereamur gloriari. Per.*

for 4 Sept.:
Postc. X *Sancta tua domine que sumpsimus nos sui semper uirtute tueantur et beato interueniente Cuthberto cuius uita tota extitit miranda uita nostra in pace et sanctitate dirigatur. Per.*

Collation table for Cuthbert postcommunions:

| | Rob | Leof | Aug | Dur | NewM | Whit | Yk |
|---|---|---|---|---|---|---|---|
| A1 | • | • | | | • | • | • |
| A2 | | | • | • | | | |
| X | | | | • | • | • | |

The mass for Cuthbert in Scandinavia:

| | Intr. | Ps. | Coll. | Epa | Gr. | Alla | Ev. | Off. | Secr. | Com. | Postc. |
|---|---|---|---|---|---|---|---|---|---|---|---|
| s. xii | | | | | | | | | | | |
| **O45** | | | | | | | | | A | BS | A1 |
| **S408** | | | A | | | | | | A | | |
| s. xiii | | | | | | | | | | | |
| **S452** | SE | | A | ESM | IDS | BVT | HQN | VMM | A | BS | A1 |
| **S497** | | | A | | | | | | A | | A1 |
| **ONid**[126] | SE | MD | | ESM | ESM | NEI | SLV | PD | | BS | |
| **S602** | | | A | | | | | | A | | A1 |
| **S161**[127] | | | | | | | | | | | |
| **H66** | | | | | | | | | A | | A2 |
| **S616**[128] | | | | | | | | VMM | | FS | |
| s. xv | | | | | | | | | | | |
| **S460** | | | B | | | | | | | | |
| **SB1a** | | | A | | | | | | | | |
| **MNid** | SE | | A | ESM | | | SLV | PD | A | BS | A1 |

for 4 Sept.:

| | Intr. | Ps. | Coll. | Epa | Gr. | Alla | Ev. | Off. | Secr. | Com. | Postc. |
|---|---|---|---|---|---|---|---|---|---|---|---|
| **ONid**[129] | SE | | | ESM | NEI | SC[130] | VEQ | IDS | | BS | |
| **MNid** | SE | | X | ESM | ESM | SC | VEQ | IDS | X | BS | X |

126 **ONid** and **MNid** in addition have the tract *Ignea in spero*; see note 7.

127 This gradual begins with tract R'. *Ignea in spero vidit beatus cuthbertus. V. Pontificis modesti ferri sanctam animam. V. Aidani intra septa paradisiace amenitatis cum flore castitatis. V. Ubi cum Christo regnat in eum* (Hohler, 'Durham Services', no. 6 tractus ad privatas missas). It has musical lines drawn but no notes inserted.

128 This missal merely includes Cuthbert in a list of saints.

129 **ONid** for 4 September includes the sequence *Alme confessor domini presul regis eterne* (Hohler, 'Durham Services', no. 155; *AH* 13:36).

130 *Sancte cuthberte qui in celis letaris cum angelis intercede pro nobis ut mereamur domino reddere hostiam laudis* (Hohler, 'Durham Services', no. 21).

The mass texts for the two feasts of Cuthbert are extensively dealt with in Hohler's 1956 article. The prayers AAA, which appear in all Scandinavian manuscripts (except **S460** which uses a memorial collect from the common) belong to what Hohler thought must have been a revised form of the original seventh-century mass;[131] this revised form stemming from the Canterbury missal as revised by Lanfranc, introduced at Durham by the first Norman bishops. The mass prayers for the translation XXX are 'undoubtedly Durham compositions'[132] probably composed for the 1104 translation. The prose *Alme concrepant sonore lingue,* part of the translation mass at Durham, appears in a Swedish antiphonary, **S06**, and is dealt with below.

### The Office

(i) Three breviaries and one antiphonary have Coll. A only:
s. xii **S36** and **S76a**
c.1200 **S74**
s. xiii **S11**
and one thirteenth-century breviary **S121** has Coll. D only.

(ii) Three breviaries contain lections:
s. xii **S85** 6 lections based on Bede's Prose *Vita*.[133]

Lect. 1 *Religiosus ergo et pius puer cuthbertus christianissimus editus parentibus, dum octauum aetatis annum felici auspitio in grederet simplicibus puerorum se sepe inmiscuit lucibus. Qui dum quadam die solitus se indulgeret lusibus* (sic); *puer paruulus ac si tiennis* (sic) *iuxta ludentes, apparuit et ad eum accurrit, et quasi senili constantia hortari eum cepit; ne iocis et otio se indulgeret. Quo monita spernente, luget ille puer corruens in terram et faciem lacrimis rigans. Accurrunt consolaturi ceteri; ille perstat in fletibus. Tandem ille puer exclamans consolanti se cuthberto, O sanctissime antistes cuthberte, ludere te inter paruulos non decet, quem dominus pastore ecclesie consecrauit. Audiens haec Cuthbertus mestumque infantem piis blanditiis consola relicta continuo ludendi uanitate domum rediit, ac stabilior iam ex illo tempore existere coepit.* (ch. 1)

Lect. 2 *Quoniam puer domini cuthbertus que per hominem accepit ortamenta sedule corde retinebat etiam angelico uisu et affatu confortari promeruit. Nam subito dolore genu illius correptum*

131 'Durham Services', p. 158.
132 'Durham Services', p. 157.
133 The references are to the text as printed in Colgrave, *Two Lives*, pp. 154ff.

*agri coepit, tumore grossescere ita ut neruis in ploplite contractis pedem primo a terra suspensum claudicans portaret dehinc ingrauescente molestia omni pene priuaretur in cessu. Qui die quadam deportatus foras a ministris atque sub diuo recumbens uidit repente uenientem de longe equitem albis indutum uestimentis et honorabilem uultu; Quique adueniens desiluit equo ac genu languidum illius diligentius considerans quoque inquit triticeam in lacte farinam et ac confectione calida tumorem super ungue et sanaberis. Et bis dictis ascendens equum abiit. Ille ubi iussis obtemperans post dies paucos sanatus est, agnouitque angelum dei fuisse quis ibi hec monita dedisset.* (ch. 2)

Lect. 3 *Deuotus famulus domini cutbertus quemdam iuuenem sedentem reperit qui solito mox humanitatis more suscepit. Nam lauandis manibus aquam dedit pedes abluit lintheo extersit atque ad manendum coegit. Statimque ut uescendi tempus aderat, mensam apposuit et inquit. Obsecro te frater quod refitias, rediens panem calidum affero. At ubi rediit hospitem non inuenit quem edentem reliquerat. Stupefactus ergo uir domini et secum querens de facto reposuit mensam in conclaui. Quod ingressus continuo obuiam habuit miri odoris fragrantiam uiditque iuxta positos tres panes calidos insoliti candoris et gratie pauensque dixit. Cerno quod angelus dei erat quem suscepi. En panes attulit quales terra gignere nequit. Denique sepius ex eo tempore angelos uidere et alloqui sed et cibis a domino paratis meruit refici.* (ch. 7)

Lect. 4 *Contigit etiam bone indolis puerum cuthbertum remotis in montibus commissorum sibi pecorum agere custodia. Qui dum nocte quadam dormientibus sociis ipse iuxta morem peruigil in oratione duceret uidit subito fusum de coelo lumen medias longe noctis interrupisse tenebras in quo celestium choros agminum terras petisse aspectus; nec mora sumpta secum anima claritatis eximie celestem redisse patriam. Compunctus est multum hoc uisu deo dilectus cuthbertus suisque, sociis tanta dei magnalia que conspexerat narrauit. Agnouitque mane facto aidanum antistitem lindisfernendis ecclesie per id temporis quo uiderat raptum de corpore celestia regna petisse ac statim commendans suis pecora que pascebat dominis monasterium decreuit petere.* (ch. 4)

Lect. 5 *Cum ergo electus ad episcopatum uir domini cuthbertus suam remeasset ad insulam occurit ille comes quidam dixitque ad eum, O sanctissime pater est in famulus pessima diutius infirmitate cruciatus et in tantum doloris hodie perductus, ut morienti similior quam languenti appareat. Qui confestim benedixit aquam et iussit ut gustandam preberet languenti. Quam dum tertio ori eius infunderet mox saluus apparuit. Sanctus etiam uir cuthbertus aquam allatam benedixit et uxori cuiusdam comitis transmisit. qui pene iam mortua iacebat. Res mira et ualde stupenda. Mox ubi ut eam aqua tetigit, sanissima surrexit et episcopo potum refectionis obtulit, qui per ipsius benedictione poculum mortis euasit. Quadam uero sanctimoniale feminam per integrum annum intolerabilis capitis et totius lateris alterius dolore uexatam oleo benedicto per uinxit que ab illa mox hora meliorari incipiens post dies paucos plena sospitate conualuit.* (ch. 25, 30)

Lect. 6 *Igitur dum sanctus cuthbertus more sibi solito quiescentibus noctu caeteris ad adorationem solus exiret, quidam unus e fratribus clanculo eius secutus uestigia quid agere uellet dinoscere querebat. At ille maris altudinem ingrediens donec ad collum unda tumens assurgeret et in dei laudibus tenebras noctis exegit. Appropinquante ergo diluculo ascendens in terram flexit genibus in litore orabat. Quod dum ageret ueneri continuo duo de profundo maris quadrupedia que lucres uocantur, et anelitu suo pedes eius fouebant, completoque ministerio patrias sunt relapsa sub undas. Ipse ubi domum reuersus canonicos cum fratribus ymnos compleuit. At frater qui eum de speculis prestolabatur perculsus pauore ingenti uix domum peruenit. Primoque mane ad sanctum uirum accedens reatus sui ueniam postulabat. Ille ubi fratrem benedicens culpam et molestiam quam temerarius incurrebat abstersit. Qui uirtutem quam uiderat iuxta sancti uiri perceptum ipso uiuente silentio tegens, post obitum eius plurimis indicauit. Ille uero sanctus uir cum uideret tempus sue resolutionis instare exitum suum dominici corporis et sanguinis communione muniuit atque eleuatis ad coelum, oculis extensisque in altum manibus intentam supernis laudibus animam ad gaudia regni celestis emisit. Cuius species quanta gloria in celestibus potitur sit per meritis innumeris declaratur miraclis. cuius nos* (ms ends)
(ch. 10, 39, 42)

**S111** contains Lect. 4–9 of what would have been 9 lections, also based on Bede's Prose *Vita* but different from **S85**

Lect. 4 [***] *more suscepit. Nam lauandis manibus aquam dedit, pedes abluit linteo extersit, atque ad manem dum coegit. Statim ut uescendi tempus aderat mensam apposuit et in quid. Obsecro te frater quo reficias donec rediens panem calidum affero.*

*At ubi rediit hospitium non inuenit quem edentem reliquerat, stupefactus ergo uir domini et secum querens de facto reposuit mensam in conclaui. Quod ingressus continuo obuiam miri odoris fragrantiam, uidit iuxta positos tres panes calidos insoliti candoris et gratie pauensque dixit, cerno quod angelus dei erat quem suscepi, ut panes attulit. Denique sepius ex eo tempore angelos uidere et alloqui, sed et cibus adminero preparatis meruit refici. Coepit etiam uir dei cuthbertus proprie suppollere uentura predicere presentibus absentia nuntiare.* (ch. 7, 11)

Lect. 5 *Quodam etenim tempore pergens de suo monasterio pro necessitate causa accidentis ad terram pictorum nauigando peruenit comitantibus cum duobus fratribus et nec cibaria secum tulere tanquam otius reuersuri. Nam mox ad terram tetigere tempestas ualida sub orta, que iter eis remeandi concluderet Cunque per dies aliquot ibidem inter famis et frigoris pericula tabescerent. Beatus cuthbertus per nox in oratione perdurabat. Adurat enim sacratissime dominice apparitionis dies, et ille sanctus uir suos ita alloquitur socios. Pulsemus ergo dominum precibus ut nostri misereatur in periculis. Credo enim si fides non titubat quam*[134] *<permanere>* [***] *ripam* [***] *orare consueuerat* [***] *uenientes* [***] *tria frustra delphinine* [***] *humano ministerio* [***] *ad cocturam, flexisque genibus domino, dixitque sanctus cuthbertus – cibaria famulis suis preparauit et tenario quoque numero, – residentum sit nobis ostendit.* (ch. 11)

Lect. 6 *Factum est enim ut sanctus dixerat, – manente triduo tempestate <perualida,> quarto demum die tranquillitas promissa secuta est, que illos sec<ndis flatibus p>atriam referret. Contigit* [***] *dolis puerum cuthbertum remotis <montibus> commissorum sibi pecorum <agere custodiam>. Qui dum nocte quadam dormientibus sociis iuxta ipse morem <peruigil in orat>ione maneret, uidit subito <fusum de> celo lumen medias longe n<octis interru>pisse tenebras in quo celestium choros agminum terras petisse asper<t nec more> rapta secum anima claritatis celesium redisse ad patriam. <Compunctus est> multum hoc quod uisu <deo dilectus> cuthbertus suisque sociis tanta <dei magnalia> que conspexerat narrauit. Ag<nouitque> mane facto aidanum anti<stem lindis>farnensis ecclesie per id temporis <pro uiderat> raptum de corpore celestia <regna petisse> ac statim*

134 The top lines and right-hand part of the next column is missing.

*commendans suis p<ecora que> pascebat dominis monasterium <petere decreuit.>* (ch. 11, 4)

Lect. 7 *Cum ergo electus ad episcopatum uir domini cuthbertus suam (remeasset) ad insulam,*[135] *occurrit illi co<mes quidam> infirmitate <cruciatus et in tantum dolor>is hodie perductus <ut mor>ienti similior quam appareat. Qui confestim benedixit aquam et iussit ut gus<tandam> languidi. Quam <dum tertio> ori eius infunderet mox <saluus mane> apparuit. Sanctus etiam uir* [***] *aquam allatam benedixit* [***] *cuiusdam comitis transmistro* [***]*iam mortua iacebat. Res* [*mira et ua*]*lde stupenda mox ubi ut* [***] *tetigit, famissima surrexit cum refectionis obtulit que* [***] *benedictioni poculum mor*[***]. *Quadam etiam sanctimonianam per integrum annum intolerabili capitis et totius lateris alterius <dolore> uexata, oleo benedicto. Que ab illa mox ora meliora incipiens post dies paucos plena sospitate conualuit.* (ch. 25, 29, 30)

Ev. *S lucas*

*<di>xit his discipulis suis parabol*[***]

*Homo quidam peregre profiscens uocauit seruos suos et tradidit illius bona sua ... Et rel.* (Matt 25:14ff)

*Omelia*[136]

*Iste, fratres, qui peregre profiscens*[***] *omnipotens deus qui in ea carne quam <assumps >erat habiit in celum. Carnis <enim locus> proprie terra, que quasi* [***]*mandum ducitur, cum per re<demptoris> nostri ascensionem in celis col<locatur>. Profectus autem peregre, de*[***]*suis alium unum, quia apostolis suis* [*ca*]*rismatum dona largitus est,* [***] *talenta exterior, rerum* [***] [***]*bus corporis uisus, auditus, gustibus, odoratus, et tactus. Duobus, ubi talentis intellectus et operatio designatur. Vnius autem talenti nomine intellectus tantum modo designatur.*

Lect. 8 *Denique et ille qui de quinque talentis decem fecerat et qui de duobus quatuor simile recepit gaudium, non qui retributor ille considerat lucri magnitudinem, studium uoluntatem. Abiit autem qui quinque talenta acceperat, id* [***] *acceptis terrenis sensibus celestium sibi noticiam duplicauit ex creaturis intelligens creatorem, ex corporalibus incorporalia ex uisibilibus inuisibilia,*

135 On this page the left-hand part of the column is missing.

136 Drawn from Gregory the Great on the parable of the talents, *Homiliae in Evangelia* I.9.1 (ed. Corpus Christianorum, Series Latina 141:59) and the commentary on Matthew by Hrabanus Maurus, see *PL* 107:1089–1090, though not verbatim and with additional elements.

*ex breuibus eterna. Sunt quoque nonnulli qui donum exterioris scientie a deo accipiunt et de ipso quos possunt erudiunt bonis operibus insistentes sicque sit, ut perfectum talentum in lucrum gemmatum reportent. Similiter qui duo acceperat, lucratus alia duo. Et iste pro uiribus quicquid in lege didicerit in euuangelio duplicauit siue scientia et opera presentis uite, et future beatitudinis typos esse intellexit.*

Lect. 9 *Sunt enim nonnulli qui quasi duobus talentis ditati, intellectum et operationem percipiunt subtilia de internis intelligunt et predicando aliis predicant, quasi dublicato negocio lucrum reportantur unde eterna beatitudine remunerentur. Bene autem alia quinque ut alia duo in lucrum uenisse referuntur, quia dum utrique serui in penditur predicatio, quasi accepta talenta geminantur. Si bis qui unam* (page ends)

s. xiii **C50** contains lections 1–4 based loosely on Bede's Prose *Vita*, presumably originally 6 or 9.lections:

Lect. 1 *... ... post inde sacerdos. Factus est solitarius.*
Lect. 2 *Siquidem usque ad octauum ... futurum preuidit antistite.*
Lect. 3 *Euacuauit ergo ea que paruulis ... oroni uacat eis ieiunio.*
Lect. 4 *Sanctus iste languore correptus ... Semel et quendam peregrinum.*

**S06** a damaged fifteenth-century Swedish Antiphonarium has a section of the prose *Alme concrepent*[137] with notation:

[***] *insignia* [***] (2b)
*Infantia // sacra uirtutum habuit primitiua crepundia ista* (4a)
*// signipotens pollet apostolica et per gesta* (3b)
*Miridica pusioli paruuli triennis predixerat hunc terrena lingua* (4b)
*Intronizandum cathedra sacra presulem cleri laude ueneranda* (5a)
*Hoc infulatus munere primo culmine quo peruenit* [*ad*] *majora* (5b)
*Archanus arce missus ab alta Raphael adest* [*hinc*] *lampabilis huic digna ferens remedia.* (6a)
[***] top line of next page ?
**[***]** *profunda iam noctiuidus ferre uiderat Aidani animam prelui pompa triumphi super astra* (6b)
*Monozanta sit hinc rutilis sola considerans theorica* (7a)

137 See Hohler, 'Durham Services', p. 165, sect. 4a–10a.

*Et delato sibi meruit pasci obsonio per supera* (7b)
*Et dum tanta luce fulgoraret Christi gemma satis almicoma* (8a)
*Gloriosa sacer sublimatur a popello pontifex cathedra* (8b)
*Hinc gaudet uirgo leta hoc sponsa ecclesia* (9a)
*Hinc fides Christi hinc pax alma Christi pullulat* (9b)
*Laus ubique uolat in* [***] (10a)

(iii) Proper office
The full office is found only at Nidaros. The first column gives the thirteenth-century **ONid**, as given by Gjerløw;[138] the second column the printed breviary of Nidaros (1519), the third where the Durham Office agrees, as given by Hohler,[139] and the fourth **Yk** 1493 and **Yka**.

| **ONid** | **BNid** | **Durh**[140] | **Yk**[141] | **Yka**[142] |
|---|---|---|---|---|
| Ad primas uesperas | | | | |
| Ant. super Ps. *Alme confessor domini* | • | x | x | |
| Cap. *Ecce sacerdos magnus* | x | •52 | •222 | |
| R' *In sanctis crescens uirtutibus* | • | •53 | •222 | |
| V' *Corpore mente habitu factisque* | • | x | •222 | |
| Hy. *Iste confessor* | x | x[143] | •222 | |
| V' *Ecce sacerdos magnus* x | •55 | x[144] | | |
| Ant. *Oriens sol iustitie dignatus est* | • | •56 | •222 | |
| Ps. *Magnificat* | | | | |
| Oratio propria | Coll. A | Coll. A | •223 | |
| Post Benedicamus domino fiat commem. de ieiunio ordine supradicto | | | | |
| Ad matutinas | | | | |
| Inv. *Domino sanctorum presulem regi* | • | •58 | •223 | |
| Ps. *Venite* | • | | | |
| Hy. *Iste confessor* | x | x[145] | •223 | |
| In primo nocturno | | | | |
| Ant. s. Ps. *Auctor donorum spiritus inspirans* | • | •60 | •223 | |
| Ps. *Beatus uir* | • | •60 | •223 | |
| Ant. *Qui raphaelem archangelum thobie* | • | •61 | •223 | |

138 *Ordo Nidrosiensis Ecclesiae* (**ONid**), pp. 324 and 389.
139 'Durham Services', p. 169.
140 The figures relate to the numbers in Hohler, 'Durham Services'.
141 The figures relate to the numbers in Lawley, *Breviarium*, col. 222–9, 530–4.
142 Fol. 266r onwards; much as **Yk**.
143 Here Durham has *Magnus miles*.
144 Here **Yk** has *Amavit eum*,
145 Here Durham has *Anglorum populi*,

| **ONid** | | **BNid** | **Durh** | **Yk** | **Yka** |
|---|---|---|---|---|---|
| Ps. *Quare fremuerunt* | | • | •61 | •223 | |
| Ant. *Dum iactantur puppes salo* | | • | •62 | •223 | |
| Ps. *Domine quid* | | • | x | •223 | |
| V'*Ecce sacerdos magnus* | | • | x | x[146] | |
| Lectiones proprie uel communes | Lect. 1 *Religiosus igitur et pius pater Cuthbertus christianissimis editus parentibus dum octauum etatis suum annum felici auspicio ingrederetur: simplicibus puerorum sepe inmiscuit lusibus. Qui dum quadam die soliter se indulgeret lusibus, puer paruulis acsi triennis iuxta ludentes apparuit et ad eum accurrit et quasi senili constantia hortari eum cepit: ne iocis et otio indulgeret. t.a.d*[147] | | x | (223) | |
| In 1 & 2 nocturnis legantur | | | | | |
| R' *Cuthbertus puer bone indolis …* | | • | •68 | •224 | |
| V' *Cum pastoribus ouium …* | | • | •68 | (224) | |
| | Lect. 2 *Sancto autem Cuthberto monita spernente luget puer corruens in terram, et faciem lacrimis rigans accurrunt consolaturi ceteri: sed ille persistat in fletibus. Tandem uero ille puer exclamans, consolanti se Cuthberto inquit: O sanctissime antistes Cuthberte ludere te inter paruulos non decet, quem domine pastorem ecclesie consecrauit.* | | x | (224) | |

146 Here **Yk** has *Amavit eum,*

147 The lections are roughly based on Bede's Prose *Vita*, chaps 1, 2, 11, 37; t.a.d. = *Tu autem domine.*

| **ONid** | **BNid** | **Durh** | **Yk** | **Yka** |
|---|---|---|---|---|
| R' *In sanctis crescens …* | • | •70 | •224 | |
| V' *Corpore mente habitu …* | x | •70 | •224 | |
| Lect. 3 *Audiens hec Cuthbertus mestum infantum piis blanditiis consolabatur et relicto continuo ludendi uanitate, domum rediit ac stabiliter iam ex illo tempore existere cepit.* | | x | (224) | |
| R' *Patriarche nostri abrahe exemplo …* | • | •72 | •224 | |
| V' *Digreditur namque uir dei …* | • | •72 | •225 | |
| In secundo nocturno | | | | |
| Ant. *Edomans corpus iuuenis* | • | (•63)[148] | •225 | |
| Ps. *Cum inuocarum* | • | x | •225 | |
| Ant. *Mirum dictu*[*m*] *hinc egresso* | • | x | •225 | |
| Ps. *Verba mea* | • | (63) | •22 | |
| Ant. *Adest frater curiosus* | • | (•65) | •225 | |
| Ps. *Domine dominus noster* | • | (•64 | •225) | |
| V' *Amauit eum* | • | •81 | x[149] | |
| Lect. 4 *In monasterium igitur se recipiens non solum fratribus in uite sanctitate parificari laborat, sed sub acriori uita singulorum supergredi nitebatur studia. Vnde suo abbate Baisilo de medio sublato Cuthbertus idem suscipit officium, sed post modum crescente perfectionis studio solitaris factus, orationi uacat et ieiunio.* | | x | x | |
| R' *Vir domini Cuthbertus maris …* | • | (•74) | •225 | |
| V' *Positis namque genibus oratuionem …* | • | (•74) | •225 | |
| Lect. 5 *Sanctus iste quando que languore correptus est.* | | x | x | |

148 But Durham has this antiphon and the following one for the first nocturn; here Nid follows **Yk** much more closely.

149 Here York has *Iustum deduxit.*

| ONid | BNid | Durh | Yk | Yka |
|---|---|---|---|---|
| | *Nam subito dolore genu illius correptum acri cepit tumore grossescere, ut neruis in poplice contractis pedem primo a terra suspensum claudicans portaret. Dehinc ingrauescente molestia omne priuaretur incessu.* | | | |
| R' *Merito sanctitatis et gradu …* | • | •83 | •226 | |
| V' *Quod enim docebat …* | • | •83 | •226 | |
| | Lect. 6 *Qui die quadam deportatus foras a ministris atque subito recumbens uidit repente uenientem de longe equitem albis indutum uestimentis et honorabilem uultu. Qui cum adueniens desiliit equo, ac languidum genu illius diligentius considerans, coque inquit triticeam in lacte farinam: et hac confectione calida tumorem superunge et sanaberis: et his dictis ascendens equum abiit.* | x | x | |
| R' *Igne feruoris diuini domini* | • | •85 | •226 | |
| V' *Fantasticum quidem ignem* | • | •85 | •226 | |
| | | | | |
| In tertio nocturno | | | | |
| Ant. *Quandam uexatam <a> demone* | • | (•75[150]) | •226 | |
| Ps. *Domine quis habitabit* | • | (•75) | •226 | |
| Ant. *Multos hic sanauit egros* | • | (•76) | •226 | |
| Ps. *Domine in uirtute* | • | (•76) | •227 | |
| Ant. *Sanctus antistes C* | • | (•77) | •227 | |
| Ps. *Domini est terra* | • | (•77) | •227 | |
| V' *Justum deduxit* | • | x | x | |

150 Here Durham has this and what follows for the second nocturn.

| ONid | BNid | Durh | Yk | Yka |
|---|---|---|---|---|
| | Lect. 7 **BNid** *In illo tempore dixit iesu … depastus est cibo.*[151] | x | x | |
| Omelia super Ev. SLV legatur uel idem eua usque reliqua pronuntiatur. | SLV | SLV 101 | HQP | |
| Postea de uita ipius legatur | | | | |
| R' *Verilocus uates Cuthbertus.* | • | (•87) | •227 | |
| V' *E secretis extrahitur.* | • | (•87) | •227 | |
| | Lect. 8 *Cepit et hic sanctus spiritus pollere prophetie, unde semel cum duobus fratribus ut necessitas petebat, ad terram pictauorum quasi celerius reuersurus nauigans se per triduam tempestatem dixit retinendum. Quod et contigit. Et dum in quadam insula nichil habentes uictus detinerentur, de uictu spem ministrans sociis ascendit terram, et tria frusta delphine carnis inuenit, et sic post triduum serenitate reddita ad propria remeauit.* | x | x | |
| R' *Celestium minister donorum.* | • | (•89) | •227 | |
| V' *Iuuenem quoque.* | • | (•89) | •228 | |
| | Lect. 9 *Consummatum igitur in uirtutibus et miraculis episcopus constituitur, et post duos annos in episcopatu transactos, sciens transitum suum imminere cure pastoralis abiecto pondere, ad heremitice conuersationis properauit* | x | x | |

151 Here Durham has *Magnus miles.*

| ONid | BNid | Durh | Yk | Yka |
|---|---|---|---|---|
| | *agonem. Vbi cum quinque diebus perstitisset, quesitus a quodam uenerabili uiro si quid comedisset, ostendit ei quinque cepas quarum una erat minus quam media parte corrosa et ait. Hic uictus erat his diebus, et cum os ardebat siti hoc recreatum est liquore, sed concertatores intulere maiores. Intelligens autem sue resolutionis tempus instare, intentus supernis laudibus animam carne solutam celis intulit, ad laudem dei omnipotentis. Amen.* | | | |
| R' *O beatum presulem* | • | •98 | •228 | |
| V' *Ammirandus cunctis operibus* | • | •98 | •228 | |
| Te Deum non dicatur | | | | |
| V' *Justus germinabit* | • | x | x | |
| | | | | |
| In laudibus | ad laudes | | | |
| Ant. *Christi fortis hic athleta* | • | •103 | •228 | |
| Ps. *Dominus regnauit* | • | x | •228 | |
| Ant. *Qui de rupe prompsit* | • | •104 | •228 | |
| Ant. *In episcopatu suo* | • | •105 | •229 | |
| Ant. *Hinc tanguntur artus sacri* | • | •106 | •229 | |
| Ant. *Mox pater suos* | • | •107 | •229 | |
| Cap. *Ecce sacerdos* | x | •108 | x | |
| Hy. *Jesu redemptor omnium* | x | x | •229[152] | |
| **V'** *Justus ut palma* | x | x | x | |
| Ant. *Languor accrescens in dies* | • | •112 | •229 | |
| Ps. *Benedictus* | • | | | |
| Coll. *C* | (Coll. A) | (Coll. A) | (Coll. A) | |
| | | | | |
| Ad sec. uesperas | | | | |
| Ant. *Christi fortis hic athleta* | x | (103) | (•228) | |

152 From this point **Yk** only.

| **ONid** | | **BNid** | **Durh** | **Yk** | **Yka** |
|---|---|---|---|---|---|
| Ps. de die | | | | | |
| Cap. *Ecce sacerdos* | | x | •128 | • | |
| R' *O beatum presulem* | | x | (98) | (•228) | |
| Hy. *Iste confessor* | | x | x | • | |
| | ad 2 uesperas | | | | |
| Ant. *O magne presul C.* | | • | •131 | •229 | |
| Magnificat | | • | | | |
| Oratio propria | | x | Coll. A | Coll. A | |

In translacione (4 Sept.)

| **ONid** | | **BNid** | **Durh** | **Yk** |
|---|---|---|---|---|
| Ad uesperas | | | | |
| Ant. *Similabo eum* | | x | x | |
| Hy. *Huius O Christe* | | x | x | |
| Cap. *Ecce sacerdos* | | x | • 137 | •530 |
| In Ev. Ant. *Oriens sol iustitie* | | • | (56) | |
| Ps. *Magnificat* | | | | |
| Coll. X | | • | •139 | Coll. A |
| | | | | |
| Ad matutinas | | | | |
| Inv. *Vnum deum* | | • | x | •530/39 |
| Hy. *Huius O Christe meritis* | | x | x | x |
| V' *Amauit eum* | | x | x | •38 |
| Lect. proprie dicantur uel communes | Lect. 1 *Aperientes itaque sepulchrum sancti Cuthberti, inuenerunt corpus totum quasi adhuc uiueret integrum et flexibilibus artuum compaginibus multum dormienti quam mortuo similius. Sed et uestimenta omnia quibus indutum erat non solum intemerata, uerum etiam prisca nouitate et claritudine miranda patebant.*[153] | | x | x |
| R' *Jurauit dominus* | | • | x | x |
| | Lect. 2 *Quod uidentes nimio mox timore sunt et tremore* | | x | x |

153 These three lections come from Bede's Prose *Vita*, chap. 42.

| ONid | | BNid | Durh | Yk |
|---|---|---|---|---|
| | *perculsi, adeo ut uix aliquid loqui uix auderent intueri miraculum quod patebat: uix ipsi quid agerent noscent.* | | | |
| R' *Ecce uere israelita* | | • | x | x |
| | Lect. 3 *Attulerunt autem antistiti partem indumentorum: quae sacrum corpus ambierant. Quae cum ille munera gratanter acciperet miraculaque libenter audiret. Nam et ipsa indumenta quasi patris adhuc corpori circundata miro deosculabatur affectu. Noua inquit indumenta pro his que tulistis circundate: et sic reponite in techam quam parastis.* | | x | x |
| R' *Gloriose felicitatis* | *Stola felicitatis* in **BNid** | | x | x |
| Te Deum dicatur | | | | |
| V' *Justus germinabit* | | x | x | x |
| Ant. *O magne presul C.* | | • | (•131) | x |
| Coll. X | | ***x*** | (•139) | x |

The office for 20 Mar. derives directly or indirectly from Durham since, as Hohler noted, it omits a word from the Respond *Merito sanctitatis* (after Lect. 5 in the 2nd nocturn), an omission that is 'demonstrably' due to a scribal error in the original Anglo-Saxon manuscripts used at Durham, from which it must therefore be descended.[154] But, as Gjerløw points out,[155] it is possible to move nearer to a direct source for this office. While it is close to the Durham version it is even closer to the form used at York. However the Nidaros tradition is noticeably ecletic and while it is quite heavily dependent on the Anglo-Saxon tradition, it is difficult to locate it to any one place. York is the nearest so far for the Cuthbert office of 20 Mar., more cannot be claimed. It is otherwise for the translation office of 4

154 'Durham Services', p. 157.
155 Gjerløw, *Antiphonarium Nidrosiensis Ecclesiae*, p. 166

Sept. where neither Durham nor York is parallel although Durham is slightly closer than York.

**Vitae Sanctorum**

s. xii **C52** damaged manuscript containing sections from Bede's Prose *Vita* ch. 41 and part of ch. 42:

[***] *lauacrum corporis infusum est in aquam missa* <*sanatus*>
*Sed nec defuncto* [***] *uel eandem terram Domino* [***] *uir sanctus post mortem uiueret cuius ante mortem. Pulchroque perpetue pignora prestat opis …*

## Cyneburga & Cyneswitha of Castor, Abbesses

6 March (translation date)

**Kalendar** (on 6 Mar.)

**S 195** s. xii *Sce Kineburge uir. Sce Kinesutche uir.*

This rare commemoration is found in England mainly in East Anglia.[156] This Swedish kalendar contains a variety of names from the continent.

## Dunstan of Canterbury, Archbishop

19 May; ordination 21 October

**Kalendars**
(unless noted otherwise 19 May *Sci Dunstani epi/archiepi/conf*)

c.1100 **S213** (9 lect.)
s. xii **C43; S196** also 21 Oct. *Ordinatio dunstani epi*;
c.1200 **S193**; **SM01**
s. xiii **C46** (this has *Dunstani epi* under 4 Nov., an unknown date; it is probably a copying mistake for Brynstani epi); **S190** (9 lect.); **S211** (erased); **Y27**; **H39** (*archiepi 3 lec* in red)
s. xiv **X13; Y02**
c.1500 **Nid**

156 See Blair, 'Handlist', p. 523; the translation occurred in 963.

The presence of the Ordination feast in the twelfth-century Swedish fragment suggests direct influence from Canterbury.

## Martyrologies

s. xiii **C30** *ipso die transitus beati Dunstani doroberensis archiepi*
s. xiv **O31** [***]*tannia S. Dunstani archiepi*

## Litanies

s. xii **C33**; **S180**;
s. xiii **Y25**; **S445**; **S446**
s. xiv **S703**

## The Mass

### *Collects*

Coll. A *Sollempnitatem nobis quesumus domine beati dunstani celebrantibus ubique adesto propitius nobis eius meritis concede gratia uite celestis. Per.*

Coll. B1 *Deus qui inter sacrosancta resurrectionis et ascensionis festum beatum dunstanum pontificum ad regna transtulisti celestia; da nobis quesumus ut per temporalia que agimus ad gaudia transire sollempnia. Per.*

Coll. B2 *Deus qui beatum dunstanum pontificum ad regna transtulisti celestia; concede nobis per eius gloriosa merita ad gaudia transire perhennia. Per.*

Coll. C *Deus qui hodierna die sanctum pontificem tuum dunstanum ad eterna subleuasti gaudia; eius meritis quesumus illuc tua nos perducat misericordia. Per.*

Coll. D *Deus qui es sanctorum* (*tuorum*) *splendor mirabilis quique hunc diem beati Dunstani confessoris tui depositione consecrasti; da ecclesie tue de eius natalicio semper gaudere ut apud misericordiam tuam exemplis ipsius protegamur et meritis. Per.*

Coll. E *Exaudi domine preces nostras quas in sancti confessoris tui Dunstani atque pontificis sollempnitate deferimus; ut qui digne meruit famulari eius intercedentibus meritis ab omnibus absolue periculis. Per.*

Coll. F *Omnipotens sempernite deus qui hodierna diei sollempnia sacrosanctissimi pontificis tui Dunstani obitu festiue exhilaras; da quesumus ut ipsius sanctissimis perfidiis foueamur in aruis, de cuius societate celestes ciues exultant in astris. Per.*

Coll. G *Deus qui beati presulis tui Dunstani spiritum luce hodierna regni celestis prouehis ad gaudia; concede quesumus nobis supplicibus, ut quem doctorem tui nominis habuimus in terris, semper habere mereamur intercessorum in celis. Per.*

Collation table for Dunstan collects:

| | We | NewM | Mu | Port | Rob | Bec | Sar |
|---|---|---|---|---|---|---|---|
| A | | • | • | | | | |
| B1 | | | | •[157] | | | |
| B2 | | | | • | | | • |
| C | • | | • | | | | |
| D | | | | | | | |
| E | | | | | • | | |
| F | | | | | • | | |
| G | | | | | | • | |

***Secrets***

Secr. A *Intercessio quesumus beati dunstani hec tibi commendet munera pro cuius tibi sunt commemoratione oblata. Per.*

Secr. B *Suscipe domine jesu christe hec libamina pacis per suffragia tui dunstani ut post gloriosa ascensionis tue sollempnis die terra sub secuti. Per.*

Secr. C *Sollempnitatem quesumus domine sancti pontificis dunstani celebrantibus ubique adesto propicius; et nobis eius meritis concede gaudia uite celestis. Per.*

Secr. D *Sacrificium nostrum tibi domine quesumus beati dunstani precatio sancta conciliet; ut in cuius honore sollemniter exhibetur meritis efficiatur acceptum. Per.*

Secr. E *His domine quesumus interueniente sacratissimo pontifice tuo dunstano placare honoribus et ab omnibus nos eripe hostium nostrorum aduersitatibus. Per.*

Secr. F *Libamina summe deus presentiae superis benedicitio/benedicito sedibus que tuo antistite Dunstano exorante pro nobis presentis uitae tranquilitatem percipiamus et gloriam promissae hereditatis. Per.*

Secr. G *Suscipe quesumus domine munera supplicantis familie que tibi in festiuitate presulis almi deferimus dunstani; ut eius patrocinio uenerando adiuti, defendi ab omnibus inimicorum mereamur insidiis. Per.*

157 The collect in **Port** is a combination of the wording of B1 and B2.

Collation table for Dunstan secrets:

| | We | Rob | Bec | Aug | Alb | NewM |
|---|---|---|---|---|---|---|
| A | | | | | | • |
| B | | | | | | |
| C | | | | | • | •[158] |
| D | • | | | | | |
| E | | | | | | |
| F | | • | | | | |
| G | | | • | • | | |

***Postcommunions***

Postc. B *Quesumus omnipotens deus ut quod de mensa celesti percepimus intercedente beato dunstano pontifice tuo nostros ad te semper pertrahat affectus. Per.*

Postc. C *Sumpta sacramenta quesumus domine nos a peccatis absoluant et per beati antistis dunstani suffragia ad celos perducant. Per.*

Postc. D *Sacro munere saciati supplices te domine deprecamur ut quod debita seruitutis celebramus/celebratur officio intercedente beato dunstano confessore tuo saluationis tue sentiamus augmentum. Per.*

Postc. E *Quesumus omnipotens deus ut quos tuis reficere dignatus es muneribus per sanctissimum pontificem tuam dunstanum in supernis glorificare digneris sedibus. Per.*

Postc. G *Quesumus domine diuino saciati libamine, ut sancto confessore tuo dunstano interueniente,*[159] *presentis uite presidium, et eterne tribuas repperire letitiam. Per.*

Collation table for Dunstan postcommunions:

| | We | Bec | Aug | Abin | NewM | Her |
|---|---|---|---|---|---|---|
| B | | | | • | | |
| C | • | | | | • | • |
| D | • | | | | | |
| E | | | | | | |
| G | | • | • | | | |

158 This Anglo-Saxon collect is used in **O54** as a secret.

159 Not intercedente.

The mass of Dunstan in Scandinavia:

| | Intr. | Coll. | Epa | Gr. | V | Alla | Seq. | Ev. | Off. | Secr. | Com. | Postc. |
|---|---|---|---|---|---|---|---|---|---|---|---|---|
| s. xi | | | | | | | | | | | | |
| **S607** | SE | A | [160] | ID | DD | AE | | VEQ | VMM | A[161] | | |
| s. xii | | | | | | | | | | | | |
| **O46** | | | | | | | | | | B | BS | B |
| **O54** | | C | | | | | | | | C | | C |
| **S600** | | D | | | | | | | | D | | D |
| **S492** | | F | | | | | | | | F | | C |
| **S140** | | C | | | | | | | | | | |
| 1200 | | | | | | | | | | | | |
| **S640** | SE | D | ESM | ESM | NEI | IG | [162] | HQP | VMM | D | BS | D |
| **S461** | SE | D | ESM | ESM | NEI | IG | OCM | HQP | VMM | D | BS | D |
| s. xiii | | | | | | | | | | | | |
| **S444** | | C | | | | | | | | A | | C |
| **S454** | SE | D | ESM | ESM | NEI | IG | | HQP | VMM | D | BS | D |
| **S637** | | G | | | | | | | | G | | G |
| **ONid** | SE | | ESM | ID | | IDS | HR | VST | VMM | | BS | |
| s. xiv | | | | | | | | | | | | |
| **S463** | SE | D | ESM | ESM | | IG | OCM | HQP | VMM | D | BS | D |
| **Nid** | SE | B2 | ESM | ID | | IDS | | VST | VMM | E | BS | E |

This evidence shows that the commemoration of Dunstan in Scandinavia was focused on the early centuries and came from a variety of English sources; it became rarer in the later centuries in Denmark and Sweden but survived in Norway up to the Reformation.

## The Office

(i) The short office is witnessed to in only one source, a thirteenth-century Swedish breviary:

**S78** gives the end of a lection from Adelard's *Vita*[163] from lection 2 and the beginning of lection 3: *offendens ascensiorum quo se artifices … Vbi mane inuentus … Ad matrona cuius … Hanc ergo signorum … ita creuit et gratiis*
Coll. E

160 The reading is from Ecclus 36:6–13 and 24:1–4.

161 Then follows the beginning of the Preface *Et ad tuam gloriam sancti dunstani* etc., cf. **NewM**.

162 This is probably the sequence *Organicis canamus modulis nunc benedicti* but the O is written as a V.

163 Text in Stubbs, *Memorials*, pp. 55ff; see also Ramsay et al., *St Dunstan*, p. 313, and Fell, *Dunstanus Saga*, p. XIV.

(ii) A fuller office can be reconstructed from three Norwegian sources:

| | **ONid** (s.xiii) | **BNid** (1519) |
|---|---|---|
| Ad I uesperas | | |
| Ant. super Ps. | *Sancti tui* | |
| Ps. de die | | |
| Cap. | *Stabunt iusti* | |
| Hy. | *Iste confessor* | |
| V' | *Preciosa est* | |
| In Ev. Ant. | *EDA* | *Egregie dei antistes dunstani offer pro nobis placationem et thimiamata precum, ut his expiati te leti sequamur ad sancta sanctorum ubi christus pontifex introiuit et (a) te* |
| | *Alleluia* | *pontificali gloria coronauit* |
| Ps. | *Magnificat* | *Magnificat* |
| | Coll. B1 | Coll. B2 |
| Ad matutinas | | |
| Inv. | *Exultent in domino* | |
| Ps. | *Venite* | |
| Hy. | *Iste confessor* | |
| Ant. super Ps. | *Tristicia uestra* | |
| Ps. | *Domine quis* | *Cum inuocarem* |
| | *domine in uirtute* | *Verba mea auribus* |
| | *domini est terra* | *Domine dominus* |
| Ant. | *Clamauerunt iusti* | *Clamaverunt iusti* |
| V' | *Confitebuntur celi* | |
| Lect. 1 | *proprie uel comm* | *Beatum D. antistes*[164] *... signitis carent electus* |
| R' | *Preciosa est* | *PE* |
| Lect. 2 | | *Hac igitur signorum... deinceps iugo domini* |
| R' | *In seruis suis* | *ISS* |
| Lect. 3 | | *Post hoc sublimatus ... sine fortitus est* |
| R' | *Ego sum uitis* | *ESV* |
| | *Te Deum* | |

164 These lections in **BNid** are loosely from Adelard's *Vita* lections 1, 3, 4, 6, 9, and are transcribed in Fell, *Dunstanus saga*, appendix I, pp. 36–58.

| | | |
|---|---|---|
| V' | *Preciosa est* | |
| In Ev. Ant. | *DDH* | *Dilectus deo et angelis sanctus D. hodie carnis nexibus absolutus celestia gaudens conscendit. Alle. Vbi sicut sol ex claritate dei resplendens et diem eternum eternaliter possedit.* |
| Ps. | *Benedictus* | *Benedictus* |

The continuation of this office can be found in **O02** (s.xii).[165]

| | |
|---|---|
| Ad Laudes | |
| Ant. | *Qui in sancta ecclesia inter apostolorum non est priuatus martyrium Christi in choro confessorum choheres Vir angelice puritatis* |
| Ad Bened. | *Dilectus deo et angelis* |
| Ad 2 uesperas | |
| Ant. | *Dunstanus presul inclitus claris ortus natalibus christi tantam claritatem cunctis elegit splendere* |
| Ps. | *Dixit dominus*<br>*Credidi propter*<br>*In conuertendo* |
| Ad Mag. | *Translato ad ecclesiam*[166] *Wentano presule ethelwoldo successorem celesti monstratum oraculo pater D. elegit atque apostolica auctoritate pontificaliter insulauit.* |

This office probably comes from English monastic sources; much of it can be found in the Muchelney breviary.

## Legendaria and Vitae Sanctorum

Four fragments from a fifteenth-century Swedish legendarium (probably from the same manuscript) with sections of Osbern's *Vita*.[167]

165 See Gjerløw, *Antiphonarium Nidrosiensis Ecclesiae*, p. 37.

166 Probably corrected to *celestia*.

167 References are to the text in Stubbs, *Memorials*; see also Ramsay et al., *St Dunstan*, pp. 313ff.

| | | |
|---|---|---|
| **S316** | from | *incipit prologus in uita sancti dunstani* |
| | to | *explicit passi sunt die quartodecimo kalendas iuniarum* |
| **S315** | from | … *aliquem pie uiuentium sua culpa* (ch. 9, p. 79) |
| | to | *Cum interim horrendo molossorum* (ch. 11, p. 81) |
| **S314** | from | … *mei jesu christi maria ut in omnibus rebus* (ch. 15, p. 86) |
| | to | … *quanta olim uirtute uenerandus pater dunstanus* (ch. 18, p. 90) |
| **S313** | from | (mutilated) … *brachia extollebat* … *manuum articulos* (ch. 12, p. 139) |
| | to | … *pueri a fletu quoniam nullum uobis* (ch. 15, p. 141) |

Three c.1400 fragments from a legendary have extracts from Osbern's *Vita*:[168]

| | | |
|---|---|---|
| **S806** | from | … .*cui inuiti solebant qui superiora templi* (ch. 7, p. 76) |
| | to | … .*causas hominum, ita se sapienter* (ch. 9, p. 79) |
| **S805** | from | … *Obsoleuerat in terra Anglorum* (ch. 18, p. 90) |
| | to | … *puer natus regnum tenuerit et noster Dunstanus* (ch. 19, p. 93) |
| **H53** | from | … *mortalis uite metas transferet. Quod dictum* (end of ch. 19, p. 93) |
| | to | *regis glestoniam ibique a beato dunstano* (ch. 21, p. 94) |
| | from | … .*illa negitantem suis adhuc rationibus* (end of ch. 22, p. 96) |
| | to | *regium stuprum diuina humanaque ratione* (ch. 27, p. 100) |
| **S805** | from | … ..*simul et filia illius Principem a moechali* (ch. 27, p. 100) |
| | to | … … ..*memor promissionis qua beatos fore* (ch. 27, p. 101) |
| **S805** | from | … .*Qui dum Doroberniam sacrandus adueniret* (ch. 27, p.103) |
| | to | *ad dominicum ouile reuocare* (ch. 29, p. 104) |

168 Almost certainly from the same manuscript, although the dating in catalogues varies slightly.

## Eadburga of Winchester, Virgin

15 June; translation 18 July

### Martyrology

| | | |
|---|---|---|
| **C30** | 15 June | *Eodem die in ciuitate wentana s. eaburge u. Que orta rege patre et nobilis temate uixit nobilior domino moribus et sanctite uite pro quibus est conuicta sanctis angelis in eterna felicitate* |
| | 18 July | *Et translatio s. eaburge u.* |

### The Mass

Coll. A *Deus qui hodierna die beatam sancte uirginis tue eadburge animam celorum regna penetrare fecisti; concede propicius eius nos interuentu a peccatorum nostrorum nexibus solui et ab omni (semper) aduersitate defendi. Per.*
Secr. A *Munera tui pietati dicanda quesumus domine meritis beate uirginis tue eadburge placatus intende et eius salutaribus nos attolle suffragiis et defende presidiis. Per.*
Postc. A *Sancta tue domine percipientes tuam deuote misericordiam exoramus ut beate eadburge uirginis intercessione muniti sempiterna mereamur felicitate epulari. Per.*

Collation table for Eadburga mass:

| | **We** | **Vit** | **NewM** | **Whit** |
|---|---|---|---|---|
| Coll. A | • | • | • | • |
| Secr. A | • | • | • | • |
| Postc. A | • | • | • | • |

The Eadburga mass in Scandinavia:

| | **Coll.** | **Secr.** | **Postc.** |
|---|---|---|---|
| s. xii | | | |
| **H60** | A[169] | A | A |
| **S140** | A | | |

The mass is the usual one in England and the Skara Collectar has the usual collect and the English missal H60 used in Sweden/Finland has the whole mass.

[169] In Coll. A the *semper* is omitted in **H60**.

## Ecgwine, Bishop

30 December; translation 10 September

### Kalendars

s. xi **S199** 30 Dec. *Eguuini epi*
s. xii **O13** 30 Dec. mutilated Kalendar has space for a bishop's name with seven letters, almost certainly Ecgwine

### Martyrology

s. xiii **C30** 10 Sept. *et translatio S. Equuini epi*
30 Dec. *eodem die depositio S. Equuini epi et conf*

**Litany** (Ecgwine among the confessors)

s. xii **S180**
c.1500 **BOtho**

The only surviving evidence that the founder of Evesham was commemorated in the daughter house of Odense is the litany of the printed breviary of the cathedral and diocese. The other entries probably derive from the west of England where his cult was centred.[170]

## Edith of Polesworth, Virgin

15 July

### Martyrology

**C30** The Ribe Martyrology[171] has the rare feast at 15 July
*Ipso die S. Eadgithe uirg.*

## Edith of Wilton, Virgin

16 September

### Kalendar

**S191** s. xiii? Skara *S. Edithe u.*

---

170 Blair, 'Handlist', p. 532.
171 See under Aidan for a note on the Ribe martyrology.

### Martyrology

**C30** s. xiii Ribe *Ipso die s. Eadgithe u.*

### Litany

**Y26** s. xiii *S. Editha* last of 13 virgins

### Collectarium

**S142** s.xii Skara *Deus qui fidelibus tuis castitatis exemplum tribuisti dum de uirgine filium tuum dominum nostrum nasci uoluisti sancte eigithe uirginis tue precibus nobis mentis et corporis tribue puritatem per quam a te nobis promissam percipiamus felicitatem. Per.*

This collect is the one in the Sarum use; it is also in **Arb**.

## Edmund of Abingdon, Archbishop & Confessor

16 November

### Kalendars

s. xiv **H35** *Sci edmundi archiepi et conf. Cant 9 lec* in red[172]
c.1500 (the printed kalendars) **Cop** *Comm*; **Nid** *Comm*; **Upp** *Comm*; **Väst** *Mem*
s. xv **S201**; **SB09**

### Martyrology

**SB01** s. xiv Dom *deposicio sancti edmundi cantuarensis archiepis copi et confessoris et aliorum*

### Litany

**S702** s. xiii Cist *Ethmundi* among the confessors

[172] Edmund died in 1240, and was canonised in 1246.

## The Mass

### *Collects*

Coll. A *Deus qui largiflue bonitatis consilio ecclesiam tuam beati Ethmundi confessoris tui atque pontificis preclare uite meritis decorasti; et gloriosis letificasti miraculis, concede (propicius) nobis famulis tuis ut et ipsius in melius reformemur exemplis et ab omnibus eius patrocinio protegamur aduersis. Per.*

Coll. B *Omnipotens sempiterne deus maiestatem suppliciter exoramus ut per intercessione beati Ethmundi confessoris tui atque pontificis cuius hodie annuam festiuitatem recolimus cum temporalibus incrementis eterne prosperitatis augmentum capiamus. Per.*

### *Secrets*

Secr. A *Beati Ethmundi confessoris tui atque pontificis quesumus domine precibus tibi munera offerenda complaceant et oblata nobis proficiant ad salutem. Per.*

Secr. B *Munera quesumus domine tue maiestati oblata per intercessionem beati Ethmundi confessoris tui atque pontificis ad perpetuam nobis tribue proficere salutem. Per.*

### *Postcommunions*

Postc. A *Mentes nostras quesumus domine susceptis robora sacramentis ut sicut eas beati Ethmundi confessoris tui atque pontificis dignatus es confortare miraculis sic eciam iuuare et illustrare digneris exemplis. Per.*

Postc. B *Tua (nos) domine sacramenta tibi (nos) reddant acceptos et beati Ethmundi supplicacio faciat esse deuotos. Per.*

Collation table for Edmund mass texts:

| | **We** | **Vit** | **Sher** | **Sar** |
|---|---|---|---|---|
| Coll. A | • | | | • |
| Coll. B | | • | • | |
| Secr. A | • | | | • |
| Secr. B | | • | • | |
| Postc. A | • | | | • |
| Postc. B | | • | • | |

The mass of Edmund in Scandinavia:

| | **Inv.** | **Coll.** | **Epa** | **Gr.** | **V** | **Alla** | **Ev.** | **Off.** | **Secr.** | **Com.** | **Postc.** |
|---|---|---|---|---|---|---|---|---|---|---|---|
| s. xiv | | | | | | | | | | | |
| **H77** | | B | | | | | | | B | | B |
| **S619** | | B | | | | | | | B | | B |

| | Inv. | Coll. | Epa | Gr. | V | Alla | Ev. | Off. | Secr. | Com. | Postc. |
|---|---|---|---|---|---|---|---|---|---|---|---|
| **H34** | SE | | | IDS | | | HQP | | | | |
| s. xv | | | | | | | | | | | |
| **S432** | | A | | | | | | | A | | A |
| **S459** | ? | A | ? | ESM | NEI | IG | ? | IVP | A | BS | A |
| **S464** | | B | | | | | | | B | | B |
| **S496** | | B | | | | | | | B | | B |
| **S651** | | A | | | | | | | A | | A |
| 1500 | | | | | | | | | | | |
| **MNid** | | A | | | | | | | A | | A |

### The Office

This is present in two manuscript fragments, **U16** and **SB14** (fifteenth-century breviaries from Västerås) with Coll. B:

**BNid** has:
Ant. *Confessor domini*
V' *Amauit eum*
Coll. A but with *largissimi* instead of *largiflue*
*Commemoratio de S. Edmundo*
Ant. *Ecce adest*
Ad uesp. Ant. *Imposita manu*

## Edmund, King & Martyr

20 November; translation 29 April

### Kalendars

(all the following have *Sci E(a)dmundi Regis/Martyris* for 20 Nov. unless otherwise noted)

c.1100 **S213** *Passio S. Edmundi Mart et Reg 9 lect.*
s. xii **C43**; **O10** *9 lect.*; **S215**; **SM01**;
**O14** *Sce Aeadmundi*[173] (followed by a cross)
**S196** 29 Apr. *Translatio Edmundi Reg.*
c.1200 **S210**; **S705**
s. xiii **C39**;[174] **C46**; **S192**; **S230**; **S494**
**H39** *totum dupl* (all in red)

173 The *Sce* suggests that the scribe thought this, to him unknown, saint was a woman.
174 *Non legitur* has been added in a later hand.

**S191** 29 Apr. *Translatio S. Edmundi Reg et Mart*
**SB17** *Fest. Anglorum* added[175]
s. xiv **H32**; **SB18**; **Y02**; **Y27** (in red); **C63**; **S905** *3 lect.*
s. xv **C31** (the entry has been added); **C35**; **H37** *3 lect.*; **O16**; **S201** *3 lect.*; **SB06** *3 lect.*; **U20**; **S201**; **U16**
**C40** *Edmundi Reg et Reg* (sic) *Fest Coronatorum in Ecclesia*[176]
**SB09** *Eathmundi Reg* (*et Mart*, added later)
**S900** *3 lect.* (This entry, among several others, has been erased)
c.1500 (the printed kalendars)
Cop; Rosk *Can. Hist* (added);[177] Oden *9 lect.*; Nid *9 lect.*; Upps *3 lect.*; Väst *3 lect.*

The cult of Edmund was promoted by Knud (Cnut) the Great as an act of atonement and reconciliation for Edmund's murder by the Vikings; it therefore would also be present in that part of his kingdom the other side of the North Sea. This kalendar evidence shows its presence in all three parts of Scandinavia and up to the Reformation.

**Martyrologies** (all 20 Nov.)

s. xiii **C30** *Ipso die natalis S. Eadmundi Reg et Mart*
s. xiv **SB01** *In Anglia Egmundi Reg et Mart* (erased)
**U28** *In Anglia S. Ethmundi Reg et Mart*
**Y50** *In Anglia S. Echmundi Reg et Mart cuius caput diu occulcutum mita diuino se uoce propria reuelauit*

**Litanies** (Edmund among the martyrs)

s. xii **C44**; **O34**; **S403**
s. xiii **H68**; **O33**; **S180**; **S445**; **U34**; **S704**
c.1300 **C41**
s. xv **S446**
c.1500 **BRosk**; **BOtho**; **BNid**

175 This note was added in Paris to denote that the feast was observed in the English Nation of the university.
176 This note indicates a high grade only in the church for which the kalendar was written (Roskilde).
177 *Can. Hist.* denotes a full office to be sung; provided in the Roskilde breviary.

## The Mass

### *Collects*

Coll. A *Deus ineffabilis misericordie qui beatissimum regem/beatissimo regi eadmundo/edmundum tribuisti pro tuo nomine inimicum moriendo uincere concede propicius (huic) familie tue, ut eo interueniente mereamur/ mereatur in se antiqui hostis incitamenta superando extinguere. Per.*
Coll. B[178] *Deus qui pro tui nominis confessione beati eadmundum regem martirii gloria coronasti, concede propitius ut eius interuenientibus meritis (et) a peccatorum nostrorum uinculis (absolui) et tue clementie mereamur/ increai reconcilliari. Per.*

Coll. A is the usual collect in most uses; a parallel to Coll. B has not been found.

### *Secrets*

Secr. A1 *Hoc sacrificium redemptionis nostre quesumus omnipotens deus clementer respice et intercedente beato edmundo rege et martire tuo pro hac familia tua placatus assume. Per.*
Secr. A2 *Hoc sacrificium redemptionis nostre quesumus omnipotens deus clementer respice et intercedente beato edmundo rege et martire tuo pro hac familia tua placatus assume, ut per illud a peccatis liberemur, et alteribus sacris oftere digni et idonei efficiamur. Per.*
Secr. A3 *Sacrificium hoc deuotionis nostre quesumus omnipotens deus clementer respice et intercedente beato eadmundo rege et martire tuo per hoc nobis salutem mentis et corporis benignus impende. Per.*
Secr. B *Omnipotens deus clementer respice et intercedente beato edmundo rege et martire tuo per hec nobis salutem mentis et corporis benignus impende. Per.*

Collation table for Edmund King & Martyr secrets:

| | We | Rob | Vit | Dur | Aug | Sar | Yk | Her |
|---|---|---|---|---|---|---|---|---|
| A1 | • | | | | | • | • | • |
| A2 | | | | | | | | |
| A3 | | • | • | • | • | | | |
| B | | | | | | | | |

### *Postcommunions*

Postc. A1 *Sint tibi omnipotens deus grata nostre seruitutis/deuotionis obsequia et (hec) sancta que sumpsimus beato edmundo rege et martire*

178 Represented in one defective manuscript, **S466**, and in **SB1a**.

*tuo intercedente prosint nobis ad capescenda/capienda premia uite perpetue. Per.*

Postc. A2 *Sint tibi omnipotens deus grata nostre seruitutis/deuotionis obsequia et (hec) sancta que sumpsimus beato edmundo rege et martire tuo ab omni nos aduersitate defendant, et nobis ad perpetue uite premia capescenda proficiant, et perdeni tibi prosperitate seruire concede. Per.*

Collation table for Edmund King & Martyr postcommunions:

| | **We** | **Aug** | **Bec** | **Ely** | **Sar** |
|---|---|---|---|---|---|
| A1 | • | • | • | | • |
| A2 | | | | ?• | |

The mass of Edmund King & Martyr in Scandinavia:

| | **Intr.** | **Coll.** | **Epa** | **Gr.** | **V** | **Alla** | **Ev.** | **Off.** | **Secr.** | **Com.** | **Postc.** |
|---|---|---|---|---|---|---|---|---|---|---|---|
| s. xii | | | | | | | | | | | |
| **S404** | | A | | | | | | | | | |
| **S141** | | A | | | | | | | | | |
| **S406** | LI | A | BVS | PD | | IG | SQA | PD | B | ME | A1 |
| **S422** | | A | BVQ | | | | NGF | | A1 | | A1 |
| s. xiii | | | | | | | | | | | |
| **ONid** | CP | | NM | IVP | AA | EMC | NGF | IVT | | QVV | |
| **S157** | LI | | | PD | DA | IG | | PD | | ME | |
| c.1300 | | | | | | | | | | | |
| **S475** | | A | BV | | | | NGF | | A1 | | A1 |
| **S481** | LI | A | BV | PD | | CA | SQA | PD | A1 | ME | A1 |
| s. xiv | | | | | | | | | | | |
| **S619** | LI | A | BVS | PD | | CA | SQA | PD | A1/3 | ME | A1 |
| c.1400 | | | | | | | | | | | |
| **S466** | | B | | | | | | | | | |
| **H77** | LI | A | BVS | PD | | CA | SQA | PD | A3 | ME | A1 |
| s. xv | | | | | | | | | | | |
| **S152** | LI | | | PD | | CA | | PD | | ME | |
| **S156** | IVT | | | PD | | LI | | IVT | | QVV | |
| **SB1a**[179] | | A&B | | | | | | | | | |
| **S437** | | A | BVQ | PD | | LI | NGF | IVT | A3 | QVV | A1 |
| **S483** | | A | BVS | | | CA | SQA | | A1 | | A1 |

179 This Danish collectarium has four entries for Edmund RMar: (1) *translatio Sci eadmundi* reg (fol. 45r) on 30 04 31/Mar (cf. St Edmundsbury Kal, Wormald no. 19); there is no further text; (2) 2/May (fol. 49r), see office below; (3) 20/Nov (fol. 88r) as above; (4) Coll. A entered as an addition (fol. 97r).

| | Intr. | Coll. | Epa | Gr. | V | Alla | Ev. | Off. | Secr. | Com. | Postc. |
|---|---|---|---|---|---|---|---|---|---|---|---|
| **S485** | | | | | | | | | A1 | ME | A1 |
| **S496** | LI | A | BVS | PD | | CA | SQA | PD | A2 | ME | A1 |
| **S464** | LI | A | BVS | PD | | CA | | PD | A1 | ME | A1 |
| 1500 | | | | | | | | | | | |
| **S502** | | A | | | | | | | | | |
| **MCop** | LI | A | | | | | | | | | |
| **MNid** | CP | A | NM | IVP | | | NGF | IVT | A1 | QVV | A2 |
| **MUps** | IVT | A | BVQ | PD | | LI | NGF | IVT | A1/2 | NV | A1 |
| **GAros** | LI | | | PD | | | ISP<br>CA | PD | | QVV<br>ME | |

It is interesting that most of this Scandinavian evidence is from the later part of the medieval period, unlike most of the English saints. Nevertheless it is likely that the cult did come over from East Anglia during the early period.

## The Office

(i) Coll. A only:
s. xii **S30**; **S129**
c.1200 **H10**
c.1400 **S14**
s. xv **SB13**

(ii) with lections:
The sources that just contain Edmund RM lections are all based on Abbo of Fleury's *Passio S. Edmundi regis et martiris*.[180] The text is usually shortened in different ways and so it is most convenient to give the sections of Abbo from which each extant lection is taken. To give an example of the abbreviations and variations in the text of Abbo found in the manuscripts in the following table, the 9 lections of **S302** are transcribed below.

| | Coll. | Ant. | Ev. | int | ext | Lections |
|---|---|---|---|---|---|---|
| s. xiii | | | | | | |
| **S122** | A | | | ? | 6 | 2, 10, 13, 18, 26, 28 |
| **S302** | | | SQA | 9 | 9 | (3, 4, 5)(5, 6) (8, 9),10, 10<br>(10,11), 12,12 (12, 13) |

180 *BHL* 2392, ed. Arnold, *Memorials*, I.3–25, and Winterbottom, *Three Lives*, pp. 67–87.

| | Coll. | Ant. | Ev. | int | ext | Lections |
|---|---|---|---|---|---|---|
| **ONid**[181] | | | | ? | 0 | |
| **S304** | | | | | 1 | 10[182] |
| c. 1400<br>**S301** | | | | ? | 2 | (4, 5, 6, 13, 16, 17),19 |
| s. xv<br>**SB07** | A | | | ? | 5 | 1, 8, 9, 11,12 |
| c. 1500<br>**BOtho** | A | | NGF | ?6 | 5 | 18, 20, 21 22, 23 |
| **BNid**[183] | A | HEM<br>BVQ | NGF | 9[184] | 9 | 4, 5, 10, 13, 15, 18, 20, 26 |
| **BUps** | A | | | 3 | 3 | 29, 30, 31 |

**S302**: Lect. 1: … *presciebat martyrio finiendum. Secutus culmen regiminis multe fuit in subiectis benignitatis, non declinabat ad dexteram extollendo se suis meritis nec ad sinistram succumbendo uiciis humane fragilitatis. Cumque tam conspicius in Christo et ecclesia emineret bonorum operum ornamentis eius patientiam sicut et sancti Iob aggressus est experiri hostis humani generis qui eo iustius bonis inuidet quo appetitu bone uoluntatis caret. Quo circa ei unum ex membris suis aduersarium immisit qui omnibus que habuerat sublatis ad impatientiam si posset erumpere cogeret ut desperans deo in faciem benediceret. Fuit idem aduersarius dictus uocabulo inguar qui cum altero hubba nomine eiusdem peruersitatis homine nisi diuina impediretur miseratione conatus est in exterminium dare totius fines Britannie.*
Lect. 2: *Predicti iniqui duces Northanimbrorum primitus aggressi expugnare prouinciam, graui depopulatione totam peruagantur ex ordine. Pueros senes cum iunioribus in plateis obuiam factos iugulant et matronalem seu uirginalem pudiciciam ludibrio tradendam mandant. Cumque iam multitudine interfectorum inmanem rabiem non tantum exsaturasset impius rex*

181 The rubric is *propria historia cum hymnis propriis cantetur. Lectiones de passione ipsius legantur.Cetera omnia que sequuntur peragantur quemadmodum in suffragio sanctorum de uno martyre non episcopo notata inveniuntur.*

182 From *ad quamdam arborem vicinam* to *senatum curiae celestis intravit.*

183 **BNid** also has the Inv. *Regem sempiternem* and another antiphon BVQ.

184 Lect. 1 *In diebus illis rex .....non possumus expedire*; lect. 2 *Siquidam ita columbine ....humane fragilitatis*; lect. 3 *Inimicus humane gentis ....ita incautum aggredias*; lect. 4 *Ait autem sic Terre ... indignus iudicaberis et regno*; lect. 5 *Rex vero E. audit... fuerit consors religionis*; lect. 6 *Vix sanctus E... ...rebellem iam cognoverat*; lect. 7 from John 8.9 *In illo tempore dixit ....immolatus est hostia*; lect. 8 *Vinctus sanctus multipliciter .....sebastiniano egregio martyrii*; lect. 9 *Videns hynguar furcifer....in presentem dies.*

*INguar, quantum fatigatus in posterum detulisset, euocat quosdam plebeios quos suo gladio credidit esse indignos ut ubi eorum rex tunc temporis edmundus degeret sollicitus perscrutator inuestigare studeret. Nam ad eum fama peruenerat quod idem rex gloriosus scilicet Edmundus florenti etate et robustis uiribus belloque per omnia esset strenuus et idcirco festinabat passim neci tradere, quos circumcirca poterat reperire ne stipatus militum agmine ad defensionem suorum posset sibi edmundus resistere.*

Lect. 3: *Delegit dux impius Inguar ad sanctum edmundum accito uno ex commilitonibus ubi exploraret que sit summa uoluntatis eius ut contigit querens subiugare tormentis, si eius nollet obtemperare feralibus dictis. Cuius cum precepta sanctus audiret alto cordis dolore ingemuit et delecto nuncio ait. Omnipotens rerum arbiter testis existit, quod me seu uiuum seu mortuum nullus seperabit a caritate Christi. Et ait ad eum qui de condi-tione regni locuturus ab impiissimo INguar fuerat missus. Madefactus cruore meorum mortis supplicio dignus extiteras sed plane Christi mei exemplum secutus nolo commaculare manus qui pro eius nomine paratus sum occumbere. Ideo ueloci gradu rediens festinus domino tuo hec responsa euarra.*

Lect. 4: *Cumque iniqus nuncius suo iniquo domino sancti edmundi uerba pergens afferret ecce ille iniquissimus iudex obuius ei uenit, iubens breuil-oquio ut utatur. Que ille dum exequitur imperat tirannus circumfundi omnem turbam suorum interius, solumque regem sanctum teneant quem suis legibus rebellem nouit, proiectis armis capitur et uinculis artioribus artatus constringitur atque post multis modis illuditur, et ad quidam arborem uicinam religatus flagris dirissimis diutissime uexatur nec uincitur. Qua propter aduersarii in furorem uersi quasi ludendo ad signum eum toto corpore cruentatum telis confodiunt, multiplicantes acerbitatem cruciatus crebris telorum ictibus tam diu uulnera uulneribus imprimebant dum iacula iaculis locum dabant.*

Lect. 5: *Cumque sanctum dei martirem Edmundum iniquus Inguar conspiceret Christo iugiter inclinantem lictori mandat ut amputet caput eius. Qui ut mitissimus aries de toto gregi electus uolens felici commercio mutare uitam seculo diuinis intentus beneficiis iam recreabatur uisione eterne lucis quia in agone positus cupiebat saciari habundantius. Vnde inter uerba orationis eum arrepto pugione spiculator uno ictu decapitando hac luce priuauit.*

Lect. 6: *Sanctus dei Edmundus quinto*[185] *decimo kalendas decembris deo gratissimum holocaustum igne passionis examinatus cum palma uictorie et corona iusticie rex et martir intrauit senatum curie celestis addictus. Talique*

[185] sic; it should be *duodecimo* (20 Nov.).

*exitu crucis mortificationem quam iugiter in suo corpore rex pertulit Christi domini secutus uestigia consummauit. Ille quidem sceleris in columna ad quam uinctus fuit sanguinem non pro se set pro nobis flagellorum suorum signa reliquit, iste pro adipiscenda gloria inmarcessibili cruentato stipite similes penas dedit pro amore eius. Cuius corpus ita truncatum et aculeis hirsutum relinquentes cum suo auctore dani ministri diaboli, illud sanctum capud quod non impinguauerat peccatoris oleum set ministerii certi sacramentum in siluam recedentes asportauerunt ac inter densa ueprium frutecta longius proiectum oculuerunt, id omni sagacitate elaborantes ne a christianis quos uix paucos reliquerant sacratum corpus martiris cum capite pro tumulantium modulo honeste traderetur sepulture.*
Ev.: SQA
Lect. 7: *Qui predicto horribili spectaculo ecclesia christiani religionis delitescendo interfuit quam subtili actu ut credimus a paganorum gladiis diuina prouidentia ad manifestandum huius rei indaginem reseruauit licet omnino ignorauerit quid de capite factum esset nisi quod cum eo carnifices danos interiorem siluam petere conspexisset. Quam ob rem quantulacumque ecclesiis reddita pace, ceperunt christiani de latibulis consurgere diligenti inquisitione satagentes ut capud sui regis et martiris inuentum reliquo corpori unirent et iuxta suam facultatem cum digno honore reconderent.*
Lect. 8: *Siquidem paganis abeuntibus et depopulationi quo locorum operam dantibus illud corpus sanctissimum adhuc sub diuo positum facillime est repertum in eodem campo ubi occubuit completo cursu sui certaminis. Quo propter antiquam beneficiorum memoriam et ingentem regis clementiam populi undique gratuitu confluentes ceperunt mesto animo grauiter ferre quod caruissent tanta corporis portione*
Lect. 9: *Pro certo enim omnibus uera sapientibus inerat quod alie secte cultores inuidendo nostre fidei sustulissent uili cespite obrutum auibus aut feris deuorandum. Cumque inito consilio omnes pari affectu ad id concurrere decreuerunt ut cornibus uel tubis ductilibus singuli cantent, quatinus circumcirca peruagentes uocibus aut tubarum strepitu sese mutuo inuenirent. Nactum est autem dictum mirabile et seculis inauditum. Capud quippe sancti martiris longius remotum a suo corpore prorupit in uocem, cum iam posset audiri loquens et querentibus ait semet ipsum demonstrans: Hic, hic, hic. Nec umquam eadem repetendo clamare destitit quoad usque omnes ad se perduxit. Hec magnalia Christus suo concessit martiri primum et post*[186]

**ONid** has the rubric: *propria historia cum hymnis propriis cantetur. Lectiones de passione ipsius legantur. Cetera omnia que sequuntur pera-*

[186] Here the ms breaks off.

*gantur quemadmodum in suffragio sanctorum de uno martyre non episcopo notatiuntura inueniuntur.*

**BNid** also has the Inv. *Regem sempiternum* and another antiphon BVQ

(iii) Proper office:
Two twelfth-century manuscripts, an antiphonary (**S09**) and a breviary (**S90**), a thirteenth-century antiphonary (**O01**), a fifteenth-century collectarium (**SB1a**) and the printed **BRosk** provide evidence of a fuller office. **BRosk** provides the main text.

Ad 1 uesperas.
Ant. *Aue rex gentis anglorum*
*miles regis angelorum*
*O Edmunde flos martirum*
*uelut rosa uel lilium*
*funde preces ad Dominum/filium*
*pro salute fidelium*

**S09** has this as Ant. 1, and continues with further antiphons:

2. *O purpurea martirum gemma rex oeadmunde*
3. lacuna
4. ending, *tu ergo nos subueni in tremendo iudicio.*
5. *Princeps et pater patrie aedmunde nobilissime in agone nouissime bellator inuictissime precinctus fortitudine castra uicisti sathane fac nos tue uictorie participes et glorie …*[187]

Cap. *Justum deduxit*
Ant. *Egregie decus* **S09**
V' *Vita eius* **S09**
Hy. Comm. **S09** has *Martir dei qui* followed by G&H
Ant. *Exulta <sancta> ecclesia a totius* **S09**[188]
*gentis anglie in manibus est*
*laudatio eadmundo regis incliti*
*et martiris inuictissimi qui*
*triumphato mundi principe celos ascendit*
*uictoriosissime sancte pater eadmunde tuis*
*supplicibus intende. euouae.*

187 Gjerlöw, *Antiphonarium Nidrosiensis Ecclesiae*, p. 253, points out that antiphons 1, 2 and 5 in **S09** are in the proper office for St Oswin of Tynemouth, a priory dependent on St Albans.

188 **S09** has *Exulta sancta ecclesia.*

**SB1a** starts here, followed by G&H

Coll. A — **SB1a** here has Coll. B

Ad matutinas

Inv. *Regem regum adoremus* **S09**[189]

Hy. Comm.

In 1 nocturno

Ant. *Sanctus Edmundus clarissimis*

Ant. *Cum inuentus adolesceret*

Ant. *Legem dedit rex crudelis*

Lect. 1 (Abbo, c. 3) *Gloriosus et celebrandus … fidei christiane*

R' *Sancte idolis puer*

V' *Cuius infantium*

Lect. 2 (Abbo, c. 3) *Qui igitur attauis … tranquilla deuotio*

R' *Egregie decus*

V' *Vita eius*

Lect. 3 (Abbo, c. 4) *Sanctus eadmundus … humane fragilitatis*

R' *Exiit edictum crudelis*

V' *Propositis sibi tyranni*

In 2 nocturno

Ant. *Ait autem Edmundus*

Ant. *Vinctus ferro*

Ant. *Quo amplior esset*

Lect. 4 (Abbo, cc. 4/5) *Cum igitur sanctus eadmundus … aduersarium immisit*

R' *Miles Christi Edmundus*

V' *Ignis et ferrum*

Lect. 5 (Abbo, c. 5) *Fuit autem aduersarius … totius fines britannie*

R' *Crescit ad penam*

V' *Cuius sanguinis membra*

Lect. 6 (Abbo, cc. 10,11) *Sanctus dei martyr … uestigia consummauit*

R' *Martiri adhuc palpitatis*

V' *Caput sanctitate plenum*

In 3 nocturno

Ant. *Misso speculatore decreuit*

Ant. *O martir inuincibilis* — **O01** has this Ant. as the final respond at mattins with V'. *Collucens ante thronum*[190]

---

189 **S09** ends here.

190 Gjerløw, *Antiphonarium Nidrosiensis Ecclesiae*, points out that the thirteeth-century breviary Oxford Bodleian Digby 109, probably from St Edmundsbury, also has this as the final one at mattins. **BRosk** is also paralleled in English sources.

Ant. *Refectum ergo de corpore*
Hom. *Si quis post me uenire*
R' *Quo uictorissimo derogaret*
V' *Nisus tollere signum*
R' *Refrectum ergo de corpore*
V' *Exaudiuit dominus clamore*
R' *Caput martyris uerba*
V' *Te doluit pater pius*
Ad laudes

| | |
|---|---|
| Ant. *Quidam maligne mentis homines* | **O01** |
| Ant. *Facto autem mane* [***] *incepti habuit uersa uice sibi pena fuit.* | **O01** and **S90**[191] |
| Ant. *Quidam magne potentie ui leofstanus dum iuuenilis non refrenauit impetum animi in temeritatem incidit accedens ad tumbam sancti iussit sibi offa martiris ostendi* | **S90** |
| Ant. *Reserato ergo locello astitit aspexit a spiritu nequam mox uexari cepit tandemque iudicio perculsus diuino interiit* | **O01** and **S90** |
| Ant. *O martir magne meriti qui uirtutibus ita effloruit intercede pro nobis.* | **O01** and **S90** |
| | **S90** also has Ant. *Ora pro nobis beate Edmunde* |

Ev.
Ad Bened.

| | |
|---|---|
| Ant. *Gloriosus dei athleta Edmundus per regiam dignitatem insignem optinuit uictorie palmam unde nunc fruitur societate angelorum senatu apostolorum contubernio martirum cuius ergo precibus adiuuari rex christi deposcimus. alleluia* (tris) | **O01 S90 SB1a** |

Benedictus

Ad 2 uesperas
Ad Magnificat

191 Here **S90** begins; the text is notated throughout.

| | |
|---|---|
| Ant. *O sanctissimi patris Edmundi incliti regis et martiris sancta preconia qui factus uictima deo pro populo suo hodie assumptus est sacrificium laudis in odorem suauitatis hinc laus et gloria deo et christo suo atque spiritui sancto. alleluia.* | **O01** and **S90**. **SB1a** has *beatissimi* instead of *sanctissimi* followed by G&H |

P Magnificat
**S90** then has Coll. A, but **SB1a**, Coll. B

This office of Edmund RMar, known in English sources, is shown to be in widespread use throughout Scandinavia, in Denmark at least up to the Reformation. Since Knud the Great promoted this cult in his dominion that could well be the occasion for its introduction into Denmark thence to Norway and Sweden.[192]

## Edward, King & Confessor

5/8 January; translation 13 October

**Kalendars**
(unless otherwise noted the entry is for 13 Oct.)

| | | |
|---|---|---|
| s. xii | **S215** | 7 Jan. *Edwardi Reg et Mart.* There is confusion in three Scandinavian sources between Edward RC and Edward RMar. The date shows the Confessor is intended. (8 Jan. was the date for Edward at Ely only.)[193] |
| s. xiii | **H39** | *Sci edwardi conf 3 lec* |
| | **SB17** | 7 Jan. *Edwardi Reg et Mart* see comment on **S215** |
| s. xiv | **H33** | *Edwardi* |
| | **H35** | *Edwardi 3 lect* |
| c.1400 | **H34** | *Edwardi . 3 lect.* **added in later hand** |
| s. xv | **H38** | *Edwardi Reg et Conf 3 lect.* |
| | **S198** | *Edwardi regis et Conf 3 lect.* |
| | **S900** | 8 Jan. *Edwardi Reg et Mart* see comment on **S215**<br>13 Oct. *Translatio S. Edwardi* |
| c.1500 | **Åbo** | *Edwardi conf 3 lect.* |

192 Non-liturgical witnesses to Edmund RMar (Jetmund or Jatmund in Norway) in Scandinavia include three church dedications (St Mary and St Jetmund, Hovedøya; St Jatmunds,Vanifli, and St Jatmunds, Vang in Uppdal). There exists a letter written in Denmark in 1183 on 20 November dated St Edmund's day (Thorkelin, *Diplomatarium*, I.271).

193 Wormald no. 32.

### Martyrology

s. xiii **C30** 13 Oct. *Item commemoratio beati edwardi reg et conf 3 lect.*

### Litany

s. xiii **H40** Edward added to list of confessors

### The Mass

Coll. A *Deus qui nos beati edwardi confessori tui annua solempnitate letificas, concede propitius ut cuius natalicia colimus per eius ad te exempla gradiamur. Per.*
Secr. A *Laudis tue domine hostias immolamus in tuorum commemoratione sanctorum quibus nos et presentibus exui malis confidimus et futuris. Per.*
Postc. A *Refecti cibo potuque celesti deus noster te supplices exoramus, ut in cuius hec commemoratione percepimus eius muniamur et precibus. Per.*

Collation table for Edward King & Confessor mass texts:

| | **Rob** | **We** | **Aug** | **Yk** | **Her** |
|---|---|---|---|---|---|
| Coll. A | • | • | ?• | ?• | ?• |
| Secr. A | • | | | | |
| Postc. A | • | • | • | • | • |

The mass of Edward in Scandinavia:

| | **Inv.** | **V** | **Coll.** | **Epa** | **Gr.** | **V** | **Alla** | **Ev.** | **Off.** | **Secr.** | **Com.** | **Postc.** |
|---|---|---|---|---|---|---|---|---|---|---|---|---|
| 1400 | | | | | | | | | | | | |
| **H70** | OJ | NEM | | | | | | | | | | |
| 1500 | | | | | | | | | | | | |
| **SB11** | OJ | | | | DPB | | IS | | DA | | FS | |
| **MÅbo** | OJ | | A | IDD | DPB | VPT | IS | HQN | DA | A | FS | A |

### The Office and Lectionaries

This is represented by one breviary fragment and two lectionary fragments:

s. xiv **H50 and H52** Lect. 1 from *Rex illustris Edwardus ex antiquis anglorum regibus*
to … *in incessu maturitas apparebat*
Lect. 2 from *Sermo eius dulcissimo iesu christo*
to … *pactum fecerent et tenerent.*

| | | |
|---|---|---|
| | | Lect. 3 from *mire autem grauitatis et uenerationis* to … *clarus miraclis migrauit ad christum.* |
| s. xv | **U06** | Coll. A |

Such meagre evidence of Edward the Confessor's cult as there is in Scandinavia is mainly due to Dominican influence, although the early contacts with England cannot rule out some direct influence. It is, however, noteworthy that one fifteenth-century letter from a Swedish nunnery (SRA D9 Uppbords- och utgifts-bok för Kalmar nunnekloster 1478–86, fol. 3v) in October is dated *in die edwardi conf.*

## Edward King & Martyr

18 March; translation 20 June

**Kalendars** (all 18 Mar. unless noted otherwise)

| | | |
|---|---|---|
| c.1100 | **S213** | 20 June *Transl S. Edwardi Reg et Mart 3 lect. Te Deum* |
| s. xii | **S196** | *Edwardi regis* |
| | **S195** | *(P)assio (S.) Eaduuardi Reg et Mart* |
| | **S202** | *Edwardi Reg et Mart* |
| | **SM01** | *Edwardi regis* |
| c.1200 | **S705** | *Eadwardi regis* |
| s. xiii | **H39** | *Sci edwardi regis et mart. festum simp.* |
| | **S190–1** | *S. Edwardi regis et Mart 9 lect.* |
| | 20 June | *Transl S. Edwardi Reg et Mart* |
| | **S214** | *Etwardi Reg* |
| | **S218** | *Edwardi Reg et Mart* |
| | **Y27** | *Edwardi Reg et Mart* |
| | **U03** | *Edwardi* added in s.xiv in Strä |
| s. xiv | **O18** | *Transl.* (sic) *S. edwardi regis et mart* |

**Martyrology**

| | | |
|---|---|---|
| s. xiii | **C30** | *Ipso die natalis beati Eduuardi Reg et Mart* |

**Litanies** (Edward among the martyrs)

| | |
|---|---|
| s. xii | **S180** |
| | **S403** |
| s. xiii | **O33** |

## The Mass

### *Collects*

Coll. A *Deus qui beatum regem et martirem Eduuardum regno infidelibus hostibus orbatum terreno regnis insignite et eris collocasti, concede quesumus ut quem signis miraclorum iam clarere sentimus continutum. Per.*

Coll. B *Deus eterni triumphator imperii familiam tuam propicius respice martirium regis celebrantem Eaduuardi et presta ut sicut munere illum glorificare dignaris celesti ita nos eius optentu eterne felicitati facias ascribi. Per.*

Coll. C *Deus qui beatum Eaduuardum martirem tuum uirtute constantie in passione roborasti ex eius nobis imitatione tribue per amore tuo prospera mundi despicere et nulla eius aduersa formidare. Per.*

### *Secrets*

Secr. A *Hostias quas tibi domine offerimus propicius respice et interueniente beato martire tuo Eduuardo a cunctis peccaminum nos nexibus clementer absolue. Per.*

Secr. B *Intuere quesumus eterne deus ad nostre humilitatis hostiam in honore tui martiris Eaduuardi oblatam quem tibi sacram oblationem mirabili dispensatione efficere uoluisti et concede nobis illius precibus ita innocenter uiuere ut ad eterna mereamur gaudia peruenire. Per.*

### *Postcommunions*

Postc. A *Foueat nos quesumus domine beati martiris tui Eduuardi intercessio continua ut quem miris celestium cernimus signorum redolere prodigimus idem pro nobis intercessor existat perpetuus. Per.*

Postc. B *Sancta tua nos domine purificent et beato martire tuo Eduuardo intercedente ad perpetue beatitudinis consortium perducant. Per.*

Collation table for Edward King & Martyr mass prayers:

| | **We** | **Rob** | **Aug** | **Sar** | **Yk** | **Her** |
|---|---|---|---|---|---|---|
| Coll. A | | | ?• | | ?• | ?• |
| Coll. B | | • | | • | | |
| Coll. C | • | | | | | |
| Secr. A | | | | | | |
| Secr. B | | • | | • | | |
| Postc. A | • | | • | | • | • |
| Postc. B | | • | | • | | |

The mass of Edward King & Martyr in Scandinavia:

| | Inv. | Coll. | Epa | Gr. | V | Alla | Ev. | Off. | Secr. | Com. | Postc. |
|---|---|---|---|---|---|---|---|---|---|---|---|
| s. xii | | | | | | | | | | | |
| **O45** | | B | | | | | | | B | | |
| **S408** | | C | | | | | | | A | | B |
| s. xiii | | | | | | | | | | | |
| **S452** | IVT | A | ISM | PD | DA | BV | SQP | IVT | A | PD | A |
| **S497** | IVT | A | ISM | PD | DA | BV | SQP | IVT | A | PD | A |

### The Office

This is represented only by two manuscripts:
c.1200 **S74** Coll. C
s. xiii **S11** Ant: HEM V: G&H Coll. C

The cult of Edward RMar is largely confined to England, so its early appearance in Scandinavia is significant. The fourteenth-century addition in Strängnäs is the last kalendar indication in Scandinavia.

## Erconwald, Bishop

29/30 April; translation 1 February[194]

### Kalendars

| | | | |
|---|---|---|---|
| s. xii | **O11** | 29 Apr. | *S. Erkenuualdi epi* |
| | **O19** | 7 May | *Okt Erck.* |
| | **S202** | 30 Apr. | *Erkenwoldi* |
| | **S195** | 30 Apr. | *S. Herkenuualdi epi* |
| s. xiii | **H39** | 30 Apr. | *Erkenwaldi epi* *3lect* added |

### Martyrology (30 Apr.)

s. xiii **C30** *et S. Erconwoldi epi*

### Litany

c.1200 **S168** Erconwald among the confessors

[194] An alternative translation date is 14 November, which is not represented in the surviving Scandinavian liturgical books.

## The Mass

### *Collects*

Coll. A *Omnipotens sempiterne deus apud quem semper est continua sanctorum festiuitas tuorum, presta quesumus ut qui sollempnitatem beati Erkenwaldi pontificis agimus ab hostium nostrorum eruamur nequicia et ad eternorum nos prouehi concedas beneficia premiorum. Per.*
Coll. B [***] *propicius quesumus domine nobis Erkenwaldi qui* [***]*sta merita g*[***]*ssione ab*[***]*ga in uniuersis. Per.*

### *Secret*

Secr. A *Hec sancta domine que indignis manibus tractamus intercessione beati Erkenwaldi presulis tue sint magestati accepta*, *ut ab omni nos muniant inimicorum molestia et ad dona perducant celestia. Per.*

### *Postcommunion*

Postc. A *Sacri corporis* <*domini nostri repleti libamine et precioso inebriati sanguine quesumus*> *domine deus noster ut per intercessionem sancti presulis Erkenwaldi et eterne beatudinis premium sempiternum. Per.*

The mass AAA, comments Wickham Legg, 'seems peculiar to Westminster' but it is the one used in the saint's cathedral of St Paul's,[195] and the collect A is known elsewhere (for example in **Alb2**, **Ely** and **Sarum**); the Scandinavian manuscript probably comes from the London area. Coll. B is partly illegible and a parallel has not yet been found.

The mass of Erconwald in Scandinavia:

| | Inv. | Coll. | Epa | Seq. | Ev. | Off. | Secr. | Com. | Postc. |
|---|---|---|---|---|---|---|---|---|---|
| s. xii | | | | | | | | | |
| **S600**[196] | SE | A | ESM | EN[197] | HQP | VEQ | A | BS | A |
| 1200 | | | | | | | | | |
| **S640**[198] | | | | | | | | | A |
| **S640** | SE | A | ESM | EN | HQP | VEQ | A | BS | A |

195 Wickham Legg, *Missale ad Usum Ecclesiae Westmonasteriensis*, p. 1545; cf. Sparrow Simpson, *Documents*, p. 15.
196 This mass is for the octave 7 May.
197 The sequence *Eya nostra conc* has not hitherto been found.
198 This missal has only the end of 30 April (Postc. A) mass but more survives of the octave mass 7 May as above.

## The Office[199]

The antiphoner **S08**, dated c.1100, contains a rubric between Blasius (3 Feb.) and Agatha (5 Feb.): *Memoria de s. maria*; *deinde de apostolis*(?); *postea de S. Laurentio et S. Erkenwaldo*.
The translation feast for Erconwald is usually 1 Feb. while Laurence at St Augustine's Canterbury is 2 Feb.; here they seem to be combined on 3 Feb.

Two breviaries contain parts of an office for Erconwald, **S82** and **S95**:

**S82**

Ad vesp
Ant. *Alleluia*
Cap. *ESM*
R' [200]*Ora pro nobis beate Erkenwalde ut digni efficiamur promissione Christi*
V' *Tu autem confessor Christi ora pro nobis deum. Vt digni.*
V' *Gloria patri et filio et spiritui sancto. Vt*
Hy. *Festiua dies annua nobis refert sollempnia qua Erkenwaldus celicam est translatus ad patriam.*[201]
*Qui primum abbas nobilis uite fulsit in meritis dedique*[202] *nutu deinceps Londone fit pontifex. Hic uitam duxit celibem per quem est nactus requiem ab omnium periculum cursus finiuit temporum. Cuius nos prece dominus donis ditet celestibus concedat et perpetuam cum patrono leticiam.*

**S95**

*O beate erkenwalde pium dominum ihesum pro impietatibus nostris deposce, Sancte erkenwaldi tu dulcedo pauperum, tu pius consolator*

Ant. *Quis auctor animarum ora pro nobis*

---

199 See also my article in Brunius, *Medieval Book Fragments in Sweden*, p. 106.
200 Notation begins.
201 Notation ends; see *AH* 11, p. 119, no. 204.
202 For *deique*?

| | | |
|---|---|---|
| R' | *Gloria tibi domini* | |
| V' | *Amauit eum* | *AE* |
| R' | [203]*O occisum signe nostrum pa* | *Ora pro nobis beate erkenwaldi* |
| [***] *benig*[***] *aspice letantes tua gaudia* | | *ut digni* [***] |
| [***]*tes et tecum uite. Alleluia* [***] | | |
| Ora | Coll. *A* | Coll. *B* |
| Inv. | *Christus resurgens adoremus in quo..* | |
| Hy. | *IC* | |
| Ant. | *Alleluia* | |
| Ps. | *BV* | |
| Ps. | *QF* | |
| Ps. | *DQM* | |
| V' | *AE* | |
| Lect. 1 | de expos. Eu. *HQP* | |
| R' | *Sancta plebs occurit* [***] *erkenwaldi sublimando meritis* [***] | |
| V' | *Specialis exultans* [***] | |

This office is not the one in use at London.[204]

## Eormenhilda, Abbess

13 February

**Kalendars** (all 13 Feb., *Ermenilda uirg*)

s. xii **O10**
s. xiii **S218**, **Y27**

**Martyrology**

s. xiii **C30** 13 Feb. *Et depositio Eormenilde uirg*

It is interesting that this saint, common in early English kalendars but rare in Anglo-Norman, is witnessed to at least once in all three Scandinavian countries; she is often denoted a virgin because, after marrying and bearing two children, she later became a nun and abbess of Ely.

203 Notation begins; much of it illegible.
204 Cf. Sparrow Simpson, *Documents*, pp. 17ff.

## Felix of Dunwich,[205] Bishop

8 March

### The Mass

s. xii **S 604** has the following mass:
Coll. A *Deus qui nos annua beati felicis confessoris tui atque pontificis sollempnitate letificas, da quesumus domine eius interuenientibus meritis nos eius sempiterne glorie participes fieri. Per.*
Secr. A *Sacra misteria que iniciamus in honore sancti felicis confessoris tui atque pontificis, quesumus domine deus noster tua diuina perfunde benedictione et eo intercedente fac nos dignos eorum participatione. Per.*
Postc. A *Repleti domine diuino munere quesumus ut sit nobis ad remedium sempiternum sancti felicis confessoris tui atque pontificis imploret oracio. Per.*

No parallels for this mass have been found

s. xv **SB1a** has the entry against 8 Mar. *In britannia depositio felicis epi* but no collect

## Frideswide, Virgin & Martyr

19 October

### Kalendar

s. xiv **Y02** 19 Oct. *S. Frethesyithe uirg et mart*[206]

### Martyrology

s. xiii **C30** 19 Oct. *In Britannia S. Frithesuuitha uirg*

## Frithestan, Bishop

10 September

### Martyrology

s. xiii **C30** 10 Sept. *Et depositio S. Frithestani antistes*

---

205 Bede calls Felix's see town Domnoc (*HE* II:15); this is usually interpreted as Dunwich, now vanished beneath the sea, but there are also arguments for Felixstowe. Cf. Jones, *The English Saints*, pp. 56ff.

206 Frideswide was not martyred; probably a copying slip for *virg. non mart.*

## Gilbert of Sempringham, Confessor

4 February

### Kalendars

| | | | |
|---|---|---|---|
| s. xiv | **S903** | 4 Feb. | *Gilberti conf* |
| s. xv | **U20** | 4 Feb. | *Gilberti conf* |

### The Mass

s. xv **SB1a** 3 Feb. *eodem die Gilberti conf* but no collect follows

## Grimbald, Bishop

8 July

### Kalendar

s. xii **O12** 8 July This damaged fragment has a confessor with a name running to eight or nine letters on this date; it is probably Grimbald, or possibly Theodore

### Martyrology

s. xiii **C30** 8 July *Ipso die transitus S. confessoris Christi Grimbaldi*

### The Mass

Coll. A *Deus qui dilecti confessoris tui et sacerdotis merita Grimbaldi miraculorum gloria fecisti clarescere, presta quesumus ut qui sacratissime illius depositionis celebramus festiuitatem eius in celis perhennem consequamur societatem. Per.*
Secr. A *Hec tibi hostia quesumus domine sit acceptabilis et pro nobis tuus intercedat sanctus grimbaldus confessor uenerabilis. Per.*
Postc. A *Sumpta sacrosancta communicatio beato interueniente grimbaldo hoc in nobis domine operetur ut in fide inueniamur stabiles et in moribus concordes et in bono proposito efficaces. Per.*

The mass AAA is paralleled in **Vit** and **NewM**

The mass of Grimbald in Scandinavia:

| | Coll. | Secr. | Postc. |
|---|---|---|---|
| s. xii | | | |
| **H64**, **S423**, **S407** | A | A | A |
| **O43**, **O44** | | | A |
| **S142** | A | | |
| s. xiv | | | |
| **S639** | A | | |

## Guthlac, Presbyter & Confessor

11 April

### Kalendars

| | | |
|---|---|---|
| s. xii | **S196** | *et gudlaci* |
| c.1200 | **SM01** | *S. Guthlatii conf.* |
| s. xiii | **S191** | *Sci Guthlaci* |

### Martyrology

s. xiii **C30** *et depositio S. Guthlaci presb.*

**Litany** (Guthlac among the confessors)

s. xii **S180** and **S403**

## Hedde, Bishop

7 July

### Martyrology

s. xiii **C30** *et depositio S. pont. Hedde*

## Hilda, Abbess

17/18 November; 25 August

### Kalendar

s. xv **H36** 25 Aug.[207] *Hille uirg*

207 This date for Hilda was only observed in the York use.

### Martyrology

s. xiii **C30** 18 Nov. *ipso die depositio S. Hilde abb.*

### The Mass

c.1200 **S498**[208]
Coll. A *Deus qui inter cetera potentie tue in sexum fragilem uirtute recte intentionis corroboras, presta quesumus ut exemplo sancte helene* (sic) *christianissime regine cuius studio desideratum regis nostri signum retegere dignatus es tecum ea que christi sunt iugiter indagare atque consequi te fauente mereamur. Per.*
Secr. A *Munera populi tui domine placabilis dextra tua suscipiat et sancte helene* (sic) *suffragantibus meritis deuotione* (*nostre*) *proficiant et saluti. Per.*

The postcommunion prayer is not extant. No parallel has yet been found for these prayers.

## Ivo, Bishop

24 April (invention)

### Kalendar

s. xiii **S191** *S. Iuonis*

The supposedly Persian bishop whose relics were uncovered in a field at *Slepe* in Huntingdonshire (St Ives), in about 1001, and were translated thence to Ramsey.[209]

208 This missal fragment is something of a mystery; it seems to contain a February page with mixed prayers for Purification BVM (2 February); Blasius (Blaise) (3 February) called however Basilius in the text, then Agatha (5 February) followed by a rubric *Hyl virg*, but Helene in the texts; neither Helen nor Hilda has a known feast in February; however the entry is given here in case Hilda was intended.

209 Blair, 'Handlist', p. 541.

## Iwy, Monk & Deacon

8 October

### Martyrology

| | | |
|---|---|---|
| s. xiii | **C30** | *Ciuitate Wiltonia depositio S. Iyi conf* |

A Northumbrian monk whose relics were brought to Wilton from Brittany, supposedly by Breton clergy.[210]

## John of Beverley, Bishop

7 May

### Kalendars (all 7 May)

| | | |
|---|---|---|
| c.1100 | **S213** | *(s)ci Joh'is epi in Beuerlaco* |
| s. xii | **C43** | *S. Johannis archiepi*[211] *in Beuerli* |
| | **O19** | *John epi* |
| | **S196** | *Joh'is epi in beuel.* |
| c.1200 | **SM01** | *Johannis in beuerlac* |
| s. xiii | **X21** | *Sci Johis archiepi eboracensis ciuitatis* |
| | **Y27** | *Joh'is archiepi* |
| c.1300 | **O70** | *Joh'ie archiepi* |
| s. xv | **S900** | *S. Joh'is epi & conf* erased |
| c.1500 | **Nid** | *Johannis beuerlacensis epi et conf iii comm solita* |
| | Viborg | *Joh'is in Beuerlac epi* |

### Martyrology

| | | |
|---|---|---|
| s. xiv | **O31** | fragment with only [***]*lic* showing on 7 May with space for *Johannis in Beuer* |

### Litany

| | | |
|---|---|---|
| s. xii | **C44** | *Johannes* among the confessors |

210 Blair, 'Handlist', p. 541.

211 Although John occupied the see of York before it was properly an archbishopric it was natural to use this designation for early occupants of the see and many English kalendars do so.

## The Mass

### *Collects*

Coll. A *Propiciare quesumus domine nobis famulis tuis per sancti confessoris tui Iohannis episcopi merita gloriosa ut eius pia intercessione ab omnibus semper muniamur aduersis. Per.*

Coll. B *Deus qui presentem diem nobis in celesti natiuitate beati johannis episcopi et confessoris solemnem esse fecisti, presta quesumus ut qui depositionis illius sacratissime celebramus festiuitatem eius in celis perhennem consequamur societatem. Per.*

Coll. C *Deus qui nos beati johannis confessoris tui atque pontificis sollempnitate letificas, concede propitius ut contra aduersa* (*eius*) *omnia semper intercessione muniamur. Per.*

### *Secrets*

Secr. A *Suscipiat clementia tua domine quesumus de manibus nostris munus oblatum et per sancti confessoris tui iohannis episcopi ueneratione* (sic) *tue optulimus maiestati presta domine quesumus ut per ea ueniam mereamur peccatorum et celestis gratie donis perfruamur. Per.*

Secr. B *Sacrificium oblatum quesumus domine intercessione beati iohannis confessoris tui et episcopi maiestati tue redat acceptum per eius ueneranda depositione deuote tibi defert obsequio. Per.*

Secr. C *Munera que te offerimus maiestati quesumus domine dignanter assume et intercessione beati pontificis tui johannis tribue nos in eterna requie gaudie. Per.*

### *Postcommunions*

Postc. A *Diuina libantes misteria que pro sancti confessoris tui iohannis episcopi ueneratione tue obtulimus maiestati, presta domine quesumus ut per ea ueniam mereamur peccatorum et celestis gratie donis perfruamur. Per.*

Postc. B *Sumentes domine celestia dona misteria benefictionis tue gratis interueniente beato iohanne confessore tuo atque pontifice consequi mereamur ut cuius uenerando gloriam predicamus eius in cunctis necessitationibus nostris auxilium sentiamus. Per.*

Postc. C *Presta quesumus omnipotens deus ut qui sollempnitatem sacram beati pontificis tui johannis annua deuotione recolimus et corpore tibi placcamus et mente. Per.*

Collation table for John of Beverley mass prayers:

| | Rob | Dur | Alb2 | Yk |
|---|---|---|---|---|
| Coll. A | • | • | | |
| Coll. B | | | | |
| Coll. C | | | • | |
| Secr. A | | | | |
| Secr. B | | | | • |
| Secr. C | | | | • |
| Postc. A | • | | | |
| Postc. B | | | | |
| Postc. C | | | | |

The mass of John of Beverley in Scandinavia:

| | Off. | Ps. | Coll. | Epa | Alla | Ev. | Off. | Secr. | Com. | Postc. |
|---|---|---|---|---|---|---|---|---|---|---|
| s. xii | | | | | | | | | | |
| **O48** | | | | | | | | | | A |
| **O53**[212] | | | A | | | | | A | | A |
| **S600** | | | C | | | | | C | | C |
| c.1200 | | | | | | | | | | |
| **S640** | | | C | | | | | C | | C |
| s. xiii | | | | | | | | | | |
| **ONid** | PMD | ED | | DDC | IDD | VVO | CC | | LI | |
| c.1500 | | | | | | | | | | |
| **MNid** | PMD | | B | DDC | IDD | VVO | CC | B | LI | B |

The main Scandinavian cult of John of Beverley is in Norway. In a discussion of this, Gjerløw reports Hohler's opinion that the mass AAA, which is a relic mass, was probably the one used at Beverley itself in default of a proper;[213] she also puts forward the idea that it may have come to Norway via Lund, since there exists also a later Icelandic manuscript with the same mixing of the texts of the secret and the postcommunion, so these probably have a common source. The mass BBB is not identical to any mass so far found but it is nearest in form to that in the York Breviary. The mass CCC remains a puzzle. No parallel has been found for BBB or Secr. C or Postc. C.

212 In both these Oslo fragments the texts of the secret and postcommunion have been conflated into one prayer, appearing in **O48** as a postcommunion and in **O53** as a secret. See the Guisborough missal for full text.

213 'Missaler brukt i Bjørgvin', p. 96.

**The Office** (only to be found in the Nidaros sources)

| **ONid** | | **BNid** |
|---|---|---|
| | | Ad primas uesperas |
| | | Ant. *Singularem a deo accepisti*[214] |
| Ad matutinas | | Coll. B |
| | | V *GI* |
| Inv. | *Exultent in domino* | *E in D* |
| Ps. | *Venite* | *Venite* |
| Hy. | *Iste confessor* | *IC* |
| Ant. | *Tristicia uestra* | *TV* |
| Ps. | *BV, QF, DQM,* | *BV*, *QF*, *DQM* |
| V' | *Gaudete iusti* | *GI* |
| Lectiones prop.uel commun. | | Lect. 1: *Beatus igitur Johannes archiepiscopus intra confinia anglorum editus, cum puerili adhuc pubesceret euo, theodoro cantuariensi commisus est archiepiscopo: quique illum omni probitatis more instruxit: atque sanctarum prudentiam scripturarum docuit.*[215] *Postquam ergo archiepiscopus cursum humane uite compleuit deo disponente ac rege inclito ealfrido annuente: presulatus suscepit honorem beatus ioannes in loco qui helstedelcham uocatur.*[216] |
| R' | *Beatus uir* | *BV* |
| | | Lect. 2: *Dictus est Johannes habebat quendam magne sanctitatis diaconem nomine butunum : quem in monasterio suo beuerlech dicitur* |

214 See Gjerlöw, *Ordo Nidrosiensis Ecclesiae*, p. 447; the full text reads: *Singularem a deo accepisti beate iohannes gratiam, sanantur quicumque tangunt tuam fimbriam, tempestatibus obijcias, cecos illuminas, mortuos resuscitas, claudos consolidas, hostes quesumus repelle patriam tuere supplicibus tuis adesto sine fine all.* This text has not been identified.

215 From the first part of lection 1 from the anonymous lections in CCCC MS 161; ed. Raine, *Historians of the Church of York*, I.21.

216 From the first part of lection 2 in the same ms.

| | | |
|---|---|---|
| | | *abbatem sanctimonialis uite constituit: ipse que episcopus omnes ad se uenientes ad uiam ueritatis assiduis monitus conuertit et pro grege sibi commisso atque omni populo christiano iugiter orauit.*[217] |
| R' | *Letabuntur iustus* | *LI* |
| | | Lect. 3 *Quodam etiam tempore dum sanctus uir beuerlic petiit uas quoddam uino plenum de pariete ubi pendebat cecidet: et a summo usque ad deorsum medium crepuit: et uinum quod intus erat per sancti antistitis meritum permansit illesum: quique de illo postea uino sumpsit potum.*[218] *Multa quidem et alia signa per eum dominus operatus est.*[219] |
| R' | *Lux perpetua* | *LP* |
| | *Te Deum* | |
| | | ad Bene. |
| V' | *Preciosa est* | |
| | Laudes matutine cum ceteris que sequuntur et cum horis diurnalibus pleniter peragantur sicut superius de beato georgio prenotantur | |
| In Ev. Ant. | *Inclite doctor aue preceptor*[220] | *Inclite doctor etc* |
| | Coll. B | Coll. B |
| | | Ps. *Benedictus* |

The office stems mainly from the common of saints in Eastertide.

217 From the second part of lection 2 in the same ms.

218 From the first part of lection 11 in the same ms.

219 This is lection 17 in the same ms.

220 The full text (see *AH* 28, p. 284) reads *Inclite doctor, ave preceptor idonee, salue tu lumen cecis, tu das vestigia claudis solamen mestis precibus pia vota rependis. O presul pie johannes nobis miserere all.* See Gjerløw, *Ordo Nidrosiensis Ecclesiae*, p. 447.

## Kenelm, Martyr

17 July

### Kalendars (all 17 July)

| | | | |
|---|---|---|---|
| c.1200 | **S193** | *S. Kenelmi mart.* | |
| s. xiii | **O15** | *S. Kenelmi* | added in s. xiv |
| | **S190** | *S. Kenelmi regis et mart.* | |
| | **Y27** | *Kenelm* | |
| s. xiv | **Y02** | *S. Kenelmi regis et mart.* | |

### Martyrology

s. xiii **C30** *eodem die S. Kenelmi martiris quem regali prosapia exortium ne regnaret in regno merciorum soror eius Quendrida nimia feruens inuidia iussit decollari sicque innocenter percussus cum sanctis uidurus celum penetrauit.*

### Litanies

s. xii **S403** and **S180** have Kenelm among the martyrs

### The Mass

Coll. A *Omnipotens et misericors deus qui nobis preclaram huius diei leticiam in beati kenelmi martiris tui sollempnitate tribuisti intende serenus uota fidelis populi et concede ut cuius hodie festa percolimus eius semper meritis et precibus subleuemur. Per.*
Secr. A *Sicut gloriam diuine potentie munera pro sanctis oblata testantur sic domine effectum tue saluationis impendant. Per.*

The postcommunion prayer is not extant in the three Scandinavian sources, although in **S493** a space was left for it and never filled; it begins *Refecti domine benedictione sollempni*. The mass AA is the usual one in English sources: **Wc**, **We**, **Rob**, **Port**, **Sar**, **H** etc.

The mass of Kenelm in Scandinavia:

| | Inv. | Coll. | Epa | V | Alla | Ev. | Off. | Secr. | Com. |
|---|---|---|---|---|---|---|---|---|---|
| s. xii | | | | | | | | | |
| **O44** | | A | | | | | | | |
| s. xiii | | | | | | | | | |
| **S493** | G&H | A | BV | PD | BV | SQA | G&H | A | ME |
| **S608** | G&H | A | BV | PD | BV | SQA | G&H | | |

The addition in the fourteenth century to the Norwegian kalendar is the most interesting of these; it shows a continuing desire to commemorate Kenelm.

## Laurence of Canterbury, Bishop

3 February

The single mention of this saint is in the c.1100 antiphonary **S08** with the rubric under 3 Feb. *memoria de S. Maria deinde de apostolis. postea de S. Laurentio et S. Erkenwaldo*

## Liephard, Bishop & Martyr

4 February

The single mention of this saint is in the fourteenth-century Nysted Martyrlogy **Y50** under 4 Feb.: *ipso die natali S. Liphardi anglorum epi et mart*

## Mellitus, Bishop

24 April

**Kalendars** (all 24 Apr.)

s. xii **S202** *Melliti epi*
**S195** *S. melliti archiepi*
s. xiii **S218** *Melliti epi*

**Martyrologies**

s. xii **X11** *Eodem die depositio beati Melliti epi et conf in brittanniam*
s. xiii **C30** *Melliti epi in brittanniam*
s. xiv **U28** *Eodem die depositio S. Melliti epi et conf*
**Y50** *In Brittannia depositio S. Melliti epi et conf*

## The Mass

### *Collects*

Coll. A *Da quesumus omnipotens deus ut beati melliti confessoris tui atque pontificis ueneranda sollempnitas et deuotionem nobis augeat et salutem. Per.*

Coll. B *Letificet nos quesumus domine mellita beati melliti pontificis oracio cuius festa celebrantes melliflua tue gracie repleat dulcedo. Per.*

### *Secret*

Secr. A *Suscipe quesumus domine hec salutaria libamina que tibi sancti confessoris tui melliti intercessio efficiat placabilis. Per.*

### *Postcommunion*

Postc. A *Viuificet nos quesumus domine participatio tui sancta misterii et intercedente beato mellito confessore tuo atque pontifice pariter nobis expiationem tribuat et munimen. Per.*

Collation table for Mellitus texts:

| | We | Leof | Aug | Les |
|---|---|---|---|---|
| Coll. A | • | • | | |
| Coll. B | • | | • | |
| Secr. A | • | | • | |
| Postc. A | | • | | • |

The mass of Mellitus in Scandinavia:

| | Intr. | Coll. | Epa | Alla | Ev. | Off. | Secr. | Com. | Postc. |
|---|---|---|---|---|---|---|---|---|---|
| c.1200 | | | | | | | | | |
| **C20** | | | ESM | IG | HQP | VEQ | A | | |
| **C21** | SE | A | | | | | | -- | A |
| s. xiii | | | | | | | | | |
| **S440** | SE | A | ESM | IG | HQP | VMM | A | BS | A |
| **O51**[221] | | | | | | | | | |

## The Office

Two antiphonaries contain Mellitus:

221 This fragment has another saint sharing 24 April with the Translatio S. Wilfrid, prescribing R'/ *BV Ev.//* and on the next line *sec et pco sicut S.aug'tin*; this saint is probably Mellitus.

**S82** simply has the rubric: *Sancti Melliti episcopi et confessoris*: *omnia sicut unius confessoris cum .iii. lectionibus de expositione euangelii* and Coll. B

**S92** has: Inv. *Exultent in domino*<br>
V' *Iste confessor*<br>
Alla *Beatus uir*<br>
V' *Amauit eum, Beatus uir*<br>
R' *Letabuntur iusti*<br>
R' *Miles Christi Iustus germinabit*

Ad Laudes<br>
Alleluia<br>
Ps. *Dominus regnauit*<br>
Cap. *Ecce sacerdos magnus*<br>
Hy. *Iste confessor Iesu redemptor omnium*<br>
R' *Iustus germinabit*<br>
V' *Euge serue bone et fidelis*<br>
Coll. A

The association of Mellitus with Gregory the Great and Augustine led to his inclusion in the basic texts of Ado and Usuard and that accounts for his appearance in the four martyrologies. The mass AAA is from the common but the collect B is clearly a proper one, with its punning use of *mellita* and *melliflua*.

## Mildreth, Abbess

13 July; translation 18 May

**Kalendars** (all 13 July)

| | | |
|---|---|---|
| s. xii | **S196** | *Mildride uirg* |
| s. xiii | **S211** | *Mildride uirg* erased |
| | **S218** | *Mildride uirg* |

**The Mass** (13 July)

Coll. A *Deus qui hanc preclar<issimam diem in nati>uitate beate Mil<drithe uirginis solemnem> esse fecisti, largire quesumus <ut cuius sollemnitatem celebramus> in aruis, de eiusdem socie<tate gaudeamus in astris. Per.>*

Secr. A *Placabilis atque <acceptabilis fiat tibi> omnipotens deus, hec <hostia quam tibi familia tua> gratanter affert in l<aude Mildrithe uirginis que> suis sacris meritis n<os emundet uitiis. Per.>*
Postc. A *Sancta misteria no<*s *quesumus domine et sacratissime> uirginis Mildr<ithe intercessio ueneranda a cun>ctis defendant pericul<is et ad gloriam perducant sempiterne felicitatis. Per.>*

**044** has this mass. **Aug** has Secr. A and Postc. A for the translation 18 May; but Coll. A is not used in **Aug** either for 13 July or 18 May and a parallel has not yet been found.[222] Yet the source for the cult of Mildreth is most likely to be Canterbury.[223]

## Nectan, Martyr

17 June

The single mention of this rare saint, of supposedly Welsh origins, whose relics were kept at Hartland in Devon, is in a fourteenth-century kalendar:

**Y02** *nectani m.* (followed by *botulfi abb*)

## Neot, Monk

31 July

### Kalendars

s. xiii **O15** *S. Neoti abb*
**S190** *S. Germani epi et conf Neoti abb et conf 3 lect.*

## Osburga, Virgin

21 January

### Martyrology

s. xiii **C30** *ipso die S. Osburge uirg.*

222 See Gjerløw, 'Missale brukt i Oslo', p. 88.
223 Mildreth's relics were translated to St Augustine's, Canterbury, in 1030; see Blair, 'Handlist', p. 545.

Relics of this supposed abbess rested at Coventry, but little is known of her origins.[224]

## Osgytha (Osytha), Virgin & Martyr

3 June

### Kalendar

s. xiv **Y02** *S. Osgithe uirg et mart*

### Litany

s. xii **S499** 6th saint of 6 in Maundy Thursday litany
**S473** 6th saint of 6 in baptismal litany[225]

There may have originally been two Osyths, one at Aylesbury on 3 June and the other at Chich on 7 Oct. conflated later into a deposition on 7 Oct. and a translation on 3 June.[226] The fact that **Y02** describes her as a martyr suggests the allusion is to the Aylesbury saint who, so twelfth-century tradition asserts, was beheaded by the Danish invaders.[227]

## Oswald, Bishop

28 February

### Kalendars

s. xii **O10** 28 Feb. *S. Oswaldi non cant*
s. xiii **C39** 27 Feb. *Oswaldi reg et mart*[228]
s. xiv **S903** 28 Feb. *S. Oswaldi epi et conf*

### Martyrology

s. xiii **C30** 28 Feb. *et S. Oswaldi archiepi*

224 Blair, 'Handlist', p. 548.
225 See Odenius and Schmid, 'Aus der liturgischen Vergangenheit', for a discussion of this *litania quina.*
226 See Farmer, *Oxford Dictionary of Saints*; see also Blair, 'Handlist', p. 549 and bibliography given there.
227 Bethell, 'Lives of St Osyth'.
228 The date suggests that Bishop Oswald was in the source from which this was copied, perhaps only *Oswaldi*, and the copyist thought it must be the well-known Oswald.

**Litanies** (Oswald among the confessors)

s. xii **S180** and **S403**

It is interesting to speculate, in relation to the probable mistake in the Paris/ Roskilde kalendar, **C39**, that the Oswald relics in Odense cathedral, since they were brought there by the Evesham monks who founded it, may have been those of their local bishop Oswald rather than of the Northumbrian king that the Odense monks thought them to be.

## Oswald, King & Martyr

5 August

**Kalendars**

(all have 'S. Oswaldi regis et martyris' for 5 Aug. unless otherwise stated)

| | | | |
|---|---|---|---|
| s. xii | **C43**; **S193a**; **S196**; **S621** | | |
| | **S197** | *S. Oswaldi regis anglorum* | |
| | **Y01** | *Osuualdi reg* | |
| | **Y21** | *Oswaldi Reg et mr* | |
| | **O13** | *S. Oswaldi* | |
| c.1200 | **SM01** | *Osualdi regis m* | |
| s. xiii | **C39** | 27 Feb. *Oswaldi reg et mart*[229] | |
| | **C46**; **S211**; **S218**; **S462**; **Y25** | (in red); **O15** (in red) | |
| | **H30** | *Oswaldi reg* | |
| | **S190** | *S. oswaldi reg et mart* | *3 lect. Te Deum* |
| | **S231** | *Oswaldi regis* | |
| | **SB17** | *Oswaldi reg* | (in red) |
| | **Y27** | *Oswaldi reg* | |
| c.1300 | **X30** | *3 lect.* | |
| s. xiv | **U19**; **X12**; **Y02** | | |
| | **C64** | *Oswaldi reg* | |
| s. xv | **C31** | *Oswaldi* | *12 lect.* (added) |
| | **C35** | *Oswaldi* | |
| | **C40** | *Oswaldi reg et mart Dominici conf 9 lect.* | |
| | **C45** | *Dnmici conf Oswaldi reg Affre uirg 12 lect.* | |

229 Because of the date, this should probably be Oswald EC.

| | | |
|---|---|---|
| | **C54**; **S 194** | |
| | **H36** | *Oswaldi reg* |
| | **O17** | *Oswaldi reg* |
| | **S220** | *Oswaldi reg* |
| | **U10** | *Oswaldi* |
| | **U23** | *Oswaldi reg* |
| c.1500 | Lund | *Dominici conf Oswaldi reg mart 9 lect.* |
| | Cop | *Oswaldi reg mart* |
| | Rosk | *Oswaldi reg Dominici conf Can 9 lect.* |
| | Oden | 4 Aug. *Oswaldi reg 9 lect.*[230] |
| | Nid | *Oswaldi mart comm* |

It is notable that commemoration of Oswald RMar in Germany as well as England led to this widespread cult.[231] The rival claims of Dominic had, however, ousted him by the end of the fifteenth century from Sweden, but his cult was strong enough to survive in Denmark and Norway, no doubt strengthened by the presence of relics at Odense.

### Martyrologies

| | | |
|---|---|---|
| s. xii | **X11** | *eodem die S. Oswaldi reg et mart* |
| s. xiv | **SB01** | *S. Oswaldi regis anglorum cuius actus commemorat uenerabilis Beda preb. in gestis eiusdem gentis* |
| | **U28** | text as **SB01** |
| | **Y50** | text as **SB01** |

**Litanies** (Oswald among the martyrs)

s. xii **C34**; **C44**; **S180**; **S403**; **O34**
s. xiii **Y25**

### The Mass

#### *Collects*

Coll. A *Omnipotens sempiterne deus qui huius diei iocundam beatamque uenerandam sanctamque leticiam in sancti serui/martiris tui Oswaldi* (*regis*) *passione/sollempnitate consecrasti, da cordibus nostris* (*tui*) *timoris/amoris*

230 Moving the date forward one day to avoid either Dominic or the Transfiguration is quite common in s. xv manuscripts.

231 On Oswald's cult, see Stancliffe and Cambridge, *Oswald.*

*caritatisque augmentum, ut cuius in terris sancti sanguinis effusionem celebramus illius in celo (collata) patrocinia (mentibus) sentiamus. Per.*
Coll. B *Omnipotens sempiterne deus qui beato regi Oswaldo terrene gloriam potestatis in amorem diuinum conuertere fecisti, da nobis quesumus eius quoque intercessione in tui nominis amore iugiter permanere. Per.*
Coll. C *Adesto domine plebi tue propitius (quia) annue sollempitatis (diem) beati Oswaldi regis et martiris (uenerandam) (tibi) recolimus/celebranti, ut qui conscientie nostre reatu deprimimur eius adiuti patrocinio subleuemur. Per.*
Coll. E *Deus qui beatum Oswaldum martirium tuum uirtute constantie in passione roborasti ex eius nobis imitatione, tribue prospera mundi despicere et nulla eius aduersa formidare. Per.*
Coll. F *Infirmitatem nostram respice omnipotens sempiterne deus et quos pondus propria actionis grauat beati Oswaldi martiris tui intercessio gloriosa nos protegat. Per.*

Collation table for Oswald King & Martyr collects:

| | **We** | **Vit** | **Guis** | **Ham** | **Sar** | **Yk** | **Her** |
|---|---|---|---|---|---|---|---|
| A | • | | | | | • | |
| B | | • | • | | | | |
| C | | | | | | | |
| E | | | | • | | | |
| F | | | | | • | | • |

***Secrets***
Secr. A1 *Hec domine quesumus munera que in beati oswaldi commemoratione tue maiestati offerimus benignus (ac propicius) assume. Per.*
Secr. A2 *Munera nostra domine que in beati oswaldi regis et martiris commemoratione maiestati tue offerimus benigne ac propitius assume. Per.*
Secr. C *Hostias quesumus domine (quas) in commemoratione sancti oswaldi regis et martiris deuote (tibi) offerimus miseratus assume et nostrorum peccatorum uincula disrumpe. Per.*
Secr. D *Oblata domine munera que in sancti oswaldi sollempitatem tue maiestati offerimus benignus assume qui (in) semetipsum tibi uiuam fecit hostiam et presta ut quod nostra non presumit conscientia eius qui tibi tam fideliter seruiuit interueniente auxilio consequi mereamur. Per.*

Collation table for Oswald King & Martyr secrets:

| | We | Rob | NewM | Yk |
|---|---|---|---|---|
| A1 | | • | | • |
| A2 | • | | | |
| C | | | | |
| D | | | ?• | |

***Postcommunions***

Postc. A *Presta quesumus omnipotens deus ut quod nostra conscientia non presumit eius qui tibi fideliter seruiuit interueniente auxilio consequi mereamur. Per.*

Postc. C *Diuino domine misterii pignore uegetati quesumus a nostris nos absolue delictis/peccatis et per interuentionem beati oswaldi regis et martiris celestibus instrue donis/discipline. Per.*

Postc. D *Da nobis quesumus omnipotens deus ut qui in sancti martiris tui oswaldi festiuitate tua dona letantes percepimus eius interuentione sint arma fortissima ad euacuanda ignita insidiantis iacula inimici. Per.*

Postc. E *Agimus tibi gratias domine iesu christe qui nos sacri corporis et sanguinis susceptione saciare dignatus es suppliciter exorantes ut quod conscientia nostra non presumit. Per.*

Collation table for Oswald King & Martyr postcommunions:

| | We | Rob | NewM | Yk | Her |
|---|---|---|---|---|---|
| A | • | • | • | • | • |
| C | | | | | |
| D | | | | | |
| E | | | | | |

The mass of Oswald King & Martyr in Scandinavia:

| | Intr. | Coll. | Epa | Gr. | Alla | Ev. | Off. | Secr. | Com. | Postc. |
|---|---|---|---|---|---|---|---|---|---|---|
| s. xii | | | | | | | | | | |
| **S421** | LI | A | BVS | DPB | IS | SQP | PD | A | ME | A |
| **S490** | | A | | | | | | A | | A |
| **S633** | | A[232] | ISM[233] | IVP | LI | NGF | G&H | A2 | QVV | A |
| **S635** | | A | | | | | | | | |
| **S653** | | C | | | | | | C | | C |

232 This collect begins at the top of the page with *da cordibus nostris*, but these early lines have been erased for the title of the later accounts and the first recognisable word is *effusionem*.

233 The epistle and gospel is as for the vigil of one apostle.

| | Intr. | Coll. | Epa. | Gr. | Alla | Ev. | Off. | Secr. | Com. | Postc. |
|---|---|---|---|---|---|---|---|---|---|---|
| s. xiii | | | | | | | | | | |
| **S612** | GO | A | BVQ | PD[234] | IS | SQA | PD | A1 | ME | A |
| 1400 | | | | | | | | | | |
| **H72** | IVT | C | NM | PD | BV | SQA | G&H | C | PD | C |
| **H73** | | C | | | | | | C | | C |
| **C56** | | | NM | | | SQA | | C | | C |
| s. xiv | | | | | | | | | | |
| **O05**[235] | | | | | | | | | | |
| **S160** | LI | | | IVP | LI | | G&H | | STD | |
| s. xv | | | | | | | | | | |
| **O50** | | B | | | | | | A | | A |
| **S634** | | A | | | | | | A1 | | A |
| **SB1a** | | A | | | | | | | | |
| c.1500 | | | | | | | | | | |
| **MLun** | | A | | | | | | D | | D |
| **MCop** | LI | A | BVS | INC | DIV | SQP | | D | LI | D |
| **MNid** | | B | | | | | | A2 | | E |

Only the mass AAA is clearly from English sources, although BBB could also be; a German source for some of the others may be expected.

## The Office

(i) Collect only:
s.xii **S97** Coll. C
**S35** Coll. A
c.1200 **C01** Coll. A
c.1500 **BLund** Coll. C

(ii) Short office:
Six sources, mainly with lections modified from Drogo's *Vita* or Bede's *HE*:
c.1200 **S87**
s. xiii **S47**
s. xv **C03** and **U15**
c.1500 **BRosk** and **BOtho**

c.1200 **S87**: three lections from Drogo's *Vita* (BHL 6362).[236]

234 This is followed by a versicle: *Desiderium* (D).
235 Rubric says only from the common.
236 Ed. *AASS* Aug. II.94–102.

Ant. [***] *est officio cuius pia apud deum sit pro nobis quesumus intercessio*

Lect. 1 *In diebus illis regnauit rex christianissimus norþan humbrorum nouem annis. Quibus completis occisus est a pagana gente, paganoque rege merciorum commisso graui prelio, a quo et predecessor eius Eaduuine peremptus fuerat. Cuius quanta fides in deum que deuotio mentis fuerit, etiam post mortem uirtutum miraculis claruit. Namque in loco ubi pro patria dimicans interfectus est, usque hodie sanitates infirmorum et hominum et peccorum celebrari non desinit. Contigit uero ut puluerem ipsum ubi sancti Oswaldi corpus in terram corruit, multi afferentes et in aquam mittentes, suis per hec infirmis multum commodi afferent. Nam mirandum in loco mortis eius infirmos sanari: qui semper dum uiueret: infirmis et pauperibus elemosinas dare non cessabat. Nam multo post interfectionem eius exacto tempore, contigit ut quidam equo sedens, iter aggeret iuxta illum locum, cuius equus subito lacessere, constitere capud in terram declinare, spumas ex ore dimittere et in terram cepit cadere.*[237]

Lect. 2 *Igitur supradictus eques desiluit et ipsum equm diu graui dolore uexatum cum diuersas in partes se torqueret repente uolutando deuenit, illud loci ubi rex memorabilis occubuit. Nec mora quiescente dolore uirecta herbarum auidius carpere cepit. Quo illo uiso intellexit aliquid mire sanctitatis huic loco, quo equus est curatus, inesse et posito ibi signo non multo post ascendit equum atque ad hospitium quo proposuerat accessit.*

*Cum ergo eques predictus ad hospitium quo proposuerat adueniret inuenit ibi puellam longo paralysis morbo grauatam. Et cum familiares domus illius de acerba puelle infirmitate quererentur cepit ille dicere de loco ubi caballus suus esset curatus. Quid morer multa? Imponentes eam carro duxerunt ad locum, ibidemque deposuerunt. At illa posita in loco obdormiuit parumper. Et ubi euigilauit sanitatem se ab illa corporis dissolutione sentiens, lauit faciem crines composuit capud lintheo cooperuit et cum his qui se adduxerant sane pedibus incedendo reuersa est.*[238]

Lect. 3 *Eodem ubi tempore uenit quidam ad locum in quo prefata pugna completa esset, tulitque secum de puluere illius cogitans quia ad medelam infirmantium idem puluis proficeret. Quique peruenit ad uicum quemdam uespere intrauitque, in qua uicini coenantes epulabantur. Et susceptus a dominis domus, residit et ipse cum eis ad conuiuium appendens lintheum cum puluere quem attulerat in una poste parietis. Cumque conuiue diutius epulis atque ebrietate uacarent accenso grandi igne incendio in medio*

237 This lection is a shortened version of Drogo's *Vita*, chaps III and IV, sect. 26–33, and chap. V sect. 39, *AASS*, Aug. II, pp. 94ff.

238 This lection is slightly shortened from Drogo's *Vita*, chap. III, sect. 28 and 29.

*contigit, uolantibus in altum scintillis culmen domus subitaneis flammis impleri. Quod cum conuiue conspicerent fugerunt foras, nihil ardenti domui prodesse ualentes. Consumpta ergo domo flammis posta solummodo in qua puluis ille inclusus pendebat, tuta ab ignibus et intacta remansit. Est monasterium in prouincia Lindisy nomine Barthanig quod regina Ostrith cum uiro suo Aþelredo multum diligebat, in quo desiderabat patrui sui uidelicet Oswaldi regis ossa recondere. Cumque uenisset carrum in qua eadem ossa ducebantur ad monasterium prefatum, noluerunt ea qui in monasterio libenter accipere. Vnde factum est ut ipsa nocte reliquie allate foris permanerent tentorio tantum supra carrum extenso. Nam tota ea nocte columpna lucis a carro illo ad celum porrecta, omnibus pene eiusdem Lindisye prouincie locis conspicua stabat. Vnde mane facto fratres monasterii illius qui pridie abnuerant diligenter petere ceperunt.*[239] *Nec mirandum preces Oswaldi iam cum domino regnantis multum ualere apud eum, qui temporalis regni gubernacula tenens magis pro eterno regno semper laborare ac deprecare solebat; semperque ubicumque sedebat supinas super genua sua manus habere solitus erat* [2 lines illegible]
*iamque uideret sic esse perimendum orauit pro animabus exercitus sui. Vnde in prouerbio dicunt Deus miserere animabus dixit Oswaldus cadens. Et in hac oratione suam deo reddidit animam.*[240]
Coll. A

s. xiii **S47** final lection from Bede *HE* III:12
*Denique ferunt quia a tempore … Osuald cadens in terram*

**ONid** fiat[241] commemoratio de sancto oswaldo cum hac antiphona:
Ant. *Hic est uere martir*
V' *Letabuntur iusti*
Oratio propria

s. xv **C03** Hy. *Deus tuorum militum sors et corone*
Cap. *Beatus uir q. inuentus*
V' *Gloria et honore*
Ant. *Posuisti domini*
Coll. E
Ad mat.
Inv. *Venite* the rest as common

239 To this point shortened from Drogo's *Vita*, chap. IV, sects 30–33. The remainder of the lection draws from section 39.
240 These concluding lines Drogo drew from Bede, *HE* III:12; cf. lect. 5 of **BOtho**.
241 This rubric occurs in the feast of the Transfiguration 6 August.

**U15** Ant. *Beatus uir q. in sapientia*
Coll. A
Ad mat. *Hic est uere martir*
Ant. *Posuisti domini*
Coll. F

c.1500 **BRosk**
Cap. *ID*
Coll. A
Lect. 1 *In diebus illis regnauit ... paganoque rege merciorum* (Bede *HE* III:9)
Lect. 2 *Ab eodem itaque et predecessor ... celebrari non desinunt* (Bede *HE* III:9)
Lect. 3 *Quondam tempore brittonum ... una posta perietis* (Bede *HE* III:10)
Lect. 4 *Illis epulis contigit culmen ... oswaldi assunptus fuerat* (Bede *HE* III:10)
Lect. 5[242] *Et cepit ille locus ab infirmis et tota regione frequentari, ubi omnes male habentes sanabantur. In loco uero occisionis eius sorte eques adueniens, contigit equum, cui insidebat ita infirmari ut sub ipso corruens uolutaretur* (cf. Bede *HE* III:9)
Lect. 6 *In loco uero ubi sanguinis eius effusus est statim obdormiens sanus surrexit, ubi statim miles crucis signo posito ad hospitium ueniens puellam paralyticam, que ibi erat, ad locum predictum ferri precepit, ubi illa obdormiens sanitatem integram curata reportauit* (cf. Bede *HE* III:9)
Hom *SQP*

**BOtho** Six lections shortened from Bede, *HE* III
Lect. 1 *In diebus illis regnauit oswaldus christianissimus northanwinbrorum nouem annos quibus conpletis occisus est commisso graui prelio a pagano rege merciorum.*
Lect. 2 *Huius quanta fides in deum que deuotio mentis fuerit etiam post mortem uitutem miraculis claruit. Namque in loco ubi pro patria dimicans a paganis interfectus est usque hodie sanitates infirmorum et hominum et pecorum celebrari non desinunt.*
Lect. 3 *Contigit enim ut puluerem ipsum ubi sancti oswaldi corpus in terram conruit multi auferentes et in aquam mittentes suis per hec infirmis multum commodi adferrent. Nec mirandum in loco mortis illius infirmos*

242 Lections 5 and 6 vary greatly from Bede's text hence the transcription.

*sanari qui semper dum uiueret infirmis et pauperibus elimosinas dare non cessabat.*[243]
Lect. 4 *Quam pluribus patefactis et diffamatis longe lateque miraculis multi per dies locum frequentare illum et sanitatum ibi gratiam sibi suisque caperunt.*[244]
Lect. 5 *Nec mirandum preces oswaldi iam cum domino regnantis multis ualere apud eum qui temporalis regni gubernacula tenens magis pro eterno regno semper laborare ac deprecari solebat. Denique fertur quia a tempore matutine laudis sepius usque ad diem in orationibus persteterit atque ob crebrum morem orandi siue gratias agendi domino semper ubicumque sedens supinas super genua sua manus habere solitus sit.*[245]
Lect. 6 *Vulgatum est autem et in prouerbii consuetudinem uersum quod etiam inter uerba orationis uitam finierat. Nam cum armis et hostibus circumseptus iamiamque uideret se esse perimendum orauit pro animabus exercitus sui. Vnde dicunt in prouerbio, deus misere animabus dixit oswaldus cadens in terram. Tanti ergo suffragatoris meritis et precibus uenia consequenta peccatorum premio perhenni ditemur in arce polorum. Tu.*

Omel *SQA*
Coll. A *cetera de uno martire in com*

(iii) Proper office:
This is preserved in the twelfth-century breviary fragment in Helsinki, **H11**, which has lined notation. The antiphons are all, but for two responds and versicle, to be found in the thirteenth-century breviary of Coldingham, a cell of Durham (London, BL Harley 4664), where, however, there is no lined notation; this makes **H11** particularly interesting to musicologists.

R' *<Rege deo regum> miracula dante per eum Oswaldi regis domini clara*[246] *dextra triumphis incorrupta manet diuina qui munera prebet*
V' *Dextera nouens*[247] *in opes cedens summi patris hostes dextera recisa ducis pro gente dei morientis.* Inco[***] *Gloria PFSS*

243 These three lections are from chap. IX.
244 This is the last sentence of chap. X.
245 This lection is from chap. XII.
246 Coldingham has *data.*
247 Coldingham has *fovens.*

Ant.[248] *Sceptriger Oswalde celo terraque sacrate trans mare guumanus*[249] *gallus fulgescat ab angelis*[250] *et quecumque tuam gens poscit opem subuenit*[251] *amplam rex bone propitium nobis regem prece regum*

Magnificat *euouae*

Inv. *Martyrum*[252] *palmam domini regem que coronam qua mire*[253] *Oswaldus rex regum iubilemus.*

Venite

In 1 nocturno

Ant. *Rex quatuor gentium oswaldus et christi miles erat fidissimus. euouae.*

Ant. *Cumque sederat quasi rex circumstante exercitu erat tamen meretius consolator. euouae*

Ant. *In signo dominice crucis inmanes capias*[254] *fudit que crux regis meretis innumeras uirtutes attribuit. euouae*

Lect. 1 *Rex sacerdos oswaldus senas acies feritus spem crucis erexit et in hoc signo superauit ut constantius de celo uincere doctus. Hec crux oswaldi fuit una sue regioni primaque credentes christo dit hoc duce gentes. Hoc erat exemplum diuina trophea colendum Per* [***] *huius optin*[***] *populi meruere salutem congaudent una natu dades medicina. Oswaldi regis meritum tot subuenit.*

(cf. Bede, *HE* III:2)[255]

R' *Rex animo*[256] *fortis cadit hostia martyrialis cesus pro patria cesa est et prodigia*[257] *dextera*

V' *Integra carne sua dat dona ei*[258] *benedicta.*

Lect. 2 *Intus cetera de eius crucis musco gestate infirmum sanatum est cuiusdam brachium confractum. Erat inclitus rex non solum dei cultor religiosus sed et christiani religionis insignis propagator. Assumpsit sue*

---

248 The Helsinki manuscript has this added in the margin in a contemporary hand, with lined notation beside the second lection; but it is clearly intended to be the antiphon for the Vespers gospel since it is followed by Magnificat; it is here placed where Coldingham has it.

249 Coldingham has *germanis gallis.*

250 Coldingham has *anglis.*

251 Coldingham has *subit.*

252 Coldingham has *martyrii palmam domino.*

253 Collingham has *micat Oswaldus regi.*

254 Coldingham has *copias.*

255 Coldingham has different lections; Helsinki's are based on Bede, but with significant rewording.

256 Coldingham has *anime.*

257 Coldingham has *prodiga dextra.*

258 Coldingham has *dei.*

*pontificem sanctum aidanum et in eo gentes idolatras conuertit ad christum.*
(cf. Bede, *HE* III:3)

R' *Inclitus oswaldus domini bello moribundus clamat in extremum misere salus animarum.*

V' *Commendans secum spiracula commorannum.*[259] *Misere.*

Lect. 3 *Oswaldus christi deuotus uernula regni construit ecclesias, dat prodidares dat opimas. Manscen*[***] *fidem dilatat*[***][260] *doct*[***]. *Dulci* [***] *pro* [***] *in fere loquentera. Respon*[***] *recto* [***] *egenorum miserator* fu[***]*pes larga dextera cum mente benigna. Hanc incorruptam pecit aidanus fere dexteram. Sic beatus oswaldus regnabat ut qui celeste non terrenum regnum desiderabat. Rex principium confortat pauperum refugium affictor et pastor erat ecclesiarum. Huic martyrio sumptum ad celestia regna commendant prodigia. In loco regis exidio facta homines et iumenta saluantur ipsa terra in multorum salutem exauditur. Super sancti reliquias per totam noctem columpna lucis effulsit etherea per totam prouinciam conspicua. De ligno cui coronandum capud regis perfixum erat solatius iam moritur accepit et inde inferni pericula conualuit.*
(cf. Bede, *HE* III; 3,11)

R'[261] *O regem et martyrem oswaldum suo linus meriti qui* [***]*bedit uexillo armatus si dei pugnate contra acies inimici eo cruore aspersus excercitus domini coronam suscepit.*

V' *Inter martyrii rex et martir in triumpho sublimatis nobis*

Ant. *Rex oswaldus clarus regali munificentia fer inquid discipulum christo clamanti in paupere forma.* *euouae.*

Ant. *Viuat aidanus inquid tua rex dextera et semper maneat incorrupta. euouae.*

Ant. *Sic organum spiritus sanctus modulatus per uirum dei et sic uideamus per gratiam christi.* *euouae.*

Ant. *Qualis enim excisa*[262] *est implio talem eius dextera adhuc clara seruat incorruptio.* *euouae.*

Ant. *Non perdidisti rex inuicta regnum sue mistasti in mellius regnas enim cum deo in celestibus.* *euouae*

Ant. *Misere domine animabus clamabat optimus rex oswaldus cadens in terra et in hac oratione suam deo reddidit animam. euouae.*

Benedictus.

---

259 Coldingham has *commorientum.*

260 The next three lines are difficult to read because of deep black marks obscuring the text.

261 This respond and versicle are not found in Coldingham.

262 Coldingham has *abscisa.*

Ant.[263] *M*[***] *oswaldi festina laude colendi* [***]*astra subit qui carnea uincis quam Dulci* [***]*canta iuubis h*[***]

**Lectionary**

s. xii **S300** This lectionary was originally for 3 lections but at a later date each was divided so as to make 6 lections (all, except the new lection 6, are taken from Bede *HE* III:9; lection 6 is from III:10)

Lect. 1 [***] *miraculis uirtutem claruit.*
Lect. 2 *Namque in loco ubi pro patria ... infirmis multa comoda* (sic) *adferrent*
Lect. 2(3) *Nec mirandum in loco ... in terram cepit cadere.*
Lect. 4 *Igitur supradictus disiluit eques ... hospitium quo proposuerat accessit.*
Lect. 3(5) *Cum ergo supradictos eques aduenirет ... .incedendo reuersa est*
Lect. 6 *Eodem tempore uenit ... et intacta remansit.*[264]

s. xiii **C56** Only lists Oswald

**Vitae Sanctorum**

s.xv **S807** The Index of this *Vitae* shows under August saints *Oswaldi regis et martiris 3 lect.*

## Pandonia, Virgin

26 August

**Litany**

s.xiii **S180** This very damaged fragment has in its litany fifteen English saints, among them, more legible than some, Pandonia, an obscure saint of Eltisley, Cambridgeshire. An Ely date for her

263 This antiphon is not in Coldingham; it is difficult to read since the Helsinki ms is badly darkened down the right-hand side of the folio.

264 Then are added some closing words to end the lection. In the margin the later hand adds notes about a 7th lection.

is 26 Aug.[265] This litany could be the earliest known reference to her.

## Paulinus, Bishop

10 October

### Kalendars

| | | |
|---|---|---|
| s. xiii | **S191** | *S. paulini epi* |
| s. xiv | **C63** | *Paulini epi* |
| | **S903** | *Paulini epi et conf* |

### Martyrologies

| | | |
|---|---|---|
| s. xii | **X11** | *In britannia beati Paulini conf et epi* |
| s. xiii | **C30** | as **X11** |
| s. xiv | **SB01** | as **X11** |
| | **U28** | as **X11** |
| | **Y50** | *In britannia S. Paulini epi eburaci* |

### Litany

| | | |
|---|---|---|
| s. xii | **C44**[266] | Paulinus among the confessors |

## Petroc, Abbot

4 June

### Kalendar

| | | | |
|---|---|---|---|
| s. xiii | **C46** | 4 June | *Patrocii epi* |

### Martyrology

| | | | |
|---|---|---|---|
| s. xiii | **C30** | 4 June | *et depositio S. Petroci conf* |

---

265 On Pandonia in England see Farmer, *Oxford Dictionary of Saints*, p. 336, Rollason, 'Lists of Saints' Resting Places', p. 72, and Blair, 'Handlist', p. 551.

266 In litanies references to Paulinus are usually to Paulinus of Nola, but the position bere between Augustine of Canterbury, John of Beverley, Wilfrid and Cuthbert suggests Paulinus of York is intended.

## Richard of Chichester, Bishop

3 April

### Kalendar

s. xiii **H39** 3 Apr. *ricardi epi* added

## Rumwold, Confessor

3 November

### The Mass

s. xii **S486**
Coll. *Deus qui hodiernam diem gloriosi confessoris tui rumwoldi sollempnitate declaristi, tribue quesumus ut cuicumque beneficia tua in eius ueneratione deposcimus de quacumque necessitate pacierimus, ipso suffragante solatium capiamus. Per.*
Secr.[267] *Munera hec presentia altari tuo super posita omnipotens deus beato rumwaldo interueniente* [***] *in odorem suauitatis* [***] *agimus* [***] *perhennia. Per.*
Postc. *Sumpta domine quesumus libamina in honorem tui nominis immolata beati rumwoldi meritis cuius sollempnia colimus nobis obtinea*[***] *ueni*[***] *non aliquis* [***] *Per.*

This is the only known text of a mass for Rumwold.

### The Office

c.1200 **S75** Coll. as above only.

This legendary infant is rare in liturgical texts, although evidence his cult survives in town and street names.[268]

267 The texts of the secret and postcommunion are damaged and difficult to read.
268 Wormald no. 2; see Love, *Three Eleventh-Century Anglo-Latin Saints' Lives*, pp. cxl ff and the *Vita* on pp. 91–115.

## Sativola (Sidwell), Virgin

2 August

### Litany

s. xiv **Y03** Sativola among the virgins

This saint of Exeter is rare in England except in the south-west,[269] which may suggest that this manuscript derives from that area.

## Sexburga, Abbess[270]

6 July

### Litany

s. xiii **Y25** Sexburga among the virgins

### The Office

c.1200 **S40**

Coll. *Aures tue pietatis tue quesumus domine inclina precibus nostris et presta ut qui in honore beate Sexburge hodierne diei ueneramus festiuitatem eius meritis et precibus sibi in celesti sociemur claritate ubi gloriose uisionis tue perhenni gratulemur iocunditate. Per.*

Lect. 1[271] [***] *habuit, sed quia uel habendo fortiter uicit, habita tanto fortius abiecit, quanto potentius his uti licuit. Vt uera nuperatx*[272] *diuitiis imperabat nec his quas tenebat teneri poterat. Per.*

Lect. 2 *Florebat itaque beata hec in natiua aula sub christianissimo rege patre anna et matre regina, puella generosis moribus ac precellentis forme gratia, omnibus amabilis et gloriosa. Reges, duces, principes tam indigene quam externi ambiebant eius conubia, sed soli hercomberto regi cantuarie filio eadbaldi filii ethelberti summi ac primi ex anglis regibus christiani, nutu diuino cessit hec palma, quia nullus dignior uisus est in potentatu et rerum eligantia.*

---

269 See Blair, 'Handlist', p. 554.

270 On Sexburga, see Blair, 'Handlist', p. 554.

271 Abridged from the lections composed in the eleventh century for Ely by Goscelin of Saint-Bertin, ed. Love, *Goscelin*, pp. 2–9, which has been used to supply losses from the present set of lections.

272 For *imperatrix*.

Lect. 3 *Licet iam celesti desiderio preuenta beata sexburga mallet monasterium quam palatium ecclesiam quam matrimonium, Christi seruitium quam mundiale imperium, reniti eam non poterat auctoritati parentum, immo diuine dispositioni que in ea preuidit genus electum, subsidia multorum. Nati sunt illi filii reges hecbrictus et lotarius deo amabiles, filie quoque sanctissime ermenilda et ekengoda, quarum prior iuncta glorioso regi merciorum vulfero spendidissimam christo gemmam peperit vverburgam, altera amore sacre religionis transmarina monasteria adiit ubi uirgo requiescens, se a christo susceptam claris miraculis ostendit. Quis digne memoret sacratissima sexburga sub iugo matrimonii uixit. Duces nouerant dominam, pauperes alumpnam. Illi principem, isti frequentabant matrem. Palatium fecerat exenoochium,*[273] *cubiculum quantum ius maritale <permittebat, habebat ut oratorium.>* [***] *<mater omnibus erat> amabilis*[274] *omnibus <uenerabilis, omnibus in necessi>tate precabilis.*

Lect. 4 *Insignis uirago regina maritum attentius <accendebat ad diuinum> obsequium. Cuius <instinctu> omnia idola que <sub prioribus regibus> erant residua, ab <uniuerso regno suo cum> omni paganissimus*[275] *<funditus exterminauit>* [***] *multiplicauit <ecclesias amplificauit mona>steria. Primus etiam <quadragesimalis abstinen>tie ita omnibus indixit <obseruantiam, ut uio>latoribus decerneret <uindictam. His suis sancteque> cooperatricis sexburge <meritis principatum> longe optinuit am<pliorem predecessoribus suis>*[***]

Lect. 5 *Liberos uerissima <parens erudiebat> sexburge <affatim ad omnem dei> timorem et reuerentiam <ac mandatorum ipsius> custodiam. Inde simillima <sibi fecit pignora> ut uideretur in moribus <quasi in facie materna> forma. Proficiebat ip<sius instantia fid>es in populo, in ecc<lesiis religio, in sacerdoti>bus sanctitudo. Gaudebant <et benedicebant> corone benignitatis <sue teodorus archipre>sul et abbas adrianus <patres almifici ceteri>que suffragatores <hortabantur>que eius feruorem <de uirtute in uirtutem iu>giter ad celestia <niti>* [***]

Lect. 6 *Tandem f<amosissimus rex ercom>bertus <.xxiiii. regni anno> obiit, et do<mina sexburga suspiria liber>rimo christi seruitio dimissa, <eligense monaster>ium acsi paradysum <dei subiit>*

273 For *xenodochium.*

274 The right-hand part of this column is missing; hence the defective text, with the probable missing text filled in from Love, *Goscelin*, pp. 4–6.

275 For *paganismo.*

[***] *Vetus homo cum <actibus suis exuitur et no>uus in christo induitur. Tum se <fortissima uira>go in omnem uirtutem <erexit.>*[276]

The collect is as used at Ely, and the lessons represent an abbreviated form of those known from London, BL Cotton Caligula A.viii, fo. 89.[277]

## Swithun, Bishop

deposition 2 July; translation 15 July; ordination 30 October

### Kalendars

| | | | |
|---|---|---|---|
| s. xii | **H02** | 15 July | *Translatio Swithuni epi* |
| | **H39** | 2 July | *Swithuni epi* *et mart* added (in error) |
| | **S621** | 15 July | *Translatio.*[278] *Diuisio Apostolorum* |
| c.1200 | **S193** | 2 July | *Swithuni* |
| | **SM01** | 2 July | *Swithuni* |
| s. xiii | **O15** | 2 July | *S. Swithuni epi* added with a cross |
| | | 15 July | *Transl. S. Swithuni epi 9 lect.* |
| | **S231** | 2 July | *S. Swithuni epi* in red |
| | | 15 July | *Translatio S. Swithuni* |
| | **S190** | | *Sanctorum Swithuni processi et martiniani* |
| c.1300 | **O70** | 2 July | *Swithuni epi et conf* in red |
| s. xiv | **C62** | 2 July | *S. Swithuni epi* in red with a cross |
| | **SB19** | 2 July | *S. Swithuni conf* |
| | **Y02** | 2 July | *S. Swithuni epi et conf* |
| | **Y27** | 15 July | *Transl. S. Swithuni* |
| s. xv | **C43** | 2 July | *S. Swithuni conf* |
| c.1500 | **Nid** | 16 July | *Translatio Suithuni epi semidupl* |

The dedication of Stavanger Cathedral to St Swithun, with his relics present, ensured the cult was strong in Norway, and probably spread from there to Sweden and Denmark.[279]

---

276 The page ends here.

277 The lections also appear in reduced form in John of Tynemouth's fourteenth-century *Sanctilogium Angliae, Walliae, Scotiae et Hiberniae*, ed. Horstman, *Nova Legenda Anglie*, II.355–6.

278 Probably meant for Swithun.

279 There is an extant letter dated St Swithun's day, Bergen 1338; cf. Diplomatarium Norveg. VII, p. 153.

## Martyrology

| | | | |
|---|---|---|---|
| s. xiii | **C30** | 2 July | *Ciuitate wentana depositio S. Suuithuni eiusdem ciuitatis cuius merita usque hodie miraculis choruscat* |
| | | 15 July | *Eodem die transl. S. Suuithuni epi* |
| | | 30 Oct. | *Eodem die ordinatio sancti antistes Suuithoni* |

These three entries show the Winchester influence of the Ribe martyrology.

## Litanies (among the confessors)

s. xii **S180**
s. xiii **C34**; **C38**; **Y26**
c.1300 **C41**
s. xv **C42**; **O33a**
c.1500 **BNid**

## The Mass

### *Collects*

Coll. A *Deus qui presentis annua sollempnitatis gaudia in sancti confessoris tui atque antistes swithuni commemoratione populis*
(Coll. A1) *… anglorum tribuisti hodierna luce …*
(Coll. A2) *… tuis hodierna die tribuisti …*
*da nobis ad illam peruenire beatitudinem quam ipse percepit cuius olimpicam celebramus festiuitatem/natiuitatem. Per.*
Coll. B *Deus qui hodiernam diem sacratissimam nobis in beati swithuni confessoris tui atque pontificis depositione celebrare, concedis ecclesie tue precibus ut cuius gloriatur meritis muniatur suffragiis. Per.*
Coll. C *Deus qui electi confessoris tui et episcopi swithuni merita clarescere fecisti celesti miraculorum gloria, presta quesumus ut qui sacratissime depositionis illius festiuitatem celebramus eius in celis perhenne consortium consequi mereamur. Per.*
Coll. X *Deus qui iubar ethereum antistitem swithunum mederna tempora dignatus es mundo reuelare suppliciter tuam imploramus omnipotentiam quatinus per gloriosa ipsius sancti merita quem facis coruscare signis miraculorum prebeas nobis te/tibi supplicantibus famulis omnium incrementa uirtutum et sempiterne felicitatis tripudium. Per.*
Coll. Y *Deus qui hunc diem sanctissimi swithuni confessoris tui atque pontificis translatione decorasti, fac nos eius meritis in sanctorum tuorum societatem transferri. Per.*

Collation table for Swithun collects:

| | We | NewM | Vit | Port | Rob | Mu | Sar |
|---|---|---|---|---|---|---|---|
| A1 | | • | | • | | | |
| A2 | | | • | | | | |
| B | • | | | | | • | • |
| C | | • | • | • | | | |
| X | | • | | | • | • | |
| Y | • | | | | | | |

***Secrets***

Secr. A *Suscipe (quesumus) clementissime pater (deus) munus quod tibi offerimus deuotissime et interueniente sancto confessore tue Swithuno atque pontifice ad uiam utriusque prosperitatem uite illud nobis prouenire misericorditer concede. Per.*

Secr. X *Munus quod tibi offerimus domine gratanter suscipe et suffragante beati confessoris tui atque antistis Suuithuni intercessione omnes nostrorum nexus peccaminium soluat ac lucrum sempiternitatis nobis adquirat. Per.*

Secr. Y *Votiua domine mistici dona sacramentis per sanctum Swithunum confessorum tui atque episcopum uenerationem tui maiestati oblata nostra purget facinora et purificatos nos tanti misterii exequendi reddant acceptos. Per.*

Collation table for Swithun secrets:

| | We | Rob | NewM | Vit | Sar |
|---|---|---|---|---|---|
| A | • | | • | • | • |
| X | | | | | |
| Y | • | | | | |

***Postcommunions***

Postc. A *Plebem tuam domine a cunctis aduersatibus protege (et beato pastore nostro intercedente swithuno) et presentis uite opportunitatem et future sentiamus sempiternitatem. Per.*

Postc. B *Sanctificet nos quesumus domine deus noster huius sacri perceptio/participatio sacramenti et (gloriosa) sancti intercessio swithuni angelorum/anglorum cetibus faciat aggregari. Per.*

Postc. X *Deus qui per sanctum confessorem tuum antistitem suuithunum mederis languoribus infirmorum, concede nobis tuum iuuamen per eius interuentionem presentis uite fungi salubritate et ciuium supernorum societate. Per.*

Postc. Y *Celestis alimonie refecti sacramento quesumus domine ut intercedente beato swithuni confessoris tui atque pontificis per ipsum celebramus gloria ad salutis nostre proficiant incrementa. Per.*

Collation table for Swithun postcommunions:

| | We | Rob | Vit | NewM |
|---|---|---|---|---|
| A | | | | • |
| B | | | • | • |
| X | | • | • | |
| Y | • | | | |

The mass of Swithun in Scandinavia:

| | Intr. | Coll. | Epa | Gr. | V | Alla | Ev. | Off. | Secr. | Com. | Postc. |
|---|---|---|---|---|---|---|---|---|---|---|---|
| s. xi | | | | | | | | | | | |
| **S401** | | X | | | | | | | X | | X |
| **S400** | | | | | | | | | | | X |
| s. xii | | | | | | | | | | | |
| **H64** | SE | A1 | ESM | ID | | | VEQ | VMM | A | FS | A |
| **O55** | | | | | | | | | A | | A |
| **O61** | | A | | | | | | | | | |
| **S142** | | A2 | | | | | | | | | |
| **S407** | | B | | | | | | | A | | B |
| **H61** | SE | | | | | | | | | | |
| **S635** | | A1 | | | | | | | A | | B |
| **X20**[280] | | | | | | | | | | | |
| s. xiii | | | | | | | | | | | |
| **S450** | SE | A1 | ESM | ID | | IDS | HQP | VMM | A | FS | A |
| **S456** | | B | | | | | | | A | | B |
| **ONid** | SE | | ESM | ESM | NEI | SM | VEQ | IDS | | FS | |
| **ONid** | SE | | ESM | ESM | NEI | SM | VEQ | IDS | | FS | |
| 1500 | | | | | | | | | | | |
| **MNid** | SE | Y | ESM | ESM | | SM | VEQ | IDS | Y | FS | Y |

The persistence of Swithun in Norway is confirmed by these texts, after it had generally been abandoned in Denmark and Sweden from c.1300

## The Office

(i) Those only with a collect:
s. xii **S42** Coll. A1
s. xiii **S21** Coll. B, with IDD and AE

280 The evidence of the Skara Missal (**X20**) is most significant: in the *Communicantes* section of the anaphora, after the usual saints, there are eleven others, lightly erased namely *Vincentii, Dionysii, Eustasii, Sebastiani, Hilarii, Martini, Benedicti, Gregorii, Vedasti, Amandi, Suuithuni*. The presence of Swithun among these saints and in this part of the mass is eloquent testimony to the importance of his cult in this most Norwegian-influenced Swedish diocese, cf. Pahlmblad, *Skaramissalet*.

(ii) Those containing lections:

s. xii **S34** for 2 July. The lections are adapted from the version of Lantfred's *Translatio S. Swithuni* as preserved in Lincoln, Cathedral Library 7, a twelfth-century manuscript. Lapidge concludes that the lections date from the eleventh century, before the *Vita S. Swithuni* was composed;[281] this suggests that **S34** witnesses to an early influence from southern England, yet because this text is not exactly the same as the Lincoln manuscript, some words being added, its source is probably another copy.

Lect. 1 *Summus igitur confessor et eximius dei antistes suuithunus cuius amantissimam depositionis sollempnitatem celebramus gloriosi regis eadgari temporibus cuidam modesto fabro ferrario in nocturna uisione apparuit atque blando sibi sermone precepit ut legationis sue sacramenta uenerabili episcopo aþeluualdo deferret ut eum quam tocius summa cum reuerencia de tumulo transferret. Qui gauisus in domino sagaci agnouit industria hanc uisionem a deo destinatam et regem memoratum concitus adiit eique quod sibi imperatum fuerat sollerter innotuit. Mox ergo deo inspirante rex ipse delectatus episcopi sermonibus et sancti patris reuelatione ut hec translatio ageretur celerius mandauit prompta deuotione.*

Lect. 2 *Venerandus ergo pontifex et uirtutum artifex aþelwaldus ciuitatem in quam sanctus iacuit presul swithunus ingressus populo quod sibi aþeluualdus a sancto seu a rege iussum fuerat intimauit. At illi letantes in domino triduano celebrato ieiunio cum suo episcopo adeunt sancti tumulum eiusque membra sanctissima summa cum gloria in ecclesiam transtulerunt et quinque egri medelam receperunt ad tumulum eius per interuallum trium dierum. Expleto namque triduo ferme per intersticium quinque mensium raro fuit aliqua dies quo in basilica in qua sunt reposite sacri uiri reliquie non sanarentur languidi quando plures .xvi. uel .xi. quando ubi pauciores .v. uel .iii. creberrime etiam .vii. uel .viii. uel .x. uel .xii. uel .xv. Vidimus etiam plusquam ducentos in decem diebus egrotos per meritum sancti curatos et in anni circulo qui carent numero. Denique ex urbe Lundonia quondam pariter uenerunt wintoniam ciuitatem homines ceci numero .xvi. utriusque sexus e quibus quindecim prima celitus illuminati sunt die, .vi. autem uel decimo altero lucescente mane cum multis*

281 *Cult of St Swithun*, p. 105.

*languentibus aliis per meritum sancti presulis curationem recipere meruerunt et sic postmodum deo iustissimas persoluentes gratias reuersi sunt uidentes Londoniam qui ceci uenerant.*

Lect. 3[282] *Veneruntque aliquando ad sanctum prefatum dei famulum ex diuersis anglorum prouinciis uiginti quinque infirmi uariis languoribus constricti scilicet ceci, claudi, surdi, et muti, qui unius diei reuolucione, hoc est in beatissime dei genitricis semper uirginis assumptione, omnes per gloriosam egregii sacerdotis interuentionem a domino meruerunt recipere curationem. Postquam ergo sanctissimum corpus pontificis swithuni infra ecclesiam positum fuerat uidimus circa perscriptum monasterium, plateas adeo refertas propter turmas egrotantium ut quispiam uiator facile*[283] *repperiret iter gradiendi ad ipsum. Qui post aliquot dies ita sunt curati meritis sancti ut etiam infra basilicam uix quinque inuenirentur languidi. Qua propter inuidi sileant ac reprobi, qui gloriosi huius uiri miracula aut negant aut quod negare nequeunt in synistram partem uertunt. Increduli etiam ad sanctum dei famulum ueniunt, ut beneficia conditoris agnoscant, ut creatorem laudent. Eodem quoque tempore quidam uir londoniensis tam graui percussus egritudine ut manus et pedes illius post tergum uersi cernerentur. Verum deus omnipotens et sancti meritum swithuni sue misertus est creationi, tribueras infirmo pristinum uigorem corporis ad sui glorificationem nominis quatinus incolumis effectus magnificaret dominum qui facit mirabilia magna solus.*

*Matt.*

*In illi. Iussit Iesus discipulis*[284] *suos ascendere in nauiculam et precedere eum trans fretum donec dimitteret turbas* et reliqua. *Quare*[285] *autem coegerit discipulos ascendere nauim et ipse mox dimisso populo in montem oraturus abierit, iohannes manifeste declarat qui completa refectione illa celesti continuo subiecit: Iesus ergo cum cognouisset quia uenturi essent ut raperent eum et facerent eum regem, fugit iterum in montem ipse solus.*

---

282 The figure looks more like vi than iii, but it is followed by three lections, the second and third clearly designated lect viii and lect ix, all based on Matt. 14:22–32.

283 The Lincoln ms has *difficile*.

284 Corrected in text to *discipulos*. The text is from Matt. 14:22, but cf. Mark 6:45f.

285 This lection is drawn verbatim from Bede's exposition of Mark 2:6; see Hurst, *Bedae Venerabilis Opera* II *Opera Exegetica* 3, II, lines 1014–19 (p. 515).

Lect. 8 *Denique*[286] *domino in montibus*[287] *cacumine commorante statim uentus contrarius oritur, et turbatur mare et periclitantur apostoli et tamdui imminens naufragium perseuerat quamdiu iesus non uenit. Labor quidem discipulorum in remigando et contrarius*[288] *ei uentus labores sancte ecclesie uarios designat que inter undas seculi aduersantes et immundorum flatus spirituum ad quietem patrie celestis quasi ad fidam litoris stacionem peruenire conatur.*

Lect. 9 *Eodem*[289] *ergo fidei ardore quo semper cetera nunc quoque ceteris talentibus*[290] *credidit petrus se posse facere uoluntatem magistri quod ille non potuit per naturam. iube me inquid uenire ad te super aquas. Tu uero precipe et illico solidabuntur aquae, ac leue fiet corpus quod per se gaue.*[291] *Et descendens petrus de nauicula ambulabat super aquas ut ueniret ad ihesum. Et cum cepisset mergi clamauit dicens, domine saluum me fac. Igitur ardebat animi in petro fides, sed humana fragilitas in profundum illum trahebat. Paululum ...*[292]

c. 1200 **S37** and **S39**[293] This manuscript is a shortened version (from another source?) of the anonymous *Vita s. Swithuni*, taken from chaps 3–6.[294]

Lect. 1 *Fuit odor sanctitatis beati swithuni emanans regi supradicto induerit quem rex euocatum multimoda indagatione perlustrans probatum et cognitum in sinum amicitie recepit, atque inter amicos et familiares precipuum, sicut et prudentiorem consilio et fideliorum obsequo*[295] *reppererat, habere iam cepit. Commendauit autem ei filium suum nomine athulfum et documentis literalibus edocendum et sanctis moribus instruendum tunc temporis quidem in ecclesia dei wintonie clericatus officio militantem postea uero de ordine et gradu sub diaconi acceptum, permittente et annuente*

286 This lection draws verbatim upon Hrabanus Maurus's *Expositio in Matthaeum* V (itself a combination of Jerome's commentary and that of Bede), ed. Löfstedt, p. 427, lines 99ff.

287 For *montis*.

288 For *eis*.

289 This lection is also taken from Hrabanus Maurus's *Expositio in Matthaeum* V (Löfstedt, pp. 430–1, lines 3–8, 13–15).

290 For *tacentibus*.

291 For *graue est*.

292 Here the manscript ends.

293 The text is for 2 July; see Schmid, 'Problemata', pp. 188f.

294 Cf. Lapidge, *Cult of St Swithun*, pp. 630ff.

295 Corrected to *obsequio*.

*beato papa leone eo quod Rex supradictus absque herede preter ipsum solum obierit, genti anglorum benigne et prouide imperantem* (from chap 3).

Only the rubric for Lect. 2 exists at the bottom of the page; the next page, containing lections 2, 3 and the beginning of 4, is missing.

Lect. 4 *<don>ari. Quorum petitioni assentiens et adgaudens eum <ad s>e euocauit, et qui desiderantur ab omni(bus) ecclesie regulum petiebatur ostendit. Ann*[*uit*] *tandem humilis et deo deuotus sacerd<os pet>enti regi et iubenti et manum ei do<robern>ensium archiepiscopo nomine celnodo imp<one>nte, pontificali sullimatur honore. P*[***] *acceptam itaque episcopalis cathedre d*[***]*atem, beatus swithunus de miti mitior humili humilior, de deuoto deuotior curabat existere. Pauperibus non superbe sed pie et humiliter respondere petentibus et pulsantibus consilii et auxilii manum porriget regi ut populum suum iuste et benigne regat sedulos et officiosus assistere. Huius oratione et exhortatione idem rex ecclesiis dei uniuersum decimam terre regni sui munificentissima donatione donauit et quod liberaliter donauit libere possidere concessit.* (from cc. 4, 5 and 6)

Lect. 5 *Cum speculationi et contemplationi diuine reuerendus pontifex suuithunus assidue et intente inhiaret, actiue tamen discipline operibus non minus insudans pro opportunitate rei et temporis utriusque exercitii opera uariatione decentissima commutabat. Vnde factum est ut necessitate exigente de spiritualibus ad forinseca exiens utilitati communi ciuium sicut semper et aliquando prouideret, pontemque ad orientalem portem ciuitatis arcubus lapideis construeret.*[296] *Cum ergo prefato operi uir dei operam daret, contigit quadam die pauperem quendam usque ad locum operis uenire oua uenalia in uase deferre, ab operariis ludentibus miseram apprehendi sollicite et laboriose*[***] *super oua componit signando celeri redintegratione incorrupta restituit.* (from c. 6)

Lect. 6 *Quotiens*[297] *beato pontifici suuithuno dedicandam ecclesiam aliqui opportunitas imminebat in multi* (sic) *uel equi alicuius uehiculum neque alicuius secularis pompe sibi dignitatem abhibebat clericis ac familiaribus suis tantum comitantibus nudis pedibus humiliter*

[296] At this point there is a note *lect vi*, but the next paragraph also has *lect vi*.

[297] For *quando*.

*properabat et hoc non in die sed in nocte faciebat, quia laudes humanas sapienter declinabat. Cibum parce et moderate sumebat, somnum paululum admittebat, uigorem orationis continue nunquam deserebat proximo semper tanquam sibi quod utile, quod honestum, quod pium, quod sanctum in sanctionibus ecclesiasticis exequendem est humili et modesto sermone referebat. Vixit itaque beatus Suuithunus a primitiis pubertatis sue usque ad exitum uite in obseruatione uera mandatorum dei omni custodia conseruans cor suum in omni mundicia et puritate spirituali. Bene ergo et sancte domo et ecclesia dei cui ipse preerat ordinata et ordinatissime confirmata regnate Athelberto predicti regis athulfi filio felicite ab ergastulo huius seculi migrauit anno ab incarnationis dominica octingentessimo sexagesimo secundo indictione decima regnatem eodem domino nostro iesu christi cui est honor et gloria eum deo patre et spiritu sancto per omnia secula seculorum. amen.* (from cc. 7, 8)

(iii) The proper office:

This is present in:

| | | | |
|---|---|---|---|
| s. xii | **H02** | 15 July | antiphonary with notation |
| c.1200 | **S04** | 2 July | antiphonary with notation |
| s. xiii | **ONid** | 2 July and 15 July | |
| c.1500 | **BNid** | 15 July | this breviary gives two offices for Tr Swithun, one in the July section and one rhymed office in an appendix. It has no office for 2 July, which was by this time required for the feast of the Visitation of the BVM. |

These four manuscripts (5 texts) have very little relation to each other; the two for the deposition are here presented first.

for 2 July c.1200 **S04** Antiphonary with lined notation

[***]*intrices operatus est et omnes*

Ad laudes

Ant. *Confessor Domini Swithune etstantem*[298] *plebem corobora sancta intercessione ut qui uiciorum pondere premimur beatitudinis tue glorie subleuemur et te duce eternam preueniam*[299] *consequamur. euouae.*[300]

Ant. *O quam uenerandus es egregie Swithune confessor Christi qui terrena ontepisti*[301] *et celi ianuam exultans petisti modo uictor fluges*[302] *in uirtute celesti ideoque supplices exoramus ut cercedas*[303] *pro nobis ad dominum Deum nostrum. euouae*[304]

Ant. *Aue presul gloriose aut sidus iam celeste decorans Swithune celo nos gubernas iudicens uno*[305] *quo letemur triumpates*[306] *te patronum uenerantes. euouae.*[307]

Ant. *Beatam*[308] *Christe confesor Swithune ecce nomen tuitur*[309] *fulget per secula petimus ergo ut tuis sacris precibus mereamur adiuuari a domino. euouae.*

Ant. *Sancte Swithune confessor dominini*[310] *gloriose adesto nostris precibus pius abac*[311] *propicius. euouae.*

V' *Amauit eum dominus*

Ant. *Ecce adest beate Swithune gloriose consummationis diem uenerantes qua terrenum terris commendasti ad celestia spiritus ecclesia conscedens*[312] *gaudet in perpetuum. euouae.*

Benedictus

Ant. *Iste homo*[313] *ab adolesce*[***]

R' *Vir israelita gaude choeres Christi intercede pro nobis*

V' *Vt precibus tuis a deo ueniam speremus supplices ad te confugimus. Inter. Gloria patri et filio et spiritui sancto*

Hy. *Iste confessor dominum.*

V' *Amauit eum*

---

298 For *astantem* (cf. *CAO* 1868).

299 For *eterna praemia*.

300 At this point notation ceases, although lines have been drawn throughout.

301 For *contempsisti*; cf. *CAO* 4071.

302 For *fulges*.

303 For *intercedas*.

304 Here notation begins again.

305 For *gubernans uirens humum* cf. *CAO* 1541.

306 For *triumphantes*.

307 At this point notation ceases again.

308 Corrected in text to *beate*.

309 For *tuum*.

310 For *domini*; cf. *CAO* 4717.

311 For *ac*.

312 For *conscendens*.

313 Most of this line has been erased by later writing.

for 2 July (s.xiii) **ONid**

Ad 1 vesperas
Ant. super Ps. *similabo eum*
Ps. de die
Cap. *Ecce sacerdos magnus*
In Ev. Ant. *A progenie in progenies uel O Swithune, O pie*
Ps. *Magnificat*
Coll. C
Postc. *Benedicamus domino*
V' *In omnem terram*
Ad matutinas omnia peragantur quemadmodum in suffragio sanctorum de uno confessore et episcopo prenotantur.
In Ev. Ant. *Ecce adest sancti*
Ps. *Benedictus*
Oratio propria dicatur
Postc. *Benedicamus domino*
V' *Nimis honorati*
(Collect for St Peter)
Super horas diurnales antiphone de laudibus. Cetera omnia peragantur ut in suffragio sanctorum de confessore et pontifice prenotantur.

Ad 2 uesperas
Ant. super psalmos *Ecce sacerdos magnus*
Psalmi de die
Cap. *Ecce sacerdos*
R' *Sancte suithune*
V' *O sancte suithune*
Ym. *Iste confessor*
V' *Ecce sacerdos*
In Ev. Ant.
*Hodie mundo superna*
Ps. *Magnificat*
Oratio propria dicatur de sancto
Postc. *Benedicamus domino*

The four texts for the Translation (15 July), are found in **H02**, **ONid** and two in **BNid**:

s. xii **H02** antiphonary with notation[314]

314 See Lapidge, *Cult of St Swithun*, pp. 126–7, whose emendations have been followed here.

Ad 1 uesperas

[Ant.] [***]*aminare et demones effugare.* *Euouae.*

Ps. *Lauda*

Ant. [*Conlaud*]*abunt multi sapientiam eius et usque in seculum* [*non* de]*lebitur*

Ps. *In conuertendo*

R' *Sancte Swithune confessor*

Hy. *Iste confessor*

V' *Iustum deduxit*

Ant. *Sacerdos dei inclitus Swithune ora pro nobis ut tuis semper precibus piis protegi mereamur ubique et quandoque digni apparere ante conspectum diuine claritatis.*

Magnificat

Ad matutinas

Inv. *Regem regum ueneremur* *omniumque Dominum*
*qui consortum angelorum* *fecis esse Swithunum*

Ps. *Venite*

In 1 nocturno

Ant. 1 *Cum reuelaret Dominus* *Swithunum patrem celitus*
*multa fecit miracula* *per eius sancta merita*

Ps. *Beatus uir*

Ant. 2 *Nam pater idem cernitur* *in sompnis dum alloquitur*
*fabrum quendam missatica* *mandans illi celestia*

Ps. *Quare.*

Ant. 3 *Perge, inquit, ac dic illo* *hoc placere altissimo*
*membra meo saxeo* *tranferantur e tumulo*

Ps. *Domine quid.*

V' *Amauit.*

Responsoria

R' *O quam ammirabilis uir iste Swithunus* [*inter confes*]*sores non minimus, qui suis temporibus clara* [*et futuris*] *prebuit exempla. Vnde feliciter exultat Christi ecclesia*

V' *Laudibus gloriosus es, beate Swithune, quod letaris cum sanctis.*

R' *Ecce uere israhel*[*ita in*] *quo dolus non est inuentus, qui probatus reper*[*tus*] *est sacerdos magnus iuxta ordinem Melchisedech.*

V' *Statuit ei Dominus testamentum sempiternum qu*[*i*] *probatus repertus est sacer*[*dos*]

R' *Gloriosus uir sanctus Swithunus reliquens terrena mercatus est celestia*

V' *O uerum et magnum sacerdotem qui contempens terrena merca[tus est celestia]*

In 2 nocturno

| | | |
|---|---|---|
| Ant. 1 | *Post hec elapso tempore*<br>*Anglorum genti multa* | *translato sancte corpore*<br>*sunt data beneficia* |
| Ps. | *Cum inuoca[rem]* | |
| Ant. 2 | *Ceci uisum recipiunt*<br>*catenati absoluuntur* | *claudi sani incedunt*<br>*carcerati liberantur* |
| Ant. 3 | *Mul*[315] | |

s. xiii **ONid** for 15 July

Ant. *Confessor domini* et oratione et ad missam secunda ei tribuatur oratio uel in crastino totum de eo cantetur, sicut in diem sancto eiusdem prenotatum inuenitur cum tribus tamen lect. et istis responsoriis

| | |
|---|---|
| R' | *Iste homo perfecit* |
| R' | *Iste est de prepotentibus*[316] |
| R' | *Sancte .N. confessor* |
| R' | *Persistens* |
| In ev. Ant. | *Beatus uir .N. talentorum* |
| Hy. ad noct. | *Huius O Christe*[317] |

Ad laudes *Iesu redemptor omnium*

**BNid** has two offices for the translation; the first in the body of the breviary at 15 July

c.1500 **BNid**

*Commemoratio de translatione sancti Suithuni episcopi et confessor*

| | | |
|---|---|---|
| Ant. | *Confessor domini* | |
| Coll. Y | | |
| Per Inv. | *Vnum deum* | *rest as common* |

---

315 Here the ms ends.

316 The full text of this respond begins *Iste est de sublimibus celorem prepotentibus*, see Gjerløw, *Antiphonarium Nidrosiensis Ecclesiae*, p. 145, where she points out that the Winchester Troper also uses it for Swithun; cf. Lapidge, *Cult of St Swithun*, pp. 123f.

317 Cf. Gjerløw, *Ordo Nidrosiensis Ecclesiae*, p. 429 note.

In 3 nocturno
R' *Iste homo perfecit*
R' *Iste est de prepotentibus*
R' *Sancte .N. confessor*

In Ev. Ant. *Beatus .N. talentorum*

Lect. 1 *Vt auditores in amorem catholice religionis maior desiderii feruor accendat, beati suithuni miracula ueniant in medium. Post transitum eius de mundo ad patrem, antequam de terra corpus leuaretur, quidam cecus quinque annis rome uisum postulans, nec impetrans, post unius noctis uigilias ad eius corpus illuminatus est.*

Lect. 2 *Quidam etiam innocens de latrocino accusatus, et dannatus lumine priuatur, manus truncantur, et naribus abscisis, et auulsis auribus, tamen ei cum pedibus uita relinquitur, et sic oculis reductis in orbem miseros dies duxit ab epiphania domini usque ad letaniam maiorem neque uidens neque audiens, quoniam fenestras auditus sanguinis affluentia repleuerat. Hic in beati presulis basilica pernoctans, uisum et auditum percepit.*[318]

Lect. 3 *Prepositus etiam albadunensis monasterii nomine birferdus, effectus est cecus per interuallum quindecim annorum. Qui audiens quanta mirabilia dominus per suum famulum dignatus est prebere languentibus, uintoniam nudis ueniens uestigiis ad sancti pontificis corpus accessit, cum precibus assiduis, et eadem nocte lucem conspicere meruit atque sospes domum rediens, omnipotentes dominum in sancto suo benedixit.*[319]

Lect. 4 *Oua nonnulla ut ad forum uendenda deferret pater puero commiserat. Sed casu labitur puer, oua quassantur. Timens iuuenis uerbera patris, sanctum inuocat et oua recipit integra quorum precium simul cum euentu refert ad patrem.*

Lect. 5 *Erat cuiusdam nobilis quidam iuuenis dilectissimus, qui dominum suum comitatus ad conuiuium, et elapsus ab equo crure confracto, et brachio ab omnibus desperatus est. Ruit igitur in lachrimas nobilis ille, et sanctum inuocat, et in breui puer ille sanitate recepta equum ascendit, et dominus sequitur ita plene saluti restitutus, acsi nichil mali perpessus fuisset.*[320]

Lect. 6 *Quedam a natiuitate usque ad senectutem ceca, mutam quamdam*

318 Cf. Lantfred, c. 26; Lapidge, *Cult of St Swithun*, pp. 311–15.
319 Cf. Lantfred, c. 28; Lapidge, *Cult of St Swithun*, pp. 316–17.
320 Cf. Lantfred, c. 31; Lapidge, *Cult of St Swithun*, pp. 319–21.

> *ductricem habuit, et in breui post celebratas uigilas, ceca uidit et muta loquitur. Diffunditur autem ex frequentia miraculorum fama huius sancti presulis per multa climata. Vnus simul ex diuersis anglorum saxonumque finibus, centum uiginti quatuor multiplicibus constricti languoribus, in duarum reuolutione hebdomadarum, uigiliis expletis et ieiuniis, sani redeunt deum in sancto suo glorificantes. Cuius nomen benedictum in eternum maneat et ultra. Amen.*

In 2 uesperas
In Ev. Ant. *Iste est qui ante*

In the appendix of **BNid** there is the following rhymed office for the translation:

*Historia de sancto Suithuno*
Ad 1 uesperas
Super Ps. Ant. *Gloriose presul aue bone pastor pater sancte, o suithune miserere te precamur nos tuere*
Cap. *Ecce sacerdos*
R' *Signorum* Require post nouam lectionem
Hy. *Iste confessor*
V' *Amauit eum dominus* *et cetera*
Super Magnificat
Ant. *Letare plebs uentonie gaude gens stauangrie*
*dum refert solis orbita nostri patris solennia,*
*suithunus dictus nominefide fortis et opere*
*per bone uite merita ascendit ad celestia.*
Coll. X
Inv. *Exultare Deo nos condecet et iubilare,*
*Suithunum cui complacuit super astra uocare*
Ps. *Venite*
In 1 nocturno
Ant. *Orthodoxis parentibus suithunus puer editus*
*legem seruans dominicam uitam ducit durissimam,*
Ant. *Seruit deo in timore et exultat cum tremore*
*in sanctis uiuens moribus exemplum prebet omnibus*
Ant. *Multis cum uirtutibus mirificauit dominus*
*de clericatus ordine sanctum parit iustitie.*
V' *Amauit eum dominus*

Lect. 1 *Glorioso*[321] *rege anglorum egbertho regnante, qui legi brynegillo*[322] *de idolatria per beatum birinum anglorum occidentalium apostolum ad fidem conuerso, octauus successit in regnum beatus suithunus, pater et pastor in ecclesia dei futurus. Cursus sui in stadio mundi huius diuina misericordia ordinante accepit exordium. Qui sicut scriptum est quia filius sapiens, gloria patris est. Honor parentum, cognatorum gloria, leticia propinquorum, bene et sapienter uiuendo factus est. t.a.d.*[323]

R' *Sanctus Suithunus pastor paterque futurus*
*ex orthodoxis clarisque parentibus ortus*

V *a puero didicit ferre iugum domini. Et*

Lect. 2 *Nam annis puerilibus in bona simplicitate et simplici bonitate transactis secundum beate hieremie sermones qui dicit, beatus homo qui portauerit iugum ab adolescentia sua, iugum dominice seruitutis arripere festinauit, susceptum humiliter uiriliterque portauit sciens secundum apostoli disciplinam in presenti quidem non esse gaudii, sed meroris. t.a.d.*

R' *Traditur ingenuis studiis puer erudiendus*
*doctrinisque sacris et moribus instituendus*

V' *ascendens gradibus presbyter efficitur.*

Lect. 3 *Suscepto denique clericatus officio de gradu in gradum, de uirtute in uirtutem, gressus eius deo per omnia dirigente conscendens sub hylinstano*[324] *uenerabili, uentane ciuitatis episcopo ad honorem sacerdotii prouectus est, ministerii autem huius perceptione sollicitus, curabat seipsum ministrum probabilem. Ac deo semper operarium inconfusibilem se non remisse exhibere uiam ueritatis catholice, recte tractare omnia que de puteo heretice prauitatis oriuntur, caute et sedule declinare, benignitati et mansuetudini admodum inseruire opera pietatis inter omnia et super omnia exercere, sciens quia pietas ad omnia utilis est, promissionem habens uite que nunc est et future. t.a.d.*

R' *Presul uentonie uacuam moriendo reliquit*
*Sedem, suithunus domino donante recepit*

V' *Hoc rex, hoc clerus annuit et populus. Sedem*
*Gloria patri. Sedem*

321 The lections are taken from the *Vita Swithuni* (*BHL* 7943); see Lapidge, *Cult of St Swithun*, pp. 630–9.

322 For *regi Kynegilso*; Lapidge, *Cult of St Swithun*, p. 630.

323 *tu autem domine.*

324 For *Helmstano*; Lapidge, *Cult of St Swithun*, p. 630.

In 2 nocturno

Ant. *Deum amans fideliter* *sacratur ille presbyter*
*sub hylinsthano pontifice* *ciuitatis Vintonie*

Ant. *Honoris illum gloria* *coronat dei gratia*
*diuina spargens semina* *uerbis et uita predita*

Ant. *Ales diuini operis* *transmigrat in montem dei*
*sancta illius anima* *templi sit sancti machina*

Lect. 4 *Vnde factum est ut opinionis suauissime odor de prato sanctitatis eiusdem emanans regi supradicto innotuerit, quem rex euocatum multimoda indagatione perlustrans probatum et cognitum in sinum recepit amicitie, receptum inter amicos et familiares precipuum, sicut et prudentiorem consilio et fideliorem obsequio reparat habere iam ceperat. Sanctus uero suithunus non illecebre secularis, non terreni honoris gratia regi assistens seruiebat. Sed quia sublimioribus potestatibus obediendum esse secundum apostolum et legebat et sciebat. Et quia si sepius a latere regis esset, indigentibus opem subuentionis rege consilia suggerendo citius et ualentius prestare potuisset. Commendauit autem ei rex filium suum nomine Athulphum documentis litteralibus edocendum et sanctis moribus instruendum. t.a.d.*

R' *Ordine sublimis* *merito sublimior esse*
*cepit et intendit* *de sancto sanctior esse*

V' *mundi huius tenebras* *spreuit et illecebras. Cepit*

Lect. 5 *Euoluto qui*[325] *aliquanto tempore supradictus hylinsthanus morti debitum soluens uitam finiuit et cathedram episcopalem ciuitatis Vintonie, superuenturo pontifice uacuam dereliquit disponente autem dei misericordia qui non deferit sperantes in se qui uota supplicantium sibi quando uult et quomodo uult miseratus exaudit, omnis etas, omnis sexus, uniuersa conditio clerus, ac populus uintonie ciuitatis eadem uoluntate pari consilio petierunt a rege Athulpho beatum suithunum sibi donari in patrem et pastorem scientia uidelicet clarum ornatum sapientia omni morum referentes dignitate pollentem felicem insuper et ciuitatem et populum esse cui tam pius, tam sanctus, tam sapiens in regimen ecclesie unanimiter acclamabant. t.a.d.*

R' *Pauperibus miseris* *semper solitus misereri*
*Que fuerant fracta* *reparauit pauperis oua*

V' *mirantes factum* *magnificant deum.* *Que*

Lect. 6 *Nec mora athulphus rex omnium petitioni assentiens et aggaudens*

325 For *igitur*; Lapidge, *Cult of St Swithun*, p. 632.

*beatum Suithunum alitorem et doctorem suum ita enim eum erat solitus nominare (ut in quibusdam scriptis ipsius regis reperimus) ad se euocauit petitorium*[326] *omnium refert quam canonice, quam ecclesiastice, quam desideranter, ab omnibus petatur ostendit, ab omnibus uoluntate et petitione tam deuote tam sancte non resistere hortatur de suo consilio et auxilio non debere diffidere, se paratum ad faciendum omnia que iusserit nullo se ingressurum que illi operari uetuerit, illum sicut prius et modo magistrum et consiliarum habiturum se totum de consilio pendere et omnia pro ipsius ordinatissima dispositione facturum annuit itaque humilis, et deo deuotus sacerdos regi petenti et iubenti facere quod ab eo et ab omnibus rogatur intendit, tantum si rex adiutor dei et sui sicut pollicebatur uelit existere, si ecclesiam dei et populum uniuersum qui in manu eius erat secundum consilium dei et suum sustentare aggrediatur et regere. t.a.d.*

| | | |
|---|---|---|
| R’ | *Viuendi metas* | *adduxit labilis etas* |
| | *exit ab hec uita* | *datur illi uita beata* |
| | *obuiat angelica* | *celi cum rege caterua* |
| V’ | *et cum leticia* | *sede locat supera. Obuiat* |
| *Gloria patri.* | *Obuiat.* | |

In 3 nocturno

| | | |
|---|---|---|
| Ant. | *Adesse cupit sedulo* | *celesti tabernaculo* |
| | *ingressus sine macula* | *requiescit per secula* |
| Ps. | *Domine quis* | |
| Ant. | *Eterno regi paruit* | *terreno complacuit* |
| | *dum bonum dat consilium* | *et fidele obsequium* |
| Ps. | *Domine in uirtutum* | |
| Ant. | *Euoluto post tempore* | *et defuncto antistite* |
| | *rege plebe petentibus* | *fit pater et episcopus* |

Lect. 7 *Ipse amator et cultor sancte uiuersalis ecclesie ecclesias quibus in locis non erant studio ardentissimo pecuniis large traditur fabricabat. Que uero semirutis et infractis parietibus destructe iacebant dominicis cultibus desiderantissime reperabat. Quando opportunitas sibi dedicandi ecclesiam aliquam eueniebat sicut semper et tunc in se humilitatis et deuotionis argumentum probabile omnibus proponebat. Nam neque muli neque equi alicuius uehiculum, ne seculares pompe alicuius super adhibens*

326 For *petitionem*; Lapidge, *Cult of St Swithun*, p. 632.

*dignitatem, clericis ac familiaribus suis comitantibus tantum nudis pedibus ad ecclesiam quam dedicaturus erat pro consuetudine sua humiliter properabat. Sed et hoc non in die sed in nocte faciebat, laudes et humane adulationis fauores sapienter declinans, nolens esse cum eis uel inter eos de quibus dicitur quia amantes laudes hominum, receperunt mercedem suam. t.a.d.*

R' *Congeries es gibbi miseranda aggerat egenum*
*iam fuerat iunctura genibus iuncta genarum*

V' *Inuenit auxilium dum uenit ad tumulum. Iam fuerat*

Lect. 8 *Vixit autem beatissimus suithunus a primis pubertatis sue annis usque ad exitum sue uite, in obseruatione uera mandatorum dei, omnia custodia conseruans cor suum in omni munditia et pietate spirituali catholice et apostolice doctrine custos integer, filiorum spiritualiter regeneratorum in sancte conuersationis studio eruditor peruigil et magister. Et cum nulla fere uirtus habetur cuius apicem ipse non attigisset, humilitati tamen et mansuetudini curiosius inherebat pacem et sanctimoniam sequens fontem uite et beatudinis eterne sitiebat ad brauium superne uocationis anhelans uitam in pace finire cupiebat.*

R' *Diues homo monstris furialibus exagitatus*
*flatu pestifero uultus horrore grauatus*

V' *Dum tumulum uisit letitiam repetit. Flatu*

Lect. 9 *Bene igitur et sancte domo et ecclesia dei cui ipse pater et pastor piissime preerat secundum ritus ecclesiasticos ordinata et ordinatissime confirmata, uictor carnis, et mundi, perfuga de corona seculi de incolatu huius seculi exiens regnante in tertio regno anglorum rege. Athelbertho gloriosi regis athulphi filio, feliciter migrauit ad Christum exultans et gaudens, quia a domino deo dictum est sibi, Euge serue bone et fidelis, quia super pauca fidelis fuisti, intra in gaudium domini tui. Quod uero uicium exaltationis omnimode in uita declinauerat, et uirtutem uilitatis et humiliationis bone potissimum coluerat, et colens amauerat in fine uite sue de sepultura sua precipiens aperto iudicio ad exemplum subditorum indicare curauit. Nam neque intra ecclesie septa, neque in preeminentiori parte cymeterii, sed extra ecclesiam in indignis que in plebe uilioribus patebat, equaliter se tumulari precepit, sciens a domino dictum quia qui se humiliat exaltabitur. Exiuit ergo de ergastulo huius seculi, anno ab incarnatione domini octingentesimo sexagesimo secundo, indictione decima, regnante domino nostro Iesu Christo, cui est honor et gloria cum deo patre et spiritu sancto per omnia secula seculorum. Amen. t.a.d.*

R' *Signorum uirtute potens* *meritisque coruscans*
*et super afflictos* *omni pietate redundans*
*festicolis misere tuis* *suithune precamur*
V' *Cetibus angelicis* *per te iungi mereamur. Festicolis*
*Gloria patre.* *Festicolis*

Ad laudes

Ant. *Presul suithunus* *uirtutum lampade clarus*
*hanc linquens uitam* *scandit ad etheream.*
Ant. *Surreptum sibi terra patrem* *languensque requirit*
*quo concine polus* *gaudia festa facit.*
Ant. *Cum locus exiguum* *premeret cum uile sepulchrum*
*gloria uirtutum* *magnificabat eum.*
Ant. *Omnibus infirmis* *factus medicina salubris*
*omnes curat eos* *pestibus a uariis.*
Ant. *Laus tibi summe deus* *tibi celi concio prefert*
*suithunusque pater* *laus tibi summe deus. Alleluia*

Super benedictus

Ant. *Letabunda dies* *anno currente reuixit*
*gaudia festa facit* *solennia leta reduxit*
*dum domini seruus* *suithunus ad alta uocatur*
*ad superas sedes* *mundi de ualle leuatur.*

Coll. uis.

In 2 uesperas

Ant. *Magne sator mundi* *suithunum magnificasti*
*te quoque suithunus* *gloria magnificat*
*illum de terra* *magna uirtute leuasti*
*quemque leuas celo* *gloria magna tibi.*[327]
Ps. *Magnificat*

Lapidge suggests that, as the writer probably had before him both the *Vita S. Swithuni* and the *Miracula,* this office might have been composed in Winchester rather than Stavanger.[328]

327 *AH* 12:235–7.
328 Lapidge, *Cult of St Swithun*, p. 134.

## Waltheuus (Waldef, Waltheof)

31 May or 31 August

**Kalendar**

s. xii **O11** 31 May *Obit Waltheus comes* in red[329]

This kalendar came from Crowland and then to Nidaros; Waltheof seems to have been celebrated both in Norway and Iceland.

## Werburga, Abbess

3 February

**Kalendar**

s. xii **O10** *S. Werburge mem* added

This Ely and Chester saint is commemorated only in this kalendar, probably written in Scandinavia.

## Wilfrid, Bishop

12 October; translation 24 April

**Kalendars** (all 24 Apr.)

s. xii **C43** *S. Wuilfridi epi et conf.*
c.1200 **SM01** *Wuilfridi conf.*
s. xiii **C46** *Wuilfridi mem*

**Martyrologies** (both 12 Oct.)

s. xiii **C30** *In britannis S. Wilfridi ep. et conf*
s. xiv **C55** *ipso die ciuitate Eboraciense S. Wilfridi epi et conf qui* ...[330]

329 See Gjerløw, 'Fragment of a 12th Century Croyland Kalendar', pp. 99–106, and Farmer, *Oxford Dictionary of Saints*, p. 429.

330 The whole page is badly darkened making most of the text illegible, but the elogy continues for at least another line.

**Litanies** (Wilfrid among the confessors)

s. xii **C44**
s. xiii **Y25**

### The Mass

Coll. *Adesto domine precibus nostris quas in sancti Wilfridi confessoris tui et episcopi sollempnitate deferimus ut qui nostre iusticia fiduciam non habemus eius qui tibi placuit precibus et meritis adiuuemur. Per.*
Secr. *Suscipe quesumus domine hostiam redempcionis humane et intercedente beato Wilfridi confessore et episcopi tui salutem nobis et mentis et corporis placatus operare. Per.*
Postc. *Presta quesumus omnipotens deus ut cuius festiuitate uotiua sunt sacramenta eius salutaria nobis intercessione reddantur. Per.*

This mass comes from the common, and may be compared with that in **We**.

The mass of Translation of Wilfrid in Scandinavia: 24 Apr.
s. xiii **O51** Coll. Alla AE Off. CC Secr. Com. LI Postc.

**The Office** 12 Oct.

s. xiii **S114** portions of a lection taken broadly from Bede, *HE* V:19; the manuscript is badly darkened and the first page illeg ible. The second page is here reconstructed as far as is possible.

[***] *et alii per illo consecrasti sunt antistes qui* [***] *diuinum* [***] *et ubi causa eius uentilata est gestis inseri, scriptumque* [*est hoc modo*]. *Wilfridus Deo amabilis episcopus ciuitatis apostolicam sedem de* [*sua causa appe*]*llans, et ab hac potestate* [*de certis*] *incertisque rebus absolutus* [*et cum aliis*][***]*inginta quique corporis*[***][*iudi*]*cii sede constitutus* [***][*con*]*fessus est et cum conscrip*[*tione sua corro*]*borauit* [***] *Cum ergo sanctus Wilfridus remeans in Galliam deuenisset* [***] *infirmitate* [***] *.IIII. diebus ac noctibus* [*quasi*] *mortuus iacebat* [***] *quasi de graui experrectus exsurgens resedit* [***] *et ad accan presbyterum* [***] *indiuisione ergo da*[***] *candido preclarus habitu dicens se michahelem esse ubi et ad hoc inquit ut te a morte reuocem. Donauit* [*enim tibi*] *Dominus uitam per orationes et la*[*crimas discip*]*ulorum ac fratrum*

*tuorum et per* [*intercessionem beate sue*] *genetricis semperque* [*uirginis Marie*][***] *para*]*tus esto* [*quia post quadriennium*] *reuertens uisitabo te.*

Wilfrid was venerated before 1066 mainly in York and Hexham, but after translations to Worcester and Canterbury in the tenth century the cult became much extended.[331] 12 Oct. was regarded as the deposition. The entry in **C55** assumes that because Wilfrid was Bishop of York he died there.

## William of York, Bishop

8 or 13 June; translation 8 January

### The Mass

s. xv **S432** between Silvester, 31 Dec., and Paul the Hermit, 15 Jan., this note occurs in the margin: *Willelmi epi et conf sicut de sco Nicolo.*[332]

Coll. *Omnipotens sempiterne deus qui gloriosa beati vvillelmi confessoris tui atque pontificis exempla humilitatis nobis iter onerere uoluisti, preces familie tue propicius respice, et intra quam uenerandus presta antecessit ipsius interuentu sine que subsequemur. Per.*
Secr. *Patroni magnifici beati vvillelmi intuere quesumus domine familie tue commende et oblato tuis uitalibus decoratur exemplis. Per.*
Postc. *Gregem tuum beati vvillelmi intercessione pastor bone non deferas ut eius documenta instruiti ad te qui uia ueritas es et uita purificatis mentibus peruenire mereamur. Per.*

No parallel for this mass has been found by the editor. The cult of William was largely confined to York itself, with provision for each day of the June octave. The text of this mass is not that of York

331 See Blair, 'Handlist', pp. 559–60.

332 There is a suspicion that the saints in this missal are not in calendrical order; for example, there is an unknown date for Edmund Ep.C between Henry Ep.Mart. 19 January and Paul Prim.Erem. 5, 10, 15 January.

## Winifred (Gwenfrewi), Virgin

3 November

### Kalendar

s. xii **H40** 3 Nov. *Winifred v.*
s. xiii **H39** 3 Nov. *Winifred uirg et mart 3 lect.* added

### Litany

s. xii **H39** Winifred has been added to the list of virgins.

Winifred is primarily a saint for Holywell and Shrewsbury, but in the fourteenth century her cult was encouraged throughout England, which may explain the additions here if they were made in England before the manuscript came to Sweden. There remains the possibility that the additions were made in Sweden.

## Winnoc, Abbot

12 November

### Kalendar

s. xiii **C46** 12 Nov. *Vuinnoci abbis*

The kalendar of this Copenhagen obituarium contains several English saints. Winnoc's feast is recorded in most English kalendars of the tenth and eleventh centuries,[333] this being due to the connection between Canterbury and Saint-Omer, whose dependent cell at Wormhout Winnoc founded. He was buried there, and subsequently translated to Bergues-Saint-Winnoc in 899. Winnoc's hagiography suggests Welsh origins for him.

## Withburga, Abbess

17 March

### Kalendar

c.1400 **C51** 22 Mar. *S. Withburge uirg et mart 9 lect.* added

333 Farmer, *Oxford Dictionary of Saints*, p. 442.

This addition, presumably made in Denmark, suggests that the feast of this Ely lady was known there, but the date is otherwise unknown. There was another Withburga, associated with Ripon, but no date is known for her.

## Wulfstan, Bishop

19 January

### Kalendar

s. xii **H39** 19 Jan. *Wulstani conf* *3 lect.*

This saint of Worcester is common in English kalendars.

### The Mass

s. xii **H13** 19 Jan.
Coll. *Deus qui nos beati wulstani confessoris tui annua sollempnitate letificas, concede propicius ut cuius natalicia colimus per eius ad te exempla gradiamur. Per.*

This collect is common in England (cf. the collect in **We** for Eusebius).

# Appendix: Non-English Insular Saints in the Liturgies

There are only five non-English, though Insular, saints so far found in the Scandinavian medieval liturgical texts, David, Gildas, Margaret, Ninian and Patrick. The entries are here appended.

### David of Wales, Confessor

1 March

One kalendar and the Ribe martyrology[1] have this saint on 1 Mar.

s. xiii **H39** *S.Da'd conf simplex* (in red)
s. xiii **C30** *In Britannia S. David epi et conf*

### Gildas

29 January

**Kalendar**

s. xiii **S218** 29 Jan. *Sce Gilde sapientis*

### Margaret of Scotland, Queen

16 November

**Vitae Sanctorum**

s. xv S801 4 pages of Turgot's *Vita*[2] chapters 1–4, beginning from …[*multo*]*rum laude saepius praedicari audieratis…etc* (c. 1) ending with:
*Quam ecclesiam diuersa ornamentorum specie decoravit; inter quae ad ipsum sac*[*rosanctum*] … (c. 4)

1 See under St Aidan for note on the Ribe martyrology.
2 Ed. Hinde, *Symeonis Dunelmensis Opera*, 1.234–9.

## Ninian, Bishop

16 September (or 26 August)

### Kalendar

c.1500 **BRosk** 16 Sept. *Eufemie uirg et mart. Niniani pont. 9 lect.*

This single entry in the kalendar of the printed breviary of Roskilde on a Scottish date for Ninian is interesting. Although no other surviving Danish liturgical fragment has his feast, we know that there was this Scottish influence in Denmark through the fact that there was an altar to Ninian in St Mary's, Copenhagen[3] and a Guild of St Ninian attached to it.[4]

## Patrick, Bishop

24 August

### Breviary

s. xiv **S44** This damaged breviary fragment contains excerpts from chapter XLIX of the *Legenda Aurea* by Jacopo da Varazza (Jacobus de Voragine), which describes the life of St Patrick of Ireland, including visions supposedly seen at St Patrick's Purgatory by a nobleman named Nicholas:

> *Reuelatum est beato patricio quod ibi quidam purgatorii locus esset* [***] *Multi igitur ingrediebantur et de cetero <non reuertebantur>.* [***] *<uir> quidam nobilis nomine nicholaus* [***] *Dum autem ille requireret quod* [***] *iste locus <quem con>spicis infernus est in quo beelzebub habitat.*[5]

The date, 24 Aug., is that of St Patrice of Nevers, which seems to have been taken over at Glastonbury, perhaps in the early tenth century, in connection with that community's claims to possess Patrick's relics (after his supposed abbacy and death there).[6]

3 See Kiøbenhavns Diplomatarium 2 no. 299.

4 See Hennigsen, 'St Olai kirke', p. 72.

5 Cf. Maggioni, *Iacopo da Varazza. Legenda Aurea*, I.368–70.

6 Wormald, nos. 5, 6, 18; on Patrick see the entry in Farmer, *Oxford Dictionary of Saints*, p. 338 and its bibliography; and on the cult of Patrick at Glastonbury, see Abrams, 'St Patrick and Glastonbury Abbey', and Dumville, 'St Patrick in an Anglo-Saxon Martyrology'.

# Bibliography


Abrams, L., 'St. Patrick and Glastonbury Abbey: nihil ex nihilo fit?', in *St Patrick, A.D. 493–1993*, ed. D. N. Dumville, Studies in Celtic History 13 (Woodbridge, 1999), pp. 233–42

Abukhanfusa, K., *Mutilated Books: Wondrous Leaves from Swedish Bibliographical History* (Stockholm, 2004)

Abukhanfusa, K., J. Brunius and S. Benneth, eds, *Helgerånet. Från mässböcker till munkepärmar* (Stockholm, 1993)

Albertson, C., SJ, *Anglo-Saxon Saints and Heroes* (Fordham, 1967)

Albrectsen, E., ed., *Middelalderlige håndskriftfragmenter. Aftagne fragmenter: omslag om lensregnskaber* (Copenhagen, 1976)

Andersen, M. G., 'Den middelalderlige Kalendarietradition i Odense stift', unpublished thesis at the University of Copenhagen specialopgave, 1972

Andersen, M. G., 'Missale- og Martyrologietraditioner i dansk middelalder', in *Nordisk Kollokvium IV i Latinsk Liturgiforskning* (Oslo, 1978), pp. 79–89

Andersen, M. G., and J. Raasted, *Inventar over Det Kongelige Biblioteks Fragmentsamling* (Copenhagen, 1983)

Anderson-Schmitt, M., 'Fragment inuti och utanpå. Pärmfragment och omslagsfragment i Uppsala universitetsbibliotek', *NTBB* 80 (1993), 34–46

Anderson-Schmitt, M., and M. Hedlund, eds, *Mittelalterliche Handschriften der Universitätsbibliothek, Uppsala, Katalog über die C-sammlung*, 8 vols (Uppsala, 1988–95)

Arnold, T., ed., *Symeonis Monachi Opera Omnia*, 2 vols, RS 75 (London, 1882–5)

Arnold, T., ed., *Memorials of St Edmund's Abbey*, 3 vols, RS 96 (London, 1890–6)

Attwater, D., *The Penguin Dictionary of Saints* (Harmondsworth, 1965)

Baker, E. P., 'The Cult of St Alban at Cologne', *Archaeological Journal* 94 (1938), 207–56

Beckman, N., 'Till belysning av helgonkulten i Norden', *KÅ* 21 (1921), 230–5

Beckman, N., *Kalendarium ur Cod. Linc. 3.79* (Linköping, 1922)

Bergsagel, J., 'Anglo-Scandinavian Musical Relations before 1700', in *Report of the 11th Congress of the International Musical Society* (Copenhagen, 1972), pp. 263–71

Bergsagel, J., 'Liturgical Relations between England and Scandinavia as seen in selected musical fragments from the 12th and 13th Centuries', in *Nordisk Kollokvium III i Latinsk Liturgiforskning* (Helsinki, 1975), pp. 11–26

Bethell, D., 'The Lives of St Osyth of Essex and St Osyth of Aylesbury', *Analecta Bollandiana* 88 (1970), 75–127

Björkvall, G., 'Problem rörande handskrifterna', in *Nordiskt Kollokvium III i latinsk liturgiforskning* (Helsinki, 1975), pp. 129–37

Blair, W. J., 'A Handlist of Anglo-Saxon Saints', in *Local Saints and Local Churches in the Early Medieval West*, ed. A. Thacker and R. Sharpe (Oxford, 2002), pp. 495–565

Blaise, A., *Lexicon Latinitatis Medii Aevi* (Turnhout, 1975)

Bonner, G., D. Rollason and C. Stancliffe, eds, *St Cuthbert, his Cult and his Community* (Woodbridge, 1989)

Brooks, E., ed., *The Life of St Ethelbert, King and Martyr, 779 AD – 794 AD* (Bury St Edmunds, 1996)

Brooks, N., and C. Cubitt, eds, *St Oswald of Worcester* (Leicester, 1996)

Brunius, J., 'Sockenkyrkornas liturgiska böcker; studier i pergamentsomslagen i Riksarkivet', in *Kyrka och Socken i medeltidens Sverige*, ed. O. Ferm, Studier till det medeltida Sverige 5 (Stockholm, 1991), pp. 457–72

Brunius, J., 'Medeltida böcker i fragment. En översikt över pergamentomslagen i Riksarkivet', *NTBB* 80 (1993), 3–33

Brunius, J., ed., *Medieval Book Fragments in Sweden* (Stockholm, 2005)

Cappelli, A., *Dizionario di abbreviature Latine ed Italiane*, Manuali Hoepli (Milan, 1967)

Carlsson, G., 'En svensk drottnings andaktsbok? Några anteckningar om en medeltidshandskrift i British Museum', *NTBB* 41 (1954), 101–10

Chevalier, U., *Repertorium hymnologicum*, 6 vols (Louvain, 1892–1920)

Colgrave, B., ed. and trans., *Two Lives of St Cuthbert* (Cambridge, 1940; reprinted 1985)

Colgrave, B., ed. and trans., *The Life of Bishop Wilfrid by Eddius Stephanus* (Cambridge, 1927; reprinted 1985)

Colgrave, B., and R. A. B. Mynors, eds, *Bede's Ecclesiastical History of the English People*, Oxford Medieval Texts (Oxford, 1969)

Collijn, I., 'Kalendarium Munkalivense. Ein schwedisch-norwegisches Birgittinerkalendarium', in *Mittelalterliche Handschriften: paläographische, kunsthistorische, literarische und bibliotheksgeschichtliche Untersuchungen. Festgabe zum 60. Geburtstag von Hermann Degering*, ed. A. Bömer and J. Kirchner (Leipzig, 1926), pp. 82–92

Corrêa, A., ed., *The Durham Collectar*, HBS 107 (London, 1992)

Corrêa, A., 'A Mass for St Birinus in an Anglo-Saxon Missal', in *Myth, Rulership, Church and Charters. Essays in Honour of Nicholas Brooks*, ed. J. Barrow and A. Wareham (Aldershot, 2008), pp. 167–88

Darlington, R. R., ed., *The Vita Wulfstani of William of Malmesbury*, Royal Historical Society, Camden, 3rd series 40 (London, 1928)

Davril, A., OSB, *The Winchcombe Sacramentary*, HBS 109 (London, 1995)

Dreves, G., C. Blume and H. M. Bannister, *Analecta Hymnica medii aevi*, 55 vols (Leipzig, 1886–1922)

Dubois, J., *Le martyrologe d'Usuard* (Brussels, 1965)

Dumville, D. N., 'St Patrick in an Anglo-Saxon Martyrology', in *St Patrick, A.D. 493–1993*, ed. D. N. Dumville, Studies in Celtic History 13 (Woodbridge, 1999), pp. 243–4

Dumville, D. N., and M. Lapidge, eds, *The Annals of St Neots with Vita Prima Sancti Neoti*, The Anglo-Saxon Chronicle: a Collaborative Edition 17 (Cambridge, 1984)

Ellis, H., ed., *John of Oxenden*, RS 13 (London, 1859)

Faehn, N., *Fire norske Messeordninger fra Middelealderen* (Oslo, 1953)

Faehn, N., *Manuale Norvegicum (Presta handbók)*, Libri liturgici provinciae Nidrosiensis medii aevi 1 (Oslo, 1962)

Farmer, D. H., *The Oxford Dictionary of Saints* (Oxford, 1978/1987)

Farmer, D. H., trans., *The Age of Bede* (Harmondsworth, 1983)

Fell, C. E., ed., *Dunstanus Saga* (Copenhagen, 1963)

Fell, C. E., ed., *Edward, King and Martyr* (Leeds, 1978)

Forbes, A. P., ed., *Liber ecclesie Beati Terrenani de Arbuthnott: Missale secundum usum Ecclesiae Sancti Andreae in Scotia* (Bruntisland, 1864)

Foss, R., ed., *Sekvensane i Missale Nidrosiense* (Oslo, 1949)

Frere, W. H., and L. E. G. Brown, eds, *The Hereford Breviary*, 3 vols, HBS 26, 40, 46 (London, 1904–15)

Freisen, J., *Manuale Lincopense, Brevarium Scarense, Manuale Aboense: Katholische Ritualbücher Schwedens und Finnlands im Mittelalter* (Paderborn, 1904)

Frithz, C.-G., *Till frågen om det s. k. Helgeandeshusmissalets liturgihistoriska ställning*, Bibliotheca theologiae practicae (Lund, 1976)

Gad, T., 'Martyrologier i det Kongelige Bibliotek og martyrologiet fra Nysted', *Fynd og Forskning* 13 (1966), 7–28

Gjerløw, L., 'Fragments of a Lectionary in Anglo-Saxon Script found in Oslo', *NTBB* 44 (1957), 109–22

Gjerløw, L., 'Fragment of a 12th Century Croyland Kalendar found in Norway', *NTBB* 45 (1958), 99–106

Gjerløw, L., *Adoratio Crucis: the Regularis Concordia and the Decreta Lanfranci. Manuscript Studies in the early Medieval Church of Norway* (Oslo, 1961)

Gjerløw, L., ed., *Ordo Nidrosiensis Ecclesiae* (*Orðubók*), Libri liturgici Provinciae Nidrosiensis Medii Aevi 2 (Oslo, 1978)

Gjerløw, L., 'Missaler brukt i Bjørgvin bispedømme fra misjonstiden til Nidarosordinariet', in *Bjørgvin Bispestol. Byen og bispedømmet*, ed. P. Juvkam (Oslo, 1970), pp. 73–128

Gjerløw, L., 'Det birgittinske Munkelivs-psalter', in *Bjørgvin Bispestol*, ed. Juvkam, pp. 129–43

Gjerløw, L., 'Missaler brukt i Oslo bispedømme fra misjonstiden til Nidarosordinariet', in *Oslo Bispedømme 900 år*, ed. F. Birkeli, A. O. Johnsen and E. Molland (Oslo, 1974), pp. 73–129

Gjerløw, L., 'Some Rare Texts from the Common of the Saints in the Nidaros Ordinary', in *Nordisk Kollokvium IV i latinsk liturgiforskning* (Oslo, 1978), pp. 112ff

Gjerløw, L., ed., *Antiphonarium Nidrosiensis Ecclesiae*, Libri liturgici Provinciae Nidrosiensis Medii Aevi 3 (Oslo, 1979)

Gneuss, H., *Hymnar und Hymnen im englischen Mittelalter*, Buchreihe der Anglia 12 (Tübingen, 1968)

Greenwell, W., ed., *The Pontifical of Egbert, Archbishop of York, A.D. 732–766*, Publications of the Surtees Society 27 (Durham, 1853)

Gretsch, M., *Ælfric and the Cult of Saints in Late Anglo-Saxon England*, Cambridge Studies in Anglo-Saxon England (Cambridge, 2005)

Grosjean, P., 'Hagiographica Celtica, V: De Patrono vici Saint-Dolay', *Analecta Bollandiana* 55 (1937), 295–9

Grotefend, H., *Zeitrechnung des deutschen Mittelalters und der Neuzeit*, 2 vols (Hanover, 1891–2)

Haapanen, T., *Verzeichnis der mittelalterlichen Handscriftfragmente in der Univ. Bibl. zu Helsinfors* I *Missalia*, Publications of the Helsinki University Library 4 (Helsinki, 1922)

Haapanen, T., *Verzeichnis der mittelalterlichen Handscriftfragmente in der Univ. Bibl. zu Helsinfors* II *Gradualia, Lectionaria Missae*, Publications of the Helsinki University Library 7 (Helsinki, 1925)

Haapanen, T., *Verzeichnis der mittelalterlichen Handscriftfragmente in der Univ. Bibl. zu Helsinfors* III *Breviaria*, Publications of the Helsinki University Library 16 (Helsinki, 1932)

Hartzell, K. D., 'A St Albans Miscellany in New York', *Mittellateinisches Jahrbuch* 10 (1975), 20–61

Heffernan, T. J., 'The Liturgy and the Literature of Saints' Lives', in *The Liturgy of the Medieval Church*, ed. T. J. Heffernan and E. A. Matter (Kalamazoo, MI, 2001), pp. 73–105

Helander, S., *Ordinarius Lincopensis och dess liturgiska förebilder* (Uppsala, 1957)

Helander, S., 'Liturgin som källa till Sveriges kristnande', in *Kristnandet i Sverige: gamla källor och nya perspektiv*, ed. B. Nilsson (Uppsala, 1996), pp. 159–80

Helander, S., 'Sockenkyrkans liturgiska profil', in *Kyrka och socken i medeltidens Sverige*, ed. O. Ferm, Studier till det medeltida Sverige 5 (Stockholm, 1991), pp. 189–230

Helander, S., 'The Liturgical Profile of the Parish Church in Medieval Sweden', in *The Liturgy of the Medieval Church*, ed. T. J. Heffernan and E. A.Matter (Kalamazoo, MI, 2001), pp. 145–86

Helander, S., *Den medeltida Uppsalaliturgin: Studier i helgonlängd, tidegärd och mässa* (Stockholm, 2001)

Helmfrid, S., ed., *Vallentuna anno domini 1198* (Vallentuna, 1998)

Henderson, W. G., ed., *Missale ad Usum per celebris Ecclesiae Herefordensis* (London, 1874)

Henderson, W. G., ed., *Missale ad usum insignis Ecclesiae Eboracensis*, 2 vols, Publications of the Surtees Society 59–60 (Durham, 1874)

Hennigsen, H., 'St Olai kirke I Helsingør', in *Yearbook of the Fredericksborg Amt* (Helsingør, 1959)

Hesbert, R.-J., ed., *Corpus Antiphonalium Officii*, 6 vols (Rome, 1963–79)

Hinde, J. H., ed., *Symeonis Dunelmensis Opera*, Surtees Society 51 (Durham, 1868)

Hohler, C., 'The Cathedral of St Swithun at Stavanger in the Twelfth Century', *The Journal of the British Archaeological Association*, 3rd series 27 (1964), 92–119

Hohler, C., 'Structures and Patterns in the Surviving Brevaries from Scandinavia', in *Nordisk Kollokvium III i latinsk liturgiforskning* (Helsinki, 1975), pp. 27–45

Hohler, C., and A. Hughes, 'The Durham Services in Honour of St Cuthbert', in *The Relics of St Cuthbert*, ed. C. F. Battiscombe (Durham, 1956), pp. 155–91

Horstman, C., ed., *Nova Legenda Anglie*, 2 vols (Oxford, 1901)

Houghton, B., *St Edmund – King and Martyr* (Lavenham, 1970)

Hughes, A., OSB, ed., *The Portiforium of Saint Wulstan*, 2 vols, HBS 89–90 (Woodbridge, 1958–60)

Hughes, A., ed., *The Bec Missal*, HBS 94 (Woodbridge, 1963)

Hughes, A., *Medieval Manuscripts for Mass and Office: a Guide to their Organisation and Terminology* (Toronto, Buffalo and London, 1995)

Hurst, D., ed., *Bedae Venerabilis Opera* II *Opera Exegetica* 3: In *Lucae Evangelium Expositio. In Marci Evangelium Expositio*, Corpus Christianorum, Series Latina 120 (Turnhout, 1960)

Jansson, S., 'Svensk paleografi', in *Paleografi*, Nordisk kultur 28, ed. J. Brøndum-Nielsen, S. Erixon and M. Olsen (Stockholm, 1943), I, 82–134

Jebb, P., ed., *Missale de Lesnes: MS L404 in the Library of the Victoria and Albert Museum*, HBS 95 (Worcester, 1964)

Johansson, H., *Hemsjömanualet: en liturgi-historisk studie* (Lund, 1950)

Johansson, H., *Den medeltida liturgin i Skara stift. Studier i mässa och helgonkult*, Studia Theologica Lundensia 14 (Lund, 1956)

Johansson, H., *Gudstjänstliv i Sverige. Tanke och tro. Aspekter på medeltidens tankevärld och fromhet* (Stockholm, 1987)

Jones, T., *The English Saints, East Anglia* (Norwich, 1999)

Karlsen, E., and G. Pettersen, 'Katalogisierung av latinske membranfragmenter som forskningsprosjekt', in *Arkivverkets forskningsseminar, Gardemoen*

*2003*, Riksarkivaren: Rapporter och retningslinjer 16 (Oslo, 2003), pp. 43–88

*Kjøbenhavns Diplomatarium*, 10 vols. (Copenhagen, 1872–87)

Kjöllerström, S., *Missa Lincopensis: En liturgihistorisk studie* (Stockholm, 1941)

Kochalis, J. E., and E. A. Matter, 'Manuscripts of the Liturgy', in *The Liturgy of the Medieval Church*, ed. T. J. Heffernan and E. A. Matter (Kalamazoo, MI, 2001), pp. 433–72

Kolsrud, O., and H. Faehn, eds, *Manuale Norvegicum (Presta handbók) ex tribus codicibus saec. XII–XIV*, Libri Liturgici Provinciae Nidrosiensis Medii Aevi 1 (Oslo, 1962)

Kroman, E., 'Dansk palaeografi', in *Paleografi*, Nordisk kultur 28, ed. J. Brøndum-Nielsen, S. Erixon and M. Olsen (Stockholm, 1943), I, 36–81

Kroon, S., *Brevarium Lincopense 1493: de förlorade partierna*, Acta Universitatis Lundensis. Lunds Universitets Årsskrift, Avd 1 NF 47.2 (Lund, 1951)

*Kulturhistoriskt lexikon för nordisk medeltid*, vols 1–22 (Malmö, 1956–78)

Lange, C. A. et al., ed., *Diplomatarium Norvegicum*, 22 vols. in 34 (Oslo, 1842–1992)

Lapidge, M., ed., *Cult of St Swithun* (Oxford, 2003)

Lapidge, M., and M. Winterbottom, ed. and trans., *St Æthelwold, Life of, by Wulfstan of Winchester*, Oxford Medieval Texts (Oxford, 1991)

Latham, R. E., *Revised Medieval Latin Word-List: from British and Irish Sources, with Supplement* (Oxford, 1965)

Lawley, S. W., ed., *Breviarium ad usum insignis Ecclesiae Eboracensis*, 2 vols, Publications of the Surtees Society 71 and 75 (Durham, 1880–3)

Lawlor, H. J., ed., *The Rosslyn Missal: an Irish Manuscript in the Advocates' Library*, HBS 15 (London, 1899)

Lawrence, C. H., *St Edmund of Abingdon: a Study of Hagiography and History* (Oxford, 1960/2000)

Legg, J. W., see Wickham Legg

Leroquais, V., *Les sacramentaires et les Missels manusrits des bibliothèques publiques de France, I–IV* (Paris, 1924)

Leroquais, V., *Les breviaires manusrits des bibliothèques publiques de France, I–VI* (Paris, 1934)

Levison, W., 'St Alban and St Albans', *Antiquity* 15 (1941), 337–59

Liebermann, F., ed., *Die Heiligen Englands: Angelsächsisch und Lateinisch* (Hanover, 1889)

Lindberg, G., *Die schwedischen Missalien des Mittelalters I* (Uppsala, 1923)

Lindberg, G., *Kyrkans heliga år* (Uppsala, 1937)

Löfstedt, B., ed., *Hrabani Mauri Expositio in Matthaeum*, 2 vols, Corpus Christianorum, Continuatio Mediaevalis 174–174A (Turnhout, 2000)

Love, R. C., ed. and trans., *Three Eleventh-Century Anglo-Latin Saints' Lives*, Oxford Medieval Texts (Oxford, 1996)

Love, R. C., ed. and trans., *Goscelin of Saint-Bertin: the Hagiography of the Female Saints of Ely*, Oxford Medieval Texts (Oxford, 2004)

Lundén, T., *Sveriges missionärer, helgon och kyrkogrundare- en bok om Sveriges kristnande* (Storuman, 1983)

Maggioni G., ed., and F. Stella, trans., *Iacopo da Varazza. Legenda Aurea con le miniature dal codice Ambrosiano C 240 inf*, 2 vols (Milan and Florence, 2007)

Mason, E., *Saint Wulfstan of Worcester* (Oxford, 1990)

Moberg, C. A., and A. M. Nilsson, *Die liturgischen Hymnen in Schweden*, 2 vols (Uppsala, 1991)

Muir, B. J., ed., *A Pre-Conquest English Prayer Book (BL MSS Cotton Galba A.xiv and Nero A.ii (ff. 3–13))*, HBS 103 (Woodbridge, 1988)

Noble, T. F. X., and T. Head, trans., *Soldiers of Christ* (University Park, PA, 1995)

Norton, C., *St William of York* (York, 2006)

Odenius, O., and T. Schmid, 'Aus der liturgischen Vergangenheit Schwedens', *KÅ* 69 (1969), 16–36

Oppermann, C. J. A., *The English Missionaries in Sweden and Finland* (London, 1937)

Orchard, N., 'A Note on the Masses of St Cuthbert', *Revue Bénédictine* 105 (1995), 79–98

Orchard, N., ed., *The Leofric Missal*, 2 vols, HBS 113–14 (London, 2002)

Pahlmblad, C., ed., *Skaramissalet: Studier, edition, översättning och faksimil av handskriften i Skara stift- och landsbibliotek* (Skara, 2006)

Parvio, M., ed., *Missale Aboense secundum ordinem fratrum praedicatorum* (Helsinki, 1971)

Pfaff, R. W., *Liturgical Calendars, Saints and Services in Medieval England* (Aldershot, 1998)

Pira, S., *Om helgonkulten i Linköpings stift med särskild hänsyn till södra Östergötland och norra Småland* (Stockholm, 1952)

Plummer, C., ed., *Venerabilis Baedae Opera Historica* (Oxford, 1896; reprinted 1975)

Procter, F., and C. Wordsworth, eds, *Breviarium ad usum Insignis Ecclesiae Sarum*, 3 vols (Cambridge, 1879–86)

Raine, J., ed., *The Historians of the Church of York and its Archbishops*, 3 vols, RS 71 (London, 1879–94)

Ramsey, N., M. Sparks and T. Tatton-Brown, eds, *St Dunstan: his Life, Times and Cult* (Woodbridge, 1992)

Ridyard, S., *The Royal Saints of Anglo-Saxon England* (Cambridge, 1988)

Rollason, D. W., 'Lists of Saints' Resting Places in Anglo-Saxon England', *Anglo-Saxon England* 7 (1978), 61–93

Rule, M., ed., *The Missal of St Augustine's Abbey, Canterbury* (Cambridge, 1896)

Ryan, G. E., *Botulph of Boston* (Boston, 1971), pp. 142–8

Schmid, T., 'De medeltida kalendarieina från Skara', in *Skandia* 1 (1928), pp. 281ff

Schmid, T., *Den helige Sigfrid I* (Lund, 1931)

Schmid, T., 'Strängnäs stifts Kalendarium under medeltiden', *NTBB* 19 (1932), 81–106

Schmid, T., 'Smärre liturgiska bidrag V. Sancta Sexburga', *NTBB* 20 (1933), 31–4

Schmid, T., 'Smärre liturgiska bidrag IX. Till missaltraditioner i Skara', *NTBB* 22 (1935), 227–46

Schmid, T, 'Smärre liturgiska bidrag XIV. Sankt Rumwold', *NTBB* 25 (1938), 108–10

Schmid, T., 'Smärre liturgiska bidrag VIII. Om S.Swithunsmässa i Sverige', *NTBB* 31 (1944), 25–34

Schmid, T., *Liber Ecclesia Vallentunensis* (Stockholm, 1945)

Schmid, T., 'När Värmland och Dal kristnades', in *Karlstad stift i ord och bild* (Stockholm, 1952), pp. 25–50

Schmid, T., 'Kalendarium och Urkundsdatering', in *Archivistica et Mediævistica Ernesto Nygren oblata*, ed. I. Andersson, Samlingar och studier (Svenska arkivsamfundet) 1 (Stockholm, 1956), pp. 348–65

Schmid, T., 'Problemata', *Fornvännen* 58 (1963), 174–90

Segelberg, E., 'De ordine missae secundum ritum Scandinavicum medii aevi', *Ephemerides Liturgicae* 65 (Rome, 1951), 253–61

Sharpe, R., 'Martyrs and Local Saints in Late Antique Britain', in *Local Saints and Local Churches in the Early Medieval West*, ed. A. Thacker and R. Sharpe (Oxford, 2002), pp. 75–154

Smith, W., 'St Iwi of Wilton, a Forgotten Saint', *Analecta Bollandiana* 117 (1999), pp. 3f

Sole, L. M., 'Some Anglo-Saxon Cuthbert Liturgica: the Manuscript Evidence', *Revue Bénédictine* 108 (1998), 104–44

Sparrow Simpson, W., ed., *Documents Illustrative of the History of St Paul's Cathedral*, Camden Society (London, 1880)

Stancliffe, C., and E. Cambridge, eds, *Oswald: Northumbrian King to European Saint* (Stamford, 1995)

Stanton, R., *A Menology of England and Wales* (London, 1887)

Stenberg, R., 'Helgonmålningar i Täby kyrkas vapenhus', *Fornvännen* (1948), 133ff

Stevenson, F. S., 'St Botulph and Iken', *Proceedings of the Suffolk Institute of Archaeology and Natural History* 18:1 (1922), 29–52

Stubbs, W., ed., *Memorials of St Dunstan*, RS 63 (London, 1874)

Taitto, I., 'Bertill Tönson Nylandh', *Helsingin yliopiston Kirjaston tiedotuslehti* 8 (1992), 171–6

Taitto, I., 'British Saints in the Fragmenta membranea Collection at the Helsinki

University Library', in *Ex Insula Lux*, ed. M. Kilpiö and L. Kahlas-Tarkka (Helsinki, 2001), pp. 1–17

Taitto, I., *Catalogue of Medieval Manuscript Fragments in the Helsinki University Library, Fragmenta membranea IV:1*, 2 vols (Helsinki, 2001)

Thacker, A., and R. Sharpe, eds, *Local Saints and Local Churches in the Early Medieval West* (Oxford, 2002)

Thorkelin, G. J., ed., *Diplomatarium Arna-Magnæanum*, 2 vols. (Copenhagen, 1786)

Tolhurst, J. B. L., ed., *The Ordinale and Customary of the Benedictine Nuns of Barking Abbey*, 2 vols, HBS 65–6 (London, 1927–8)

Tolhurst, J. B. L., ed., *The Monastic Breviary of Hyde Abbey, Winchester*, 6 vols, HBS 69–71, 76, 78, 80 (London, 1932–42)

Towill, E. S., *The Saints of Scotland* (Edinburgh, 1978)

Toy, J., 'St Botulph: an English Saint in Scandinavia', in *The Cross Goes North*, ed. M. Carver (York, 2003), pp. 565ff

Turner, D. H., *The Missal of the New Minster Winchester*, HBS 93 (London, 1962)

Twinch, C., *In Search of St Wulfstan* (Norwich, 1995)

Weeke, C., *Lunde Domkapitels Gavebøger*, Libri Datici Lundenses (Copenhagen, 1884–9)

Weibull, L., 'Annalerne og Kalendariet fra Colbaz' (Danish) *Historisk Tidsskrift*, Ottende Række 2 (1909–10), 170–87

Weibull, L., ed., *Necrologium Lundense: Lunds domkyrkas nekrologium* (Lund, 1923)

West, S., N. Scarfe and R. Cramp, 'Iken, St Botulph and the Coming of East Anglian Christianity', *Proceedings of the Suffolk Institute of Archaeology* 35 (1984), 279–301

Whitelock, D., 'Fact and Fiction in the Legend of St Edmund', *Proceedings of the Suffolk Institute of Archaeology* 31 (1969), 217–33

Wickham Legg, J., ed., *Missale ad usum ecclesiae Westmonasteriensis*, 3 vols, HBS 1, 5, 12 (London, 1891–7)

Wickham Legg, J., 'Liturgical Notes on the Sherborne Missal, a Manuscript in the Possession of the Duke of Northumberland at Alnwick Castle', *Transactions of the St Paul's Ecclesiological Society* 4 (1896), 1–31

Wickham Legg, J., ed., *The Sarum Missal* (Oxford, 1916)

Wilkinson, D. F., 'The Life of St Botulph', *Studia Patristica* IV, Texte und Untersuchungen zur Geschichte der altchristlichen Literatur 79 (Berlin, 1961), pp. 527–33

Wilson, H. A., ed., *The Missal of Robert of Jumièges*, HBS 11 (London, 1896)

Winterbottom, M., ed., *Three Lives of English Saints* (Toronto, 1972)

Winterbottom, M., and R. M. Thomson, ed. and trans., *William of Malmesbury: Saints' Lives* (Oxford, 2002)

Wormald, F., ed., *English Kalendars before 1100*, HBS 72 (London, 1934; reprinted Woodbridge, 1988)

Wormald, F., ed., *English Benedictine Kalendars after 1100*, 2 vols, HBS 77 and 81 (London, 1939 and 1946)

Zilliken, G., 'Der Kölner Festkalendar', *Bonner Jahrbücher* 119 (1910), 13ff

# List of Insular Saints in the Medieval Liturgical Manuscripts of Scandinavia

Ælfgifu (Elgiva) Rg
18 May
Ælfheah (Alphege) EpMar
19 Apr.
Ælfheah (Alphege) Ep
12 Mar.
Ælfwald R (Adalworth)
23 Sept.
Æthelbert R
20 May
Æthelburga V, Abs
11 Oct.
Ætheldreda V
23 June, 17 Oct.
Æthelwold Ep
2 Aug., 8 Oct., 10 Sept.
Aidan Ep Abb
31 Aug.
Alban Mar
19, 21, 22 June, 19 Mar., 2 Aug.
Aldhelm Ep
25 May
Augulus Ep
7 Feb.
Augustine Ep, of Canterbury
26 May
Bede
26, 27, 28, 31 May
Beornstan (Brystan) Ep
4 Nov.
Birinus Ep
3 Dec., 4 Sept.
Botwulf Abb
17 June
Chad Ep
2 Mar.
Cuthbert Ep
20 Mar., 4 Sept.
Cyneburga (Kineburga) Abs
6 Mar.
Cyneswitha Abs
6 Mar.
David Ep
1 Mar.
Dunstan Ep
19 May, 21 Oct.
Eadburga V, of Winchester
15 June, 18 July
Ecgwine Ep
30 Dec., 10 Sept.
Edith V, of Polesworth
15 July
Edith V, of Wilton
16 Sept.
Edmund RMar
20 Nov., 29 Apr.
Edmund EpConf
16 Nov.
Edward RConf
13 Oct., 7, 8 Jan.
Edward RMar
18 Mar., 20 June
Eormenilda Abs
13 Feb.
Erconwald Ep
29 Apr., 7 May, 3 Feb.
Felix Ep, of Dunwich
8 Mar.

Frideswide VMar
19 Oct.
Frithestan Ep
9 Oct.
Gilbert Conf
4 Feb.
Grimbald Conf
8 July
Guthlac Conf
11 Apr.
Hædde Ep
7 July
Hilda V Abs
18 Nov., 25 Aug.
Ivo (Ives) Conf, of Huntingdon
24 Apr.
Iwi (Ywi) Conf, of Wilton
8 Oct.
John Ep, of Beverley
7 May
Kenelm Mar
17 July
Lawrence Abb, of Canterbury,
3 Feb.
Liephard Mar
4 Feb.
Margaret Rg, of Scotland
16 Nov., 19 June
Mellitus Ep
24 Apr.
Mildreth V
13 July
Nectan Mar
17 June
Neot Abb
31 July
Ninian Ep
16 Sept.
Osburga V
21 Jan.
Osgitha (Osytha, Osith) VMar
3 June
Oswald RMar
5 Aug.
Oswald Ep
27, 28 Feb.
Pandonia V
26 Aug.
Patrick, Ep, of Glastonbury
16, 17 Mar.
Paulinus Ep
10 Oct.
Petroc Abb
4 June
Richard Ep
3 Apr.
Rumwold Conf
3 Nov.
Sativola (Sidwell) V
1, 2 Aug.
Sexburga V
6 July
Swithun Ep
2 July, 15, 16 July, 30 Oct.
Waltheuus (Waldef) Comes
31 May
Werburga V
3 Feb.
Wilfrid Ep
24 Apr., 12 Oct.
William Ep, of York
7, 8 Jan.
Winifred V
3 Nov.
Winnoc Abb
6 Nov., 18 Sept.
Withburga V
22 Mar.
Wulfstan, Ep
19 Jan.

# Index of Liturgical Forms

The abbreviations that are used mainly in tables are given before each letter.

| | | | |
|---|---|---|---|
| AA | Ad annuntiandum | ACD | Alme confessor |
| AE | Amauit eum | AF | Audi filia |
| AN | Adest nobis | APP | A progenie in |

| | |
|---|---|
| Amauit eum Dominus et ornauit | Augustine, Birinus, Botwulf, Cuthbert, Dunstan, Edmund E Conf, Erconwald, Mellitus, Swithun |
| Ammirandus cunctis | Cuthbert |
| Archanus arce | Cuthbert |
| Ascendes gradibus presbyter | Swithun |
| Aspirante suo dno | Botwulf |
| Auctor donorum spiritus | Cuthbert |
| Audi Christe iudex iuste | Alban |
| Audi filia et uide et inclina | Ætheldreda |
| Aue proles regni speciosa | Ætheldreda |
| Augustinus a beato electus Gregorio | Augustine |
| Augustinus ait sathane cultoribus | Augustine |
| Augustinus uir modestus miraculis | Augustine |
| Aures tue pietatis tue | Sexburga |
| Aue martyr gloriose | Alban |
| Aue presul gloriose | Swithun |
| Aue rex gentis anglorum | Edmund RMar |

| | | | |
|---|---|---|---|
| BD | Benedictus ds et pater | BH | Beatus homo |
| BS | Beatus seruus | BV | Beatus uir (*not further specified*) |
| BVF | Beatus uir q. suffert | BVQ | Beatus uir q. inuentus |
| BVS | Beatus uir q. in sapientia | BVT | Beatus uir q. timet |

| | |
|---|---|
| Baptizato quoque rege | Augustine |
| Beate Botwulfe intercede pro | Botwulf |
| Beate Christi confessor | Swithun |
| Beati Aug, etc. precibus dne | Augustine |
| Beati Edm etc. qs dne precibus | Edmund EpConf |
| Beatissimus uir Alb. | Alban |
| Beato Adulfo presidens | Botwulf |
| Beatus B. lucerna uigiliarum | Botwulf |
| Beatus iste/ille sanctus qui confessus | Botwulf |
| Beatus homo | Botwulf |
| Beatus seruus quem cum uenerit | Augustine, Botwulf, Cuthbert, Dunstan, Edmund EpConf, Erconwald, Mellitus |
| Beatus s. talentorum | Swithun |
| Beatus uir | Ælfheah, Botwulf, Edward RMar, Erconwald, John Bev, Kenelm, Mellitus, Oswald RMar, Swithun |

| | |
|---|---|
| Corona aurea | Alban, Edmund RMar |
| Corpore mentu habitu | Cuthbert |
| Credidi propter quod locutus sum | Dunstan |
| Crescit ad penam | Edmund RMar |
| Cuius infantium | Edmund RMar |
| Cuius sanguinis membra | Edmund RMar |
| Cum Domino laudes | Alban |
| Cum inuentus adolesceret | Edmund RMar |
| Cum inuocarem exaudiuit | Augustine, Cuthbert, Dunstan, Swithun |
| Cum locus exiguum premeret | Swithun |
| Cum pastoribus ouium | Cuthbert |
| Cum pietatis opus plantaret cultor | Augustine |
| Cum reuelaret dnus S. patrem S. | Swithun |
| Cumque sederet quasi rex | Oswald RMar |
| Cuthbertus puer bone | Cuthbert |

| | | | |
|---|---|---|---|
| DA | Desiderium animae | DD | Designauit dnus |
| DDC | Dedit dnus | DDH | Dilectus deo et |
| DEG | Diffusa est gratia | DET | Dni est terra |
| DIV | Dne in uirtute | DJ | Dilexisti iustitiam |
| DPB | Dne preuenisti | DQM | Dne quid multiplicati |
| DQT | Dne quinque talenta | DTE | Disposui testamentum electis |
| DV | Doctrinis uariis | | |

| | |
|---|---|
| Da nobis dne gloriosa natalicia b. A. | Alban |
| Da nobis dne qs ops ds ut q in mart O. | Oswald RMar |
| Da qs ops ds ut b. Mell.etc ueneranda | Mellitus |
| Dedit dnus confessionem | Botwulf, John Bev |
| Dei fidelem preconem | Æthedreda |
| Demones uerbo fugans ordinans | Augustine |
| Deo amans fideliter | Swithun |
| Deprecatio dne b. C. | Cuthbert |
| Desiderium animae eius tribuisti | Æthelbert, Æthelwold, Alban, Botwulf, Edmund RMar, Edward RConf, Edward RMar |
| Designauit dnus | Ethelwold, Dunstan |
| Deum amans fideliter | Swithun |
| Ds cuius dispositione humana | Ælfheah |
| Ds electorum corona pontificum | Ælfheah |
| Ds eterni triumphator imperii | Edward RMar |
| Ds ineffabilis misericordie q. | Edmund RMar |
| Ds ineffabilis rerum conditor | Ætheldreda |

| | |
|---|---|
| Martyrium palmam domini | Oswald RMar |
| Mater dilectionis pulchre | Ætheldreda |
| Mense celestis participatione uegetati | Augustine |
| Mentes nostras qs dne susceptio | Edmund EpConf |
| Merito sanctitatis | Cuthbert |
| Miles Christi | Alban, Edmund RMar, Mellitus, Oswald RMar |
| Miles ergo B. | Botwulf |
| Mirantes factum magnificant | Swithun |
| Miridica pusioli | Cuthbert |
| Mirum dictum hinc | Cuthbert |
| Miserere dne animabus | Oswald RMar |
| Misericordias domini a progenie | Cuthbert |
| Misso speculatore decreuit | Edmund RMar |
| Monozanta sit hinc | Cuthbert |
| Mox etiam cesor | Alban |
| Mox pater | Cuthbert |
| Mox/mors sancti celebrem dat Adulfi | Botwulf |
| Multis eum uirtutibus munificauit | Swithun |
| Multos hic sanauit egros | Cuthbert |
| Mundi huius tenebras | Swithun |
| Munera hec presentia | Rumwold |
| Munera nostra dne que in b. | Oswald RMar |
| Munera que te offerimus | John Bev |
| Munera populi tui dne placabilis | ?Hilda |
| Munera dne oblata sancificia | Botwulf |
| Munera qs dne tur maiestati oblata | Edmund RConf |
| Munera tue pietati dicanda | Eadburga |
| Munus quod tibi offerimus dne gratanter | Swithun |
| Munus tibi a deuotis oblatum famulis | Botwulf |
| Mysteriis refecti qs dne ds ut | Augustine |

| | |
|---|---|
| NAL | Nemo lucernam |
| NEI | Non est inuentus |
| NGF | Nisi granum frumenti |
| NLA | Nemo accendit lucernam |
| NDE | Nobis datum est |
| NEM | Noli emulari |
| NM | Nemo militans |

| | |
|---|---|
| Nam pater idem cernitur | Swithun |
| Nemo lucernam accendit | Botwulf |
| Nemo militans | Ælfheah, Edmund RMar, Oswald RMar |
| Nihil opertum quod non reuelatur | Alban |
| Nimis honorati | Swithun |

| | | | |
|---|---|---|---|
| PA | Posuisti adiutorium | PD | Posuisti domini super caput |
| PE | Preciosa est | PIT | Potens in terra |
| PMD | Protexisti me | PV | Propter ueritatem |

QF Quare fremuerunt
QVV Qui uult uenire post me
QMM Qui mihi ministrat

# General Index